# 基于大数据服务碳中和的机械加工过程生产调度研究

肖永茂 著

西南财经大学出版社
Southwestern University of Finance & Economics Press
中国·成都

**图书在版编目(CIP)数据**

基于大数据服务碳中和的机械加工过程生产调度研究/肖永茂著.—成都:西南财经大学出版社,2023.4
ISBN 978-7-5504-5733-1

Ⅰ.①基… Ⅱ.①肖… Ⅲ.①机械加工—生产调度—二氧化碳—节能减排—研究 Ⅳ.①F407.4

中国国家版本馆 CIP 数据核字(2023)第 060771 号

**基于大数据服务碳中和的机械加工过程生产调度研究**

JIYU DASHUJU FUWU TANZHONGHE DE JIXIE JIAGONG GUOCHENG SHENGCHAN DIAODU YANJIU

肖永茂 著

责任编辑:李晓嵩
责任校对:王甜甜
封面设计:何东琳设计工作室
责任印制:朱曼丽

| | |
|---|---|
| 出版发行 | 西南财经大学出版社(四川省成都市光华村街 55 号) |
| 网　　址 | http://cbs.swufe.edu.cn |
| 电子邮件 | bookcj@swufe.edu.cn |
| 邮政编码 | 610074 |
| 电　　话 | 028-87353785 |
| 照　　排 | 四川胜翔数码印务设计有限公司 |
| 印　　刷 | 四川五洲彩印有限责任公司 |
| 成品尺寸 | 170mm×240mm |
| 印　　张 | 18.25 |
| 字　　数 | 251 千字 |
| 版　　次 | 2023 年 4 月第 1 版 |
| 印　　次 | 2023 年 4 月第 1 次印刷 |
| 书　　号 | ISBN 978-7-5504-5733-1 |
| 定　　价 | 98.00 元 |

# 前言

如今环境问题已经成为威胁人类生存发展的、亟须解决的重大问题。机械加工过程作为碳排放的重要源头，受到社会各界的广泛关注。2022 年 1 月，习近平总书记在中共中央政治局第三十六次集体学习时强调要“推进产业优化升级”。要紧紧抓住新一轮科技革命和产业变革的机遇，推动互联网、大数据、人工智能、第五代移动通信（5G）等新兴技术与绿色低碳产业深度融合，建设绿色制造体系和服务体系，提高绿色低碳产业在经济总量中的比重。在互联网、大数据、人工智能等新兴技术的推动下，促进机械加工过程绿色发展，减少机械加工过程中的碳排放成为社会关注和研究的热点。

碳中和目标的实现与机械加工过程之间有着十分密切的联系。生产调度是实现机械加工过程人、机、料、法、环管理和优化的重要手段，合理的生产调度可以有效促进机械加工过程低碳生产的实现。大数据是未来工业在全球市场竞争中发挥优势的关键，在生产实践过程中积累的大数据可以为生产分析和应用提供建议。通过生产调度实现机械加工过程低碳排放需要多方面协同，生产过程中人、机、料、法、环要素的配合，合适的调度方法、大数据的支持都是必不可少的。基于大数据服务碳中和的机械加工过程生产调度成为我国实现碳中和目标的重要方式。

本书的研究搜集整理了大量的国内外研究文献资料，从系统思维、学科综合和技术集成的角度，研究基于大数据服务碳中和的机械加工过程生产调度所涉及的新概念、新技术和新方法，主要内容包括绪论、工业大数据与机械加工生产调度、机械产品加工过程、机械产品加工生产计划与调度、机械产品加工过程常用调度方法、基于大数据服务碳中和机械产品加工过程设备优化调度、基于大数据服务碳中和机械产品加工过程物料优化调度。本书共分为七章，主要研究框架如下：

第 1 章：绪论。本章从研究背景入手，介绍了机械加工生产调度研究、大数据技术在机械加工生产调度方面的研究、碳中和在机械加工生产调度方面的研究的国内外研究现状，引出本书的研究意义。

第 2 章：工业大数据与机械加工生产调度。本章包括工业大数据与数据驱动、基于数据驱动的机械加工生产调度两部分。

第 3 章：机械产品加工过程。本章内容包括机械加工过程分析、人的作用、设备的作用、物料的作用、法的作用和环境的作用。

第 4 章：机械产品加工生产计划与调度。本章包括产品生产计划和生产计划与调度两部分内容。

第 5 章：机械产品加工过程常用调度方法。本章内容包括机械产品加工过程调度问题概述、调度方法研究现状、模拟退火算法及其改进算法设计、遗传算法及启发式遗传算法设计、禁忌搜索及其应用、免疫算法及小生境免疫算法设计、多元宇宙优化算法、人工鱼群算法和鲸鱼算法等。

第6章：基于大数据服务碳中和机械产品加工过程设备优化调度。本章内容包括设备调度问题、调度数据样本研究和案例分析。

第7章：基于大数据服务碳中和机械产品加工过程物料优化调度。本章内容包括物料调度、物料数据和案例分析。

本书的出版得到了贵州省高等学校复杂系统与智能优化重点实验室研究项目（黔教技〔2022〕058号）和黔南州复杂系统与智能优化重点实验室研究项目（黔南科合〔2021〕20号）的资助，特此感谢有关单位和领导的关心和支持。研究生宋子祥、张浩参与了全书的统稿、校对和文献整理，为本书的完成做了大量的工作，在此感谢他们的辛苦付出。笔者还要感谢曾教导和帮助过自己的老师，感谢西南财经大学出版社有关工作人员为出版本书付出的辛勤劳动。此外，本书在写作过程中参考了许多国内外单位和个人的研究成果，在此向所有被引用文献的作者表示诚挚的谢意！

由于基于大数据服务碳中和的机械加工过程生产调度研究是一门正在迅速发展的综合性交叉学科，涉及面广，技术难度大，加上笔者水平有限，书中不妥之处在所难免，敬请广大读者批评指正！

肖永茂

2022年12月

# 目录

# 1 绪论

## 1.1 研究背景

2020 年 12 月 18 日，中央经济工作会议确定第二年的重点任务之一是做好碳达峰、碳中和工作。“我国二氧化碳排放力争 2030 年前达到峰值，力争 2060 年前实现碳中和。要抓紧制定 2030 年前碳排放达峰行动方案，支持有条件的地方率先达峰。要加快调整优化产业结构、能源结构，推动煤炭消费尽早达峰，大力发展新能源，加快建设全国用能权、碳排放权交易市场，完善能源消费双控制度。要继续打好污染防治攻坚战，实现减污降碳协同效应。要开展大规模国土绿化行动，提升生态系统碳汇能力。”① 2021 年 1 月 25 日，国家主席习近平在世界经济论坛“达沃斯议程”对话会上的特别致辞，指出中国将加强生态文明建设，加快调整优化产业结构、能源结构，倡导绿色低碳的生产生活方式。“中国力争于 2030 年前二氧化碳排放达到峰值、2060 年前实现碳中和。实现这个目标，中国需要付出极其艰巨的努力。我们认为，只要是对全人类有益的事情，中国就应该义不容辞地做，并且做好。中国正在制定行动方案并已开始采取具体措施，确保实现既定目标。中国这么做，是在用实际行动践行多边主义，为保护我们的共同家园、实现人类可持续发展做出贡献。”② 2021 年 11 月 1

① 2020 年 12 月 18 日中央经济工作会议讲话原文摘录。

② 2021 年 1 月 25 日，国家主席习近平在世界经济论坛“达沃斯议程”对话会上的演讲摘录。

日，国家主席习近平向《联合国气候变化框架公约》第二十六次缔约方大会世界领导人峰会发表书面致辞，中国发布了《关于完整准确全面贯彻新发展理念做好碳达峰碳中和工作的意见》和《2030 年前碳达峰行动方案》，还将陆续发布能源、工业、建筑、交通等重点领域和煤炭、电力、钢铁、水泥等重点行业的实施方案，出台科技、碳汇、财税、金融等保障措施，形成碳达峰、碳中和“1+N”政策体系，明确时间表、路线图、施工图。中国秉持人与自然生命共同体理念，坚持走生态优先、绿色低碳发展道路，加快构建绿色低碳循环发展的经济体系，持续推动产业结构调整，坚决遏制高耗能、高排放项目盲目发展，加快推进能源绿色低碳转型，大力发展可再生能源，规划建设大型风电光伏基地项目。

制造业门类下共计 31 个大类，但在能源消耗与碳排放方面，钢铁、化工、建材、石化及炼焦、有色金属冶炼行业表现突出。机械加工耗费了大量的能源，产生了大量碳排放，传统机械加工难以满足现代节能低碳的市场需求，难以管理复杂的机械生产。我国碳达峰、碳中和目标的实现主要依赖科技的进步和经济发展方式的转型，随着工业制造业的转型升级，企业势必要朝着智能化方向不断发展，传统生产模式已经无法满足企业的发展需求，这就必须要加强对大数据的应用，有效提升企业生产的自动化及智能化水平。随着智能生产技术的发展，车间的调度问题越来越多地应用于生产过程。具体过程简单地概括为：在限制性条件下针对特定目标，将特定目标分配到选定的资源中，并按同一资源的任务分配，最后确定每个资源目标的开始时间和结束时间。从目标测量的角度来看，多目标研究比单一目标研究更实际。最常见的解决方案是帕累托的主导决策集。

目前，对高能耗、高排放的制造业来说，大部分的调度方法和技术都是以生产时间最小化为目标的，这种单纯考虑利润或产量的调度方法和技术对生产的能耗、碳排放关注不够，因此给资源环境带来了很大的压力。对于高能耗、高排放的制造业来说，对能耗、碳排放进行监控、检测，对及时发现能源浪费现象极为重要。因此，我们有必要在构建低碳制造系统相关能耗、碳排放框架模型的基础上，对高能耗、高排放的制造业的生产过程中以降低能耗、节能减排为目标的调度模型、异常检测模型进行研究，并将研究结果应用到实践中。

随着时代的进步和发展，知识在工业生产中发挥着越来越重要的作用。很明显，知识自动化作为工业自动化发展的一个新阶段，是现代工业深度整合的必然结果，将给所有行业带来革命性的变化。与此同时，随着分散控制系统的不断发展，大规模实时数据将为工业生产操作的可视化提供新的视野。作为信息和知识的重要载体，工业过程数据越来越受到学术界和工业界的重视。更重要的是，工业数字化的发展不断提高工业大数据的获取、处理、存储、分析和利用的价值。如何利用工业大数据挖掘过程状态信息，实现过程的智能监控、优化和调节，已成为我国工业系统迫在眉睫的任务。作为产业互联网体系的核心，工业互联网平台至关重要。为此，工业互联网平台要发挥出最大的工业互联网的价值，并使用所产生的大规模数据进行智能大数据分析，帮助特定应用做出智能决策。从智能制造到工业互联网平台，核心是数据和模型的使用。显然，工业大数据分析是未来工业在全球市场上发挥竞争优势的关键领域。关于能源消耗、碳排放和其他环境指标数据的监测与分析是制造业实现碳中和的重要手段。通过生产能耗和碳排放数据分析和处理的机械产品加工过程调度将是未来制造业领域研究的重要任务之一。

## 1.2 研究现状

### 1.2.1 机械加工生产调度研究

(1) 作业车间调度问题的描述

在实际生产制造业中，作业车间调度问题属于非确定多项式-难题（non-deterministic polynomial-hard problem，简称 NP-难问题），一直是研究的重点。作业车间调度问题模型搭建过程复杂，工件到达设备的时间是动态变化的，约束条件多样化，生成的数据繁琐。随着现代技术的发展，生产制造的需求量也逐年增长，作业车间调度中的工件、设备不断增多，调度的规模不断扩大，快速找到最优解的难度增大，但这也是近年来研究的重点。

Beck 等（2003）研究了一个基于典型作业车间的准时（just in time，JIT）制生产方式调度问题，优化目标是使得每一个工件的最后一个工序偏离交货期带来的成本最小化。求解方法是基于约束规划的最优化方法，能够求解的问题规模有限。Moslehi 等（2009）研究了两机器的流水车间 JIT 调度问题，其目标函数也只考虑了最后一个工序的提前和延迟成本。求解时采用了基于分支定界的最优化方法。Doulabi 等（2012）提出了一个基于 JIT 的开放车间调度问题，并用模拟退火算法求解。与 Beck 等的研究类似，Doulabi 的研究只优化了最终工序的提前和延迟成本。Rey 等（2015）研究了一个有并行机器、基于二次成本函数的作业车间调度问题，并采用遗传算法和粒子群算法进行了求解。与上述研究类似，Rey 等只考虑了最终工序的提前和延迟成本。Al-Salem 等（2016）研究了一个基于共同交货期的两机器作业车间调度问题，优化目标是最小化最终工序的提前和延迟成本，并采用了动态规划方法进行求解。李凯等（2016）针对单机单工序 JIT 调度问题，提出了一种结合启发式算法的禁忌搜索排产策略。禁忌搜索用于产生机器加工序列，而启发式算法用于对给定的一个序列生成最优排产结果。该启发式算法对初始调度中的相邻工序块（Block）进行整体移动，并选择使得目标函数值最小的移动量。需要说明的是，该启发式算法早在 1995 年就由 Lee 等（1995）提出，并证明该算法可求得限定工序序列下的最优解。桂玲等（2017）在其研究中也应用了该启发式算法。Baptise 等（2008）研究了作业车间 JIT 调度问题，其假设每个工序都有各自的交货期，调度目标是实现所有工序的延迟和提前成本之和最小化。其研究采用拉格朗日松弛技术放松了机器约束和工序约束，求得了总成本的下界。基于 Baptise 的假设，Santos 等（2010）提出了将遗传算法和线性规划相结合的算法。遗传算法用于确定工序的加工顺序，得到一个初始解，线性规划用于对初始解进行改进（主要是改变工序的开始加工时间）。这可以发挥遗传算法求解时间短和线性规划求解质量高的优势。李海宁等（2012）分别将禁忌搜索和变邻域搜索算法与线性规划相结合进行了求解。李玉霞等（2016）针对作业车间多设备、多任务柔性加工的特点，将其划分为设备选择和作业顺序规划两个阶段，建立了二阶低碳优化调度模型，以实现碳排放效率提高的目标。在启发式算法方面，Che 等（2002）在分时电价背景下针对单机调度问题提出了若干性质和贪婪插入规则，将工件按能耗比例降序排列，并依次插入到使电费最小的时间窗口内，进而最小化总电费。杨海东等（2013）提出了一种能耗差分以确定个体的进化方向和进化强度，基于差分遗传算法提高流水车间的能效。

作业车间调度问题是车间调度中最常见的问题，也是车间生产中最典型的调度问题之一。它表示所有工件按照规定的时间在空闲的机器上加工，每一个工件按照给定的加工顺序进行加工，每执行一次加工环节就是完成工件的一道工序，不同的工序在不同的机器上加工。作业车间调度问题一般需要制定待加工工件任务表，每个工件的任务都是由该工件的工序顺序组成的，每个工件必须按照给定的加工设备进行加工，同时，加工过程要满足作业车间调度所想要达到的目标。作业车间调度问题需要满足以下约束和假设：

①所有工件在零时刻开始被加工，所有加工设备在零时刻可以使用。

②每个工件的每道工序有且仅有一台机器可以加工。

③每个机器在同一时刻有且仅有一个工件的一道工序可以被加工。

④每一个工件的每一道工序在机器上开始加工之后，不允许被中断，直到该工件的加工工序结束。

⑤不同工件的加工顺序不受干扰，同一工件的工序之间有一定的加工顺序。

⑥不考虑机器故障等问题。

调度优化目标起着客观评价车间调度性能的作用，其通常分为工件加工完成的时间和工件交货期的时间。在实际作业车间中，基于工件加工完成时间的优化目标主要选择最大完工时间最小化，而基于工件交货期时间的优化目标主要选择最大延迟时间最小化和平均延迟时间最小化。

根据上述说明的假设与约束，可以确定作业车间调度问题为 $n$ 个待加工的工件在 $m$ 台加工机器上的工序安排。由此可以确定，工件一直处于在机器上加工与不在机器上加工这两种情况，可以采用 0 或者 1 的整数矩阵对作业车间调度方案进行描述。

采用 $x_{ikj}=0$，1；$i$，$k=1$，2，…，$n$；$j=1$，2，…，$m$ 对工件状态进行描述。$x_{ikj}=1$ 时，代表工件 $i$ 先于工件 $k$ 在机器 $j$ 上加工；$x_{ikj}=0$ 时，代表工件 $i$ 后于工件 $k$ 在机器 $j$ 上加工。

同一个工件的工序之间需要按照给定的顺序进行加工，每道工序有且仅有在前一道工序结束之后才可以进行加工，$S=\{a_{ihj} \mid 1, 2, n, h, j=1, 2, \dots, m\}$ 表示工件的顺序排列，其值等于 1 时表示工件 $i$ 的第 $h$ 道工序优于该工件的第 $j$ 道工序，其值等于 0 时表示工件 $i$ 的第 $h$ 道工序后于该工件的第 $j$ 道工序。

（2）柔性作业车间调度

柔性作业车间调度问题（flexible job shop scheduling problem，FJSP）可以描述为：在若干台机器上加工若干个不同的工件，且每个工件有多道不同的工序。每个工件的每道工序可以在对应的可选机器集中任意选择一台机器进行加工，且加工时间不一定相同；每个工件的加工路径互不相同，且同一个工件的不同工序之间有前后顺序约束，不同工件的工序之间无先后顺序约束。在实际生产中，完全柔性调度更加符合实际生产需要，也更加复杂。

李聪波等（2017）以能耗和完工时间为目标建立了柔性作业车间分批调度优化模型；Meng 等（2018）基于机床空闲时间和空闲能耗，以能耗为优化目标建立了六种考虑机床启停策略的柔性作业车间优化调度混合整数规划模型。在此基础上，一些学者考虑柔性作业中机床柔性和加工路线柔性，开展节能优化调度研究，Zhang 等（2016）提出一种综合考虑加工路线、机床优选和车间调度的集成节能优化方法，并得出集成优化的节能潜力更大这一结论；Wang 等（2018）提出了一种两阶段节能优化调度方法，首先通过改进遗传算法优化机床选择，然后采用遗传算法与粒子群算法相结合的混合算法优化加工路线选择；Zhang 等（2017）建立了混合整数线性规划模型，并提出机床选择、加工排序和机床启停节能优化控制策略。孟磊磊等（2019）考虑到加工时间可控的柔性作业车间调度问题，提出两个混合整数规划模型，并基于 ε-约束法将最大完工时间作为约束获得了问题的帕累托解。Chen 等（2017）以最小化电费和总完工时间为目标研究了分时电价下带开关机的单机批量调度问题。在智能优化算法方面，Yild 等（2012）采用遗传算法对单机单工序调度问题进行了求解。王君（2017）针对单机和多机生产排序问题，结合分层序列法和禁忌搜索算法对工件的指派、工件的开始加工时刻和机器开关机进行控制，以实现碳排放和总加工时间的最小化。May 等（2015）针对最小化能耗的作业车间调度问题，根据工序的加工间隔将机器状态调整为工作、空闲、备用、停用，再利用遗传算法求解。吴正佳等（2017）使用元胞遗传与模拟退火的混合算法求解总能耗和最大完工时间最小化的车间调度问题。张国辉等（2017）考虑了一种能耗随加工速度变化的柔性作业车间调度问题，采用了分阶段优化策略，先用遗传算法求得使最大完工时间最小化的调度方案，再结合非关键工序的局部调整在最大完工时间不变的情况下使能耗最小。刘雪红等（2021）设计一种改进的候鸟优化（migrating birds optimization，MBO）算法，引入精英分批策略和可行邻域结构策略来解决以最小化最大完工时间和最大批次数目为目标的低维多目标柔性作业车间调度问题（multi-objective flexible job-shop scheduling problem，MOFJSP）。

调度的目标是，要为每个工件的每道工序分配合适的加工机器，确定每道工序在对应机器上加工的开始时间，以及该工序在对应机器上的加工时间。FJSP 包括两部分问题：一部分是机器合理分配的选择问题，另一部分是工件的工序满足约束条件的排序问题。在工件的加工过程中需要满足以下约束条件：

①任何一台机器的任何一个时刻只允许加工一个工件。

②任何一个工件的任何一道工序同一时刻只允许在一台机器上进行加工。

③任何一个工件的任何一道工序一旦开始加工就不允许中断。

④任何一个工件与其他工件之间都具有相同的优先级。

⑤不同工件之间的加工不受先后约束顺序的影响，同一工件受不同工序之间先后约束顺序的影响。

FJSP 根据柔性程度和资源分配的限制，可分为部分 FJSP（P-FJSP）和完全 FJSP（T-FJSP）。在工件的加工过程中，任何一道工序可选的机器范围不同，P-FJSP 是至少存在一道工序只能在对应的机器集里选择部分机器；而 T-FJSP 允许所有工序在对应的可选机器集里任意选择一台机器。所以 T-FJSP 的研究比 P-FJSP 的研究更加复杂，也更符合实际制造业企业的要求。

针对 FJSP，根据研究的侧重点不同有多种分类方式，如资源约束的种类和数量、加工系统的复杂程度或加工任务的特点等。这里根据加工任务的特点分成两类：

①静态调度。所有待加工的工件进行一次调度排程后，各工件和机器的加工任务被确定，加工过程中按计划执行且不再改变。

②动态调度。需要考虑生产环境中不断出现的动态扰动（如新任务的插入、设备的故障等）而进行调度安排。因此，动态调度要根据加工过程中的任务、设备等状况不断地进行调整。

（3）分布式作业车间

面对现今市场全球化、生产全球化的趋势，为降低生产成本，一种面向随物流变化、异地加工的适合中小批量、多品种生产类型车间的生产管理和控制方案——分布式生产模式，成为当前一种较为先进的可选方案。它将过去集中式的生产准备、计划和控制改为分布式，将权利下放给车间、制造岛，秉持以人为本、权责分明的原则，充分发挥人的积极因素，为我国国防工业和机械行业的技术改造及生产自动化提供了一条投资少、效益好、见效快的新途径。但是，生产过程、高效运行的调度问题变得更加复杂，迫切需要研究有效的生产调度方法并建立实现这些生产调度方法的计算机生产调度管理系统。

Mnch 等（2021）以最小化加权运输时间为目标，对分布式环境下的相同并行机调度问题展开研究。首先对几类特殊问题提出多项式时间算法，以此面向一般性问题提出三种构造算法，针对大规模问题提出一个贪婪的随机适应性搜索框架。以最小化总拖期为目标，Zheng 等（2022）提出一种混合帝国竞争算法对分布式不相关并行机调度进行求解，不同类型的帝国具备不同类型的搜索算子，以最小化工期和总拖期为目标。Lei 等（2021）采用改进人工蜂群算法进行求解，设计了雇佣蜂和观察蜂的动态决策方法。以总能耗和总拖期为目标，Pan 等（2022）将车间分配和机器分配两个子问题简化为机器分配子问题，设计了一种基于知识的双种群优化方法，挖掘工件加工顺序、加工时间与拖期之间的五个特征，提出了基于知识的局部搜索算子。Zhou 等（2019）将车间分配和机器分配子问题简化为一个扩展的机器分配子问题，提出一种带记忆的帝国竞争算法，搜索过程中较好的殖民地将对搜索过程中的最佳位置进行记忆。Lei 等（2020）

以最小化最大完工时间为目标，提出了一种带分工的人工蜂群算法，蜂群被划分为一个雇佣蜂群和三个侦查蜂群，通过为不同蜂群分配不同策略提高解的质量。Li 等（2019）提出一种改进人工蜂群算法，采用分布式迭代贪婪方法指导三种蜂群的迭代搜索，在种群初始化过程中，提出了一种考虑了车间负载平衡的车间分配方法。Zhao 等（2022）提出了一种记忆离散差分进化算法，由增强 NEH（Nawaz-Enscore-Ham）算法和基于知识的交叉策略指导种群的进化。Ren 等（2021）以多智能体强化学习方法作为主要框架，结合纳什（Nash）均衡理论和强化学习方法（Babu，2019），提出了一种基于平均场的 Nash QLearning 算法。杨晓林等（2019）增加对总碳排放的优化，提出一种增强分布估计算法，采用基于序关系的四维矩阵对优质解的工件块结构及其位置信息进行学习和积累，进而指导全局搜索。以总流经时间为优化目标，Mao 等（2020）采用迭代贪婪算法求解，包括种群初始化、破坏和重建阶段的改进及局部搜索过程。

Shao 等（2020）采用分布式初始化构造启发式和最小中值规则进行工件排序。Ying 等（2018）建立了具有多处理器任务的分布式混合流水车间调度问题 MILP 模型，并提出自适应迭代贪婪算法。Liu 等（2020）提出基于改进双层嵌套式遗传算法的两层优化模型：外层模型以产线平衡为原则进行订单分配，内层模型指导生产顺序。以最大完工时间和总能源成本为目标，Chen 等（2020）提出改进迭代贪婪算法，嵌入了一个改进的破坏和构建方法，解码过程中增加了对运输路线的考虑。考虑到绿色调度问题，Jiang 等（2021）采用一个基于分解的新型多目标进化算法解决具有多处理器任务的能源感知分布式混合流水车间调度问题。Wang 等（2021）建立了混合整数线形规划模型，提出基于强化学习的代理合作文化基因算法。以最大完工时间为目标，Na Deri 等（2014）分别基于顺序和位置建立混合整数线形规划模型，并采用并行方法求解小规模问题，对于大规模问题，提出最短加工时间、最长加工时间、最长剩余时间三种启发式算法和三种基于车间分配和工序调度的依次决策和交互决策的贪婪启发式算法。Chaouch 等（2017）考虑共享机器的自主子生产系统调度问题，提出分布式合作方法。Sahman 等（2021）将基于工作负荷的车间顺序机制和贪婪的启发式算法相结合，提出离散斑点鬣狗算法。Chaouch 等（2019）采用蚂蚁系统（Dorigo，1996）、混合蚂蚁群系统与提出的修正蚂蚁群优化对该问题进行求解。

①分布式车间生产特点

分布式车间系统是在成组技术的基础上发展起来的一种由多个功能独立、地理位置分散的独立制造岛组成的新型生产形式，由数控加工设备、物料运储装置的计算机控制系统等组成的自动化制造系统。它包括多个柔性制造单元，能根据制造任务或生产的变化迅速进行调整，适用于多品种，中、小批量生产。它在对车间传统生产组织形式进行变革的同时，不盲目追求加工设备的高度自动化，而强调在现有设备条件下信息流的自动化。其主要特征如下：

a. 封闭性以成组技术为基础，在制造岛内构成一个相对封闭、独立的制造单元。

b. 兼容性数控机床与普通机床并存，不盲目追求物料流的自动化。

c. 分布性将过去集中式的生产准备、计划和控制改为分布式，将权力下放给车间、制造岛，以人为本、权责分明，充分发挥人的积极作用。

d. 集成性利用计算机技术将工艺设计、生产作业计划和制造过程有机地连成一体，在制造岛内实现信息流的自动化。

②分布式车间生产模式的原理

采用分布式生产模式的车间，要按照成组技术的原则，将零件划分为制造族，在制造岛内仅完成某特定零件族的加工，利用网络技术将数控编程系统、各制造岛内的计算机辅助工艺规划（computer aided process planning，CAPP）、车间作业计划系统等在车间范围内联网，建立车间生产管理和控制的集成环境。首先，车间生产管理系统接受物理需求系统下达的加工任务信息或直接输入加工任务信息，并从设计部门的计算机辅助设计（computer aided design，CAD）系统调入零件技术图纸；其次，生产管理系统根据成组技术的原则将零件分类、编码，并按照零件分类、编码的情况，将加工任务分配给相应的制造岛；最后，在车间及相应的制造岛内完成工艺设计、数控编程、作业计划编制等，并生成、打印各种工艺文件。在系统方案中还包括相应的数据库系统，如加工任务数据库、车间（制造岛）资源数据库、工艺方案数据库、在制品数据库、排序方案数据库、工厂日历数据库等。

硬件包括：

a. 两台以上的数控机床或加工中心以及其他的加工设备，包括测量机、清洗机等。

b. 一套能自动装卸的运输系统，包括刀具的运储和工件及原材料的运储，可采用有轨小车、无轨小车、搬运机器人等。

c. 一套计算机控制系统及通信网络。

软件包括：

a. 车间运行控制系统，具体包括计划、调度、实时控制、运行监控等模块。

b. 质量保证系统。

c. 数据管理和通信网络系统。

具有的功能：

a. 能自动管理零件的生产过程。

b. 简单地改变软件或系统参数，便能制造出某一零件族的多种零件。

c. 物料的运输和储存必须是自动的（包括刀具等工装和工件的自动运输）。

d. 能解决多机床条件下零件的混流加工，且无须额外增加费用。

e. 具有优化计划调度管理功能，能实现无人化或少人化加工。

③分布式车间作业计划的调度规则

采用分布式生产模式的车间，将车间作业计划进一步分解成各个独立制造岛的作业计划，车间生产作业计划及实时调度系统研究、开发的工作转变为独立制造岛作业计划及实时调度系统的研究、开发，其目的是：

a. 保证工期、按时完成所接受的任务。

b. 提高制造过程的柔性和完成“急件”任务的应变能力。

c. 减少库存。

分布式作业计划的调度规则是指通过给定加工点次序的规则，确定一队加工任务，可采用优先权规则作为作业计划的调度规则。一队加工任务按优先权的次序进行加工，一项任务完成后，就将其纳入加工路线中的下一个加工点的任务队列中，成为下一个加工点的机床负荷。

车间作业计划的调度规则，采用下列优先权规则：

a. 工期最短的任务优先权最大。

b. 加工时间最短的任务优先权最大。

c.“缓冲最少”的任务优先权最大。

无论采用哪种优先权规则，“急件”任务的优先权总是最大。采用上述调度规则可获得多种作业计划方案，对上述方案进行评价后，选择一种相对最佳的方案作为分布式车间的作业计划方案。如果制造岛内发生干扰情况，可根据新情况重新生成新的作业计划来满足工期要求。车间作业调度的任务是指根据生产计划安排工件在每台机器上的入线次序，在满足给定约束的前提下，使指定的性能指标得到优化。调度方案的执行是一个动态的过程。在车间生产过程中，任何事先已经确定的优化调度方案，总还是会面临一些新情况、新变化，称为触发动态调度事件（重调度因子）。当这些动态事件发生时，原有的优化调度方案事实上不再可行，因此有必要采用应对这些未预料到的现象的机制，以快速响应变化的环境，修复原定的加工顺序和调度系统的可利用资源，使车间生产持续地运行，即完成动态调度。静态调度与动态调度的主要区别在于算法的鲁棒性及算法对扰动的快速响应能力。在求解调度问题的各类方法中，运筹学方法结构复杂，使得计算量很大，解算效率低，不适合大规模问题的求解及在线生产。仿真方法、启发式规则方法虽然解算效率较高，实用性较强，但对问题和操作人员的经验水平有较强的依赖性，不能提供具有普适性的实用算法。

（4）分布式柔性作业车间

分布式柔性作业车间调度问题是柔性作业车间调度问题的延伸。柔性作业车间调度问题中每道工序有多个可供选择的加工机器，这与经典的车间作业调度问题中工序只能在固定的机器上加工有很大的区别，因此问题求解难度更大。而分布式柔性作业车间调度问题（distributed flexible job-shop scheduling problem，DFJSP）在柔性作业车间调度问题的基础上更进一步，首先要考虑为每个工件分配合适的制造单元，其次考虑每个制造单元的柔性调度。由于不合适的制造单元分配会导致成本过高、执行时间过长和资源过载等问题，因此 DFJSP 问题更加复杂且更不容易求解。

近似算法包括智能优化算法以及规则方法，求解效率高，得到了广泛的应用。Chan 等（2006）首次研究了 DFJSP 问题，以最小化最大完工时间为目标，提出了基于主导基因的遗传算法（GADG），构建了针对 DFJSP 问题的全解空间编码。全解空间编码包括工厂、机器、工件、工序以及主导基因五部分信息。Chan 等（2006）研究了考虑机床维修的 DFJSP 问题，将维修信息集成在编码中。Giovanni 和 Pezzella（2010）提出了一种改进的遗传算法，并且设计了一种部分解空间编码。部分解空间编码只包括工厂和工序信息，机器选择在解码过程中通过规则来确定。作者设计了针对关键工厂的局部搜索算法以提高遗传算法的局部寻优能力。Mohsen（2014）针对 DFJSP 问题特性，设计了一种快速启发式规则。Lu 等（2018）提出了一种基于工件编码方法的遗传算法，编码中只包含工件信息，工厂选择、机器选择以及工序排序三个子问题在解码中通过规则确定。Chan 等（2017）提出了一种基于概率编码的全解空间编码（SCL）的混合遗传算法（GA_CL）。Wu 等（2017）对现有的四种解码方法（SCH、SGP、SJS、SCL）进行了分析，提出了基于工序序列的编码（SOP），即编码序列只有一条工序序列，工厂选择以及机床选择通过使用相应的解码规则确定。Lin 等（2019）分析了全解空间编码与部分解空间编码的优缺点，针对考虑机床维修的 DFJSP 问题，提出了两种部分解空间编码方法，编码序列只包括工序排序以及维修信息，工厂选择与机器选择通过解码规则确定。除使用遗传算法求解 DFJSP 外，黄英杰等（2012）提出了一种基于目标级联法和粒子群算法的混合算法，杨江波等（2014）提出了一种基于目标级联和遗传算法的求解方法。吴锐等（2019）提出了一种改进的人工蜂群算法，并设计了基于工序、机器以及工厂的三层编码方案。吴秀丽等（2019）提出了一种改进的多目标混合差分进化算法，同时优化 DFJSP 总成本，提前或延期惩罚。

①问题描述

分布式柔性作业车间调度问题考虑的是在存在多个柔性工厂的情况下，合理安排工件生产调度顺序的问题，是一个典型的组合优化问题。所谓的柔性是针对生产系统中刚性生产而言的。在刚性生产中，工厂主要加工的是大量功能单一的产品。而在柔性生产中，产品更具多样性，且机器的功能更多样，工序可在多个机器上执行。因此，柔性生产能够使工厂以较短的周期和较低的成本生产出高质量的产品。分布式柔性作业车间调度问题中，当公司接到新的加工订单后，首先需要为工件分配加工的地点。当某工件分配到制造单元后，该工件的所有工序均需要在该制造单元加工。制造单元接收到各自的加工任务后，根据工件的特点、机器的性能及约束条件确定各自最优的加工路线。整个生产调度的目标是获得最短的总

工期 $C_{total}$，总工期 $C_{total}=\max(C_1, C_2, \ldots, C_n)$，其中 $C_1$ 为第一个工厂的完工时间，$C_2$ 为第二个工厂的完工时间，以此类推，$C_n$ 为最后一个工厂的完工时间。

②DFJSP 问题的特征

a. 分散性。与传统的集中式生产不同，分布式柔性生产体系中制造单元是独立分散的。它们通常分布在靠近原材料产地或劳动力相对廉价的地区，可以有效降低生产成本。通过各制造单元的合理分工和相互协作，企业可以较短的周期、较低的成本生产较高质量的产品。

b. 不确定性。由于分布式柔性调度的高度分散性，企业不能对制造单元进行集中管理，而且地域的差异也会导致生产资源的不平衡，因此，当信息沟通机制不健全时，很容易出现非预见性的紧急动态事件，导致生产不确定因素的增加。

c. 产能稳定。由于工序可在多台机器上加工，因此当制造单元中有机器发生故障不能运转时，工序可选择其他机器加工。若工件由于一些不确定因素，不能在已分配好的制造单元中加工时，工厂可基于实际情况通过调度系统基于实际情况重新对工件进行调度和分配。因此，当有突发状况时，公司在总调度中也可以有效地应对，从而保证稳定的生产能力，避免交货延期的情况出现。

d. 高信息共享。由于制造单元分布在不同的区域，因此为了高效地解决多对象多任务的复杂调度问题，制造单元间需要建立有效的信息共享机制。在工件生产过程中，虽然各制造单元会依据自身情况安排生产流程，但为了使公司的整体调度性能得到优化，制造单元需要不断与其他子工厂沟通协调，从而更好地完成生产任务。由此可见，分布式柔性车间调度过程是一个高信息共享的调度过程。

③分布式柔性作业车间调度问题的难点

由于分布式柔性作业车间调度问题是柔性车间问题和分布式作业问题

的延伸，因此后两者所存在的难点在分布式柔性作业车间调度问题中也会有所体现。分布式柔性作业车间调度主要有以下两个难点：

①由于制造单元的分配是解决分布式柔性作业车间调度问题的第一步，其余所有问题都在制造单元分配好的基础上得以展开，因此制造单元的分配非常关键。而衡量制造单元加工效率的指标有很多，在解决分布式柔性作业车间调度问题时，指标的选取是一个难点。

②柔性作业生产调度问题的重点是在单个制造单元内合理地安排柔性生产，分布式作业车间调度问题的重点主要是制造单元的选择分配，而分布式柔性作业车间调度问题则需要兼顾两者，因此其规模更大且更复杂。

④分布式流水车间调度

流水车间调度问题（flow shop-scheduling problem，FSP）是研究车间调度的重要问题，也被称为置换流水车间调度问题。想要深入了解车间调度这类问题，流水车间调度问题是第一个需要被了解的车间调度问题。通常，在流水车间调度问题中有 $n$ 个工件需要被加工，每个工件有 $m$ 个不同的制程，每个制程都对应一个机器，制程的顺序是固定的。流水车间调度的目的是找到一组最佳的工件排序来尽可能地缩短总的加工时间，因此流水车间调度问题是典型的组合优化问题。流水车间调度可以作用于很多不同的生产领域，并且十分适合大批量生产、做工不复杂的产品，具有非常高的实际研究价值。

分布式流水车间调度问题（distributed flow shop-scheduling problem，DFSP），比传统的单一车间生产调度问题更为复杂，已经成为生产调度及相关领域的热门研究。分布式流水车间有许多个可以加工工件的流水车间，每个车间的功能相同、设备相同，并且工件的加工时间不会随工厂的不同而改变。分布式流水车间调度有两个需要解决的问题：第一个是工件如何合理地分配到工厂，第二个是各工厂内部的加工资源如何合理配置。分布式流水车间调度问题相较流水车间问题多了一种考虑：工件如何分配到工厂。因此，分布式流水车间调度问题的复杂度更高，需要研究者提供更好的解决方案来同时解决这两个问题。分布式流水车间调度问题因其多资源、多目标和多约束等特性成为智能制造领域中具有挑战性的前沿课题。

早在20世纪50年代就有对流水车间调度问题的研究出现，早期的运筹学方法能轻松解决这类问题，并且得到的效果不错。但是，随着生产规模的逐渐扩大，加工过程越来越复杂，车间调度需要考虑的目标越来越多，逐渐成为复杂的多目标优化问题，传统的运筹学方法不足以应对这类大型复杂的调度问题，之后，学者们又使用各种启发式算法来解决这类问题，进一步提高了生产效率，取得了不错的成绩。

随着现代技术的发展，生产商的生产速度得到提升，但是人民所需物资数量越来越多，要求也越来越高。为了再次提高生产效率，需要实时对生产过程进行控制，简单的启发式规则已经很难优化这类问题，研究者们又提出了群智能优化算法来解决如今的车间调度问题。群智能优化算法一般把自然界中群体的某些特定行为抽象成可以解决优化问题的方法，这些方法一般比较简单，但在优化复杂问题的时候是非常有效的。其中比较经典的群智能优化算法有粒子群算法（particle swarm optimization，PSO），蚁群算法（ant colony optimization，ACO），鲸鱼优化算法（whale optimization algorithm，WOA），人工蜂群算法（artificial bee colony algorithm，ABC）等。群智能优化算法根据群体内部的信息交流实时改变优化方向，最终达到优化效果，算法以其简单的结构和不依赖问题的特性受到了广泛关注，可以作为一种解决方案来研究生产调度问题。

生产效率问题一直是制造业想要重点突破的问题，效率越高的工厂，收益越高。为了紧跟时代的步伐和实现自身的更好发展，小工厂联合生产的例子越来越多，而大工厂扩建之后形成多个工厂共同生产的现象也越来越普遍。多个工厂联合生产成为工业生产的发展趋势。分布式流水车间调度问题为了适应这种趋势，增加了多个工厂的考虑，多个工厂内部的机器设备是相同的，在订单下达之后，首先要考虑把订单分配给合适的工厂来生产，使得生产的时间更短，从而有更高的生产效率。每个工厂内部又包含一个流水车间调度问题，解决多工厂联合生产的问题可以高效节省生产时间。

分布式流水车间调度问题比流水车间调度问题复杂，主要涉及两个问题：第一个是将工件分配给工厂，第二个是对每个工厂内部的工件进行排序。这两个问题相互影响，因此必须一起解决。分布式流水车间调度的目的是找到每个工厂的工件的流程顺序，以最大限度地缩短制造周期。

（5）混流调度

①混流制造的特点。混流车间调度问题（hybird flow shop-scheduling problem，HFSP）具有多个处理阶段，每个阶段有多台并行设备，工件加工路径确定且相同，依次通过各个阶段，并选用其中一台设备进行加工。混流生产的调度是对多个工件进行排序，这些工件需要在多个给定顺序的生产阶段进行加工，在每个阶段有多个并行机，可择一加工任一工件。即调度包含：在一个工件排列中，每一级至少有两台设备可以对工件进行加工；每个工件只能在每级的一台设备上进行一次加工；每台设备都有容量的约束，也就是每台设备一次只能对一个工件进行加工；工件是有前后加工顺序的；每级之间具有有限或无限容量的缓冲区。混流生产方式，既可以生产大批量标准化产品，包括电子、汽车及其零部件、电器等，也可以按照客户订单生产小批量非标准化产品，包括航天航空装备等，满足客户对各种各样产品的需求。与传统的单一型流水线相比，混合生产线具有可变性大、灵活性高以及适应性强等特点，在同一生产线上可以同时生产出多种不同型号、不同数量的产品：在汽车、家电等行业中，其生产过程中的大部分工序是相同的，更换产品品种时，基本不需要调整生产线、模具、夹具等。因此，混流生产方式在这些行业的生产过程中有着广阔的应

用前景。

②HFSP 的调度准则。调度准则是评价调度的方法，主要包括两类准则：调度代价和调度性能。调度代价包括与生产相关的固定费用、延迟代价、库存代价等；调度性能包括许多不同的量度，如生产资源设备的利用率、任务的平均或最大延迟（或提前）。从对实际应用的分析报告来看，性能指标可以分为两类：基于加工完成时间的指标和基于交货期的指标。

按加工完成时间的目标函数进行分类，主要可分为以下几类：

最小化最大流程时间。这类调度目标意味着调度性能与完成整个加工过程所花时间最长的工件（此工件在车间中的实际加工时间）直接相关。

最小化平均流程时间。这类调度目标函数应用于调度性能与加工单个工件所用平均时间（所有工件在车间中的平均加工时间）相关的情况。

最小化最大完工时间。这类调度目标适用于调度性能与整个制造系统加工完全部工件时所需时间的情况，其对于提高车间的生产效率以及提高车间单位时间内的加工能力都有着较为现实的意义。

最小化平均完成时间。这类调度目标函数应用于调度性能与单个工件完成加工所需平均时间相关的情况。

另外，还有基于交货期分类和基于生产费用的分类，如最小化平均等待数（降低工件存储费用）、最小化完成工件数（降低完成工件存储费用）、最大化平均时刻工件在线处理数（提高机器利用率）等。这里不再一一列举。

### 1.2.2 大数据技术在机械加工生产调度方面的研究

关于大数据的定义，麦肯锡全球研究院（MGI）在报告中描述了“创新、竞争和生产力的下一个前沿领域：大数据是传统数据库软件无法搜集、管理和处理的大量数据”。几乎在同一时间，国际数据公司给大数据下了一个定义：大数据技术是新一代的技术与架构，它被设计用于在成本可承受（economically）的条件下，通过非常快速（velocity）的采集、发现和分析，从海量（volumes）、多类别（variety）的数据中提取价值（value）。国际数据公司对大数据的定义描述了大数据的四个主要特征：海量化（volumes）、多样化（variety）、快速化（velocity）、价值化（value）。随着大数据的发展，国际商业机器公司（international business machines corporation，IBM）在现有大数据的“4V”特征上增加了真实性（veracity）和可变性（variability）。

（1）海量化（volume）

大量的数据是大数据的主要特征，也是最明显的特征。大量的数据的存储和计算量是非常大的，单位至少是拍字节（petabytes，PB）。大数据时代的数据爆炸性增长倒逼了大量数据集的存储和处理技术的发展。

（2）多样化（variety）

随着互联网技术的发展，多样性和数据来源的增加是大数据的显著特征。除了科学研究其他问题二维表数据存储在数据库中形式外，还有来自互联网网站或应用接入，音频、图片和地理信息是大数据领域需要处理和分析的数据的重要组成部分。统计报告显示，目前世界各地的非结构化数据占总数的90%左右。如何有效地处理非结构化数据，并确定其潜在的商业价值和社会价值，是信息技术必须解决的问题。

（3）快速化（velocity）

快速化一方面指大数据环境下的数据量增长速度快，另一方面则是指在经济全球化形势下，企业的竞争压力大，需要及时把握市场动态，快速合理地制定经营策略，对数据时效性要求高，因此需要对大数据进行快速处理分析。比如搜索引擎不仅需要快速检索海量数据，满足用户的实时需求，还要对不断更新的实时数据进行实时监控及推荐。这是大数据区别于传统数据的显著特征。

（4）价值化（value）

大数据蕴含的整体价值是巨大的，但由于干扰信息比较多，因此其价值密度较低，或者说是浪里淘沙却又弥足珍贵，这是大数据在价值维度的两个重要特征。挖掘出大数据的有用价值并加以利用，是大数据分析的根本目标。但考虑到数据时效性问题，如何在海量的、多样性的、价值密度低的数据中快速挖掘出潜在的有用价值，是大数据技术的使命。

（5）真实性（veracity）

保证大数据中处理和分析的数据的准确性和可信赖度，即数据的质量是大数据产生价值的前提。这就需要从数据源开始对数据采集进行监控，同时在数据预处理阶段对无效数据和错误数据进行剔除和筛选，这是大数据处理程序的重要组成部分。

（6）可变性（variability）

数据的结构和意思非确定性，即根据不同的上下文数据可以有不同的含义。这也是大数据需要考虑的重要特征。

智能制造是未来的发展趋势，制造业务部门将生产技术与新一代的信息技术（如工业互联网、大数据和云计算）进行深度转换。智能制造现在已成为学术科学研究和工程应用的重点领域。低碳节能方案的一个重要组成部分是绿色制造在智能制造方向的研究，目的是通过合理优化资源的分拣流程和运作方式实现提高效率和降低成本的目标。因此，低碳节能是制造业提高效益、减少碳排放和提高企业竞争力的关键。生产数据是制造业的中心要素，是信息化学工厂的重要资源，是科学分析和决策的关键因素。目前，数据的指数增长、缺乏结构和类型的多样性等给传统的数据管理系统带来了巨大的挑战。

在解决车间规划问题的过程中，最重要的是利用规划数据中的规划知识指导优化约束目标或功能，以便准确地解决规划问题。面对复杂环境的培训工作，企业基于现有的和可变的生产线，以有效地开采和提取数据或信息的数据模型来进行样本的规划优化，引导生产过程，并提供最优的解决方案，是一个“点”应用程序模式的代理人。

从根本上说，大数据就是在纷繁复杂的信息处理过程中通过更高的运用能力，发挥快速处理问题的作用。其核心是大数据分析，研究如何获得真正有价值的数据，而不是在海量、低价值的数据海洋里盲目追逐。大数据分析是指对社会现象进行分析，发现各种社会现象之间存在的相互关系，利用大数据的强大算力分析调度过程，不断增强其适应能力，使机械加工生产调度效率进一步提高。

随着社会经济的发展，大数据技术逐渐进入成熟阶段，大数据环境下机械加工生产调度有四大方面的特征。

第一，实时动态性。当扰动事件发生时，机械加工生产调度过程的数据会产生变化，很多动态变化的实时数据渠道都在不断更新，此时信息的量级将会快速上涨，流动性变强，每时每刻都在更新机械加工生产调度中产生的各种信息。

第二，需求紧急性。扰动事件发生的时间是无法预料的，企业需要及时快捷采集到各方面的信息，筛选出最优化的调度信息，根据信息做出高质量的决策。

第三，难以复制性。扰动事件的发生往往涉及多种个体和领域，产生的数据信息也是极具个性化的。

第四，数据多维性。机械加工的数据非常复杂，在机械加工生产调度过程中产生的数据更甚，既有传统数据，又有实时结构化、非结构化的数据，面临的情况之复杂、数据来源之繁杂、数据内容之巨大、数据结构之多变更是难以想象。

大数据环境下机械加工生产调度系统的主要功能有：加工工艺需求预测、加工路线调度、应急物资的定向分配、能力绩效和满意度评估。

加工工艺需求预测功能主要是在突发事件发生时，根据扰动等级对需求点的工艺需求进行预测和分析，扰动等级如果在可控范围，可以直接调用新的工艺方法；当扰动等级超过一定范围，可以直接更换工艺线路。

选择机械加工工艺路线是在扰动事件、新的调度分配按照需求准备完毕之后进行的，这里需要基于大数据强大的分析能力，结合经典案例、资源分配的效率和故障点的概率充分考虑各条加工路线。

在选择好加工工艺路线之后，需要对加工路线进行定向分配。能效和完成度评估功能是对扰动事件完成之后的能效进行充分评价，利用大数据平台和实际运行数据，使用多种手段对应急扰动事件的完成度进行摸底调查。

工业大数据在机械生产加工中的应用有许多，Kaustabh Chatterjee 等（2021）提出了一种基于工业大数据的车削表面粗糙度估计方法，其所提出的方法可以预测表面粗糙度的下限、上限和最可能的估计值。Zhang 等（2020）采用系统工程分析的方法研究了工业大数据应用（industrial big data application，I-BA）系统模型，提出了 I-BA 通用参考模型及 I-BA 实现路径的通用参考架构，然后提出了基于模糊决策实验室分析（decision making trial and evaluation laboratory，DEMATEL）的 I-BA 影响因素定量模型和方法。Bezerra Aguinaldo 等（2020）提出了一种方法，其中将弹性处理引擎设计为插入当前安装的工业信息基础设施中，为其提供对海量工业数据执行可视化分析的能力，存放在这些存储库中的大量未处理数据是用于改进工业流程的潜在且丰富的信息来源。Dominik Flick 等（2018）等讨论了设备内部能源相关数据的利用，作为制造业中工业大数据开发的一部分，可以根据 ISO 50001 能源管理体系创建能源透明度，估计确定生产设备能源消耗信息所需工作量的分类框架描述并讨论了工业大数据在数据采集、提取和基础设施方面的协同效应。Jay Lee 等（2015）关注工业大数据分析和信息物理系统（cyber physical systems，CPS）发展的现有趋势（CPS 有助于将海量数据系统地转换为信息，从而使退化和效率低下的无形模式变得可见，并产生最佳决策），然后简要讨论了在制造业中应用 CPS 的系统架构，称为“5C”。“5C”架构包括在制造业中完全集成网络物理系统的必要步骤。P O'Donovan 等（2015）研究数据驱动分析在工业设备维护中的应用，研究在工业环境中实现设备维护应用的一组数据和系统需求，以及为集成、处理和分析工业设备数据提供可扩展和容错的大数据管道的信息系统模型。Ren Teng 等（2022）从智能制造装备大数据环境下的任务分析与管理、任务分解与资源分配、任务网络分析与评价和任务集成分析验证评估进度，进一步研究智能制造的前景，包括针对用户个性化需求开发的高端设备的定制化研究、数据驱动的资源优化配置研究、复杂网络建模的多层交互、智能系统集成。Ebru Turanoglu Bekar 等（2020）解决了对机器学习算法的泛化性能有重大影响的数据预处理问题，使用无监督机器学习技术对预测性维护中的数据进行预处理和分析，以获得合格的结构化数据，通过在制造业中使用工业案例研究证明了公式化方法的适用性，通过所制定的方法分析来自制造业的数据集以识别数据质量问题并检测隐藏信息的有趣子集，可以系统地获取有关组件/机器行为的有用信息和诊断信息，并将其作为预测性维护中决策支持和预测模型开发的基础。M Christ 等（2016）针对时间序列分类档案的所有二元分类问题和生产线优化项目的时间序列，以及模拟随机过程与潜在的动态质量变化对我们提出的算法进行了基准测试，提出了一种有效的、可扩展的时间序列特征提取算法，将已建立的特征提取方法与特征重要性过滤器相结合。它具有较低的计算复杂度，允许从有限的领域知识可用的问题开始，可以简单地并行化，具有高度可扩展性并且基于经过充分研究的非参数假设检验。T Vu（2015）探讨了一种组织可以在云上开发和交付大数据应用程序的方法，这是一项试点研究，旨在为目标客户开发资产管理服务的背景下部署大数据和云计算技术。该服务分析目标客户配电网络中的干扰记录，并结合天气和地理数据以协助做出维护决策。本书将对大数据和云计算技术的概念以及云计算可能的商业模式进行全面描述，还将对其实施过程的可行性进行分析检查。Y Chen 等（2021）为了有效地分析和处理边缘计算产生的流式工业大数据，提出了一种基于正交三角分解法的张量训练分解方法和一种基于正交三角分解法的增量方法。该算法将基于增量正交三角的分解算法与近似奇异值分解算法相结合，具有良好的可扩展性。此外，Y Chen详细分析了计算复杂度、空间复杂度和近似误差分析。C Yin 等（2017）提出了一种满足差分隐私约束的位置隐私保护方法，以保护位置数据隐私，并最大限度地发挥数据和算法在工业物联网中的效用，针对位置数据的高价值和低密度，将实用性与隐私性相结合，构建了多级位置信息树模型，采用差分隐私索引机制，根据树节点访问频率选择数据，最后，使用拉普拉斯方案对选择数据的访问频率添加噪声。理论分析和实验结果表明，C Yin 所提出的策略可以在安全性、隐私性和适用性方面取得显著成效。X Xu 等（2017）总结和分析了国内外工业大数据采集、基于本体的智能产品线建模、基于工业大数据的预测诊断、产品线设备的群学习和智能制造的产品线重构，根据研究现状和存在的问题，X Xu 等提出了研究策略，包括智能环境下工业大数据的获取方案、基于本体建模与推理方法的智能产品线、基于深度神经网络的生产线预测诊断方法、基于云补充的设备间深度学习和 3-D 自组织重构机制。

W Zhu 等（2021）针对滚动轴承大数据进行研究并认为，传统的特征提取方法会造成一些有用的信息丢失，现有的轴承性能退化指标很难反映其实际运行状态。他们提出了一种基于随机矩阵理论和主成分分析的方法，利用滚动轴承健康监测数据构建随机矩阵模型；利用随机矩阵理论提取并构建了 14 个特征指标；主成分分析算法从多个特征数据中提取有用信息，最后构建融合特征指标来评估轴承的退化。Q Jiang 等（2020）针对工业大数据和复杂非线性过程，提出了一种局部全局建模和分布式计算框架，以实现对非线性全厂过程的高效故障检测和隔离。首先，他们使用堆叠式自动编码器来提取每个本地处理单元的主要表示并建立本地内部监视器；其次，交互信息用于确定局部单元的邻域变量；再次，在本地单元和邻域变量之间进行联合表示学习，以提取外部相关表示并为本地单元建立外部相关监控器；最后，来自所有过程单元的外部相关表示用于建立全局监控系统。然而，在生产过程中冲击韧性不稳定。Y Liu 等（2020）采用光学显微镜、扫描电子显微镜和能量色散分析试验研究了管线钢中不同合金含量与显微组织的关系。此外，在统计合金成分和生产中的力学性能的基础上，Y Liu 探讨了合金含量对管线钢强度和冲击韧性的影响。Z Ma 等（2020）提出了一种支持多模张量机算法，将多模乘积推广到支持张量机的公式中。此外，他提出了一种有效的算法来训练参数。在各种数据集上进行的实验验证了支持多模张量机在多重分类中优于其他算法的性能，并验证了所提出的模型在工业大数据多重分类方面具有的潜力。

### 1.2.3 碳中和在机械加工生产调度方面的研究

（1）碳中和与机械加工生产调度

在金砖国家领导人第十二次会晤、2020 年中央经济工作会议等场合，习近平总书记多次提出，中国二氧化碳排放力争于 2030 年前达到峰值，努力争取 2060 年前实现碳中和。中国将多边主义付诸实践，采取具体行动，保护人类的共同家园，实现人类的可持续发展。中国一直坚持生态优先和低碳发展，并加快完善经济制度，建立绿色低碳循环经济，促进工业结构调整，加快经济发展向低碳转型的步伐。

H Zameer 等（2021）探讨绿色工艺创新和环境导向对环境绩效的作用，以实现碳中和的长期目标。此外，他利用对装备制造业管理者的调查数据，采用结构方程建模技术，发现绿色工艺创新、环境导向和绿色竞争优势会显著影响环境绩效，绿色竞争优势在上述背景下发挥中介作用。通过绿色工艺创新和环境导向来提高环境绩效可以成为制造业发挥其实现碳中和作用的前进方向。Q Guo 等（2022）对全球金属矿业碳排放和碳排放强度进行了分析，然后对我国金属矿业现状和碳排放进行了考察，提出了金属矿山碳减排和碳封存的先进技术，并绘制了我国金属矿山实现碳中和的技术路线图。在碳中和的背景下，钢铁等能源密集型行业迫切需要准确的碳核算。为解决这一问题，H Zhang 等（2022）将常规能源枢纽扩展为基于物质流的能源枢纽，提出了一个一体化的物质-能源-碳枢纽。基于综合碳枢纽之间的互联互通，案例研究结果表明，提议的碳枢纽是实现准确碳核算和碳流动追踪的有效工具，有助于钢铁行业走低碳转型路径。Y Han 等（2017）基于传统数据包络分析（DEA）交叉模型的环境效率分析和评价存在主观性和不准确的问题，提出了一种基于信息熵的改进环境数据包络分析交叉模型来分析和评价我国工业部门的碳排放。应用信息熵建立基于整个系统湍流的熵距离，动态计算环境数据包络分析交叉模型中的权重。理论结果表明，通过蒙特卡罗模拟，基于信息熵构造的新权重是唯一且全局最优的。与传统的环境数据包络分析和数据包络分析交叉模型相比，改进的环境数据包络分析交叉模型基于中国工业部门的数据具有更好的效率判别能力。R Zeng（2013）提出从 $CO_2$ 纯度高且收集成本相对较低的煤化工厂捕获 $CO_2$，从而为工业规模的全链碳捕捉和储存（carbon capture and storage，CCS）实施提供早期机会，引领发展 CCS 方案。蔺增琪等（2022）详细阐述了汽车整车制造企业制造过程实现碳中和的方法和路径，其研究成果可供相关企业参考，汽车整车制造企业需要重点围绕低碳工艺设计、能源结构调整、碳排放数据智能管理、负碳技术引进四大路径实现制造过程碳中和。Q Liu 等（2015）为探究制造业能源相关碳排放变化的影响因素以及能源相关碳排放与经济增长的脱钩关系，基于对数平均迪氏指数分解（logarithmic mean divisia index，LMDI）方法开展实证研究，解耦模型发现，生产规模对碳排放总量的增加贡献最大，能源强度是最大的抑制因素，而内部结构和燃料结构对碳排放变化的影响相对较弱。B Xu 等（2016）利用动态向量自回归方法，研究了中国制造业 $CO_2$ 排放的驱动力，能源效率在减少 $CO_2$ 排放中起主导作用。城市化因大规模房地产建设和高汽车保有量对 $CO_2$ 排放的影响显著。能源结构在减少 $CO_2$ 排放中的作用比工业化更重要。Nachiappan 等（2015）关注驱动因素和障碍对产品重新设计的影响，提出了一个概念模型，同时检查驱动因素和障碍对产品重新设计和性能的影响。Nachiappan 等对 239 家中国制造企业样本的结构方程模型进行分析，结果表明，与其他障碍的影响相比，驱动因素对产品重新设计和性能的影响要大得多。C Li 等（2015）提出了一种基于计算机数控（CNC）的加工系统量化碳排放的分析方法，对基于计算机数控的加工系统的整体碳排放的过程进行分解，如电力、切削液、切削工具的磨损、材料消耗和切屑的处理等，然后分析量化各个过程的碳排放量。C Zhang 等（2019）针对离散制造过程、加工过程中材料和能源的大量消耗，提出了一种在物联网泛在环境下对离散制造车间进行实时碳效率评估的大数据分析方法。首先，引入数据采集设备的部署；其次，基于大数据分析方法，建立了数据驱动的制造车间多层次碳效率评价体系；最后，以汽车零部件制造车间为研究对象，验证了所提方法的可行性和适用性。M Omair 等（2017）提出了一种制造模型，以通过可变生产数量的影响最小化制造总成本和碳排放，以实现可持续制造。制造总成本包括固定成本和可变成本，加上最小量润滑成本和质量不完善的项目。微量润滑系统是一种环保且可持续的系统，可减少对环境的负面影响并提高工人的安全性，并且考虑了不完美产品的实际情况，其中的一部分可以以一定的已知比率返工。使用多目标遗传算法和目标达成技术给出了数值例子和敏感性分析，以说明所提出模型的实际应用。T Zouadi 等（2016）讨论了在碳排放约束下包含退货再制造选项的制造系统中的批量规模问题。他所研究的系统是一条生产线，包括进行常规生产和再制造过程，每个操作具有不同的设置成本，并且考虑了一定数量的客户/分销商的退货收集阶段，在计划范围的每个时期内具有确定的退货数量。他提出了解决该问题的数学模型并提供近似解决方案的混合方法的两个版本。该数学模型在软件优化器上进行了测试，并将所得结果与混合方法提供的结果进行了比较。L Liu 等

（2017）结合企业排放权交易方案和生产能力建立了多循环发动机制造/再制造混合生产优化模型，目标是考虑排放交易产生的成本和收入后的最低生产成本，提出一种改进的离散化引力搜索算法，引入变异算子来增加种群的多样性，避免早熟收敛和局部最优，实例证明了该算法的可行性和有效性。Q Wang 等（2018）针对汽车变速箱制造过程中碳排放的评价，提出了一种将层次关联分析理论与排放因子法相结合的碳排放量化方法。Q Wang 等分析了汽车变速箱制造过程的特点，界定系统边界，对系统的各种碳源进行分类，建立碳排放分级因素之间的相关矩阵，然后结合排放因子法计算各系统的碳排放量，进而提出汽车变速箱制造过程碳排放定量方法，根据定量方法计算汽车变速箱碳排放量。在此基础上，Q Wang 等利用遗传算法优化汽车变速箱制造过程的碳排放因子，在保证生产效率的同时减少了碳排放。研究结果表明，优化后的碳排放量大大降低，验证了所提方法的有效性。S Mishra 等（2019）提出了一种五层交织的分层结构，以促进使用基于物料清单（bill of material，BOM）的产品生命周期评价（life cycle assessment，LCA）进行实时数据搜集和碳排放评估。此外，S Mishra 等提出了一个碳中和系数（CNC）来表示公司的碳汇和碳排放状况。CNC =1 表示该公司是碳中和的；CNC >1 意味着公司的碳封存多于碳排放；CNC <1 表明企业的碳排放量大于碳汇。

（2）碳中和与机械加工生产调度算法

T Tanizaki 等（2017）研究在炼钢过程中，多台桥式起重机进行物料搬运造成的起重机干扰的限制。T Tanizaki 等首先提出了考虑起重机干扰的调度问题的公式，然后提出了一种启发式算法，从可行解开始并在有限时间内找到解决问题的次优解。该算法的特点是限制搜索空间，在枚举树上采用深度优先搜索和宽度优先搜索的混合方法进行起重机分配。Renaud 等（2012）提出了一种新的分解方法，用于在每个时间段存在单个容量约束时解决线性规划松弛问题。计算表明，可以在几分钟内解决具有多达 500

万个区块和 20 个时间段的真实规模的矿山规划应用程序的线性规划松弛问题，这可作为露天矿山生产调度问题的一种新算法。R Wahyuniardi 等（2016）研究从启发式方法中提出了调度，是主动调度生成短处理时间优先算法、非延迟调度生成最短加工时间规则算法和禁忌搜索算法。与现有调度相比，主动调度生成短处理时间优先级（SPT）算法产生的运行时间降低了 9.843%，非延迟调度生成最短加工时间规则优先级产生的运行时间降低了 9.6%，和禁忌搜索算法生产的制造期降低了 27.6%。X Hao 等（2016）建立了一种新的动态多目标集成工艺规划与调度（integrated process planning and scheduling，IPPS）模型，采用混合算法与滚动窗口技术相结合的方法来解决动态 IPPS 问题，并考虑了机器故障和新工作到达两种干扰。针对动态 IPPS 问题，X Hao 等开发了一种具有可变邻域搜索的混合遗传算，该算法具有良好的搜索性能，从一些著名的基准问题中采用了三个实验来验证所提算法的性能，并将计算结果与改进的遗传算法的结果进行了比较。结果表明，该方法在求解动态 IPPS 方面取得了显著的进步。WCS Hong 等（2016）研究柔性制造系统，提出了一个最佳的操作计划，最小化模块化柔性制造系统中的总处理时间。柔性制造系统设置由四台机器组成，以完成所需的加工操作。调度处理在加工时间方面优化成本函数。一些智能算法，如遗传算法和模拟退火算法，有益于柔性制造系统调度的优化。利用这些强大的方法，可以找出它们对柔性制造系统批量生产各种零件的计划和调度的适用性。D Jiang 等（2016）为满足被动调度向主动调度过渡的要求，提出了一种基于生产趋势预测的主动调度方法，建立了实时模型，对于制造资源的组合和生产任务，对于历史信息和实时状态，对于生产的时间序列过程信息，对于生产过程的不确定性，采用贝叶斯网络推理方法，以生产过程的状态信息为输入，推断生产趋势，得到异常生产趋势并将其作为主动调度的触发条件。通过扩展蒙特卡洛树搜索算法，利用其顺序决策能力，生成基于生产趋势预测的主动调度方案，实现了自适应制造。最后，该研究将主动调度方法应用于航空航天加工车间调度的实时生产过程分析，验证了其有效性。L Peng 等（2021）研究了生产过程中的节能调度。考虑到阶梯电价政策，L Peng 等构建了以最小化电费为目标的流水线车间整数线性规划模型，并采用基于工件的三层编码方式的粒子群优化算法，设计了时间、加工状态和迭代过程，最后通过算例验证了数学模型的正确性和算法的有效性。H Osman 等（2018）以最低的加工和工具成本以及最短的非生产时间设计一条平衡的传输线，开发了一种改进莱维飞行的布谷鸟搜索算法来进行大规模实例验证。它对小问题给出了最优和接近最优的解决方案，并超过了随机局部搜索方法对大、中问题实例的结果。Y Lu 等（2019）针对中小型柔性制造系统中加工中心数量少的问题，采用单台自动导引车（automated guided vehicle，AGV）调度模式来处理多个运输请求。首先，该研究分析了 AGV 的车间调度机制，并利用遗传算法建立了数学模型，根据 AGV 的多组运输优先级，对制造系统流程进行编码，设计适应度函数、选择、交叉和变异方法，在遗传算法仿真分析的基础上，确定对调度结果影响最小的运输优先级，计算出汽车的制造时间、最长等待时间和最优路线。RD Mcallister 等（2019）针对生产调度算法的重新调度惩罚和约束，对经济模型预测控制的常见在线优化技术进行了修改，该技术允许在过程控制和生产调度应用程序中对轨迹更改或重新调度进行惩罚，证明修改后的问题实际上是一种次优的经济模型预测控制算法。Y Sang 等（2021）研究机加工车间生产过程中发生设备故障等扰动事件，提出了一种新的中断管理方法。它包括中断管理模型和多目标优化算法，有利于全面、科学地衡量重新调度计划与初始调度计划的偏差，最后将新的中断管理方法应用于机加工车间，与总重调度方法的结果相比，鲁棒性、稳定性和客户满意度分别提高了 37.25%、34.14%、13.87%。J Duan 等（2021）针对机器故障约束下柔性作业车间的动态调度问题，提出了一种计算不同状态下机器能耗和完成时间的方法。该方法考虑了机床空闲时间安排和机床速度等级选择两个加工节能措施，建立了以最小化总能耗和缩短最大机器完成时间为目标的柔性作业车间动态调度数学模型。结果表明，该模型和算法可以有效降低能耗和缩短最大完工时间，从而减少对环境的影响。

Y Zeng 等（2019）以智能有轨制导车辆（rail guided vehicle，RGV）的动态调度为研究对象，对智能 RGV 的工序材料加工问题进行了探讨。在为一个工序建立材料加工操作模型的过程中，首先利用银行家算法为 RGV 提供调度策略，动态预测资源分配过程的演化过程，确定机床执行任务的顺序；其次，引入了非抢占式最小松弛优先概念，以提高机床的利用率，最大限度地减少计算机机床等待响应的时间。L Yin 等（2016）提出了一种新的低碳数学调度模型，用于提高生产力和能源效率。在这个模型中，影响生产时间、功率和噪音的加工主轴速度这一变量是灵活的，并被视为一个独立的决策变量。针对这种混合整数规划模型，L Yin 等提出了一种基于单纯形格设计的多目标遗传算法。针对这个问题的特点，他们专门设计了相应的编码/解码方法、适应度函数和交叉/变异算子，结果证明了所提出的模型和方法对解决低碳作业车间调度问题的有效性。为了让预测性维护引擎减少机床故障，D Mourtzis 等（2014）研究了用于近实时识别机器状态的机器监控技术。此外，该研究采用了自适应短期调度机制，使用监控数据根据车间的当前和未来条件优化生产计划，将从多感官飞行员装置获取的数据与直接从机床控制器检索到的信息融合在一起，构成后续软件模块输入的基础。它分析机器操作期间的感官数据，基于对机器可用性的感知来调度和细化未来调度的自适应调度引擎。N Frigerio 等（2020）提出了一种新的优化算法，以最小化能耗确保目标生产率并降低意外高能耗的风险。此外，该策略也被扩展为当到达过程在时间上非平稳时自动适应控制。这一优化算法的好处是通过真实的模拟案例来评估的，大约是空闲状态下消耗的能量的 25%。与处理离线问题的现有研究不同，这一优化算法在从真实系统获取信息的同时能够实现在线学习。

自然是大多数以种群为基础的静态优化技术的主要灵感来源。智能算法经常使用适应功能来指导空间的研究和解决方案。它具有快速收敛和低局部优化风险的优势。因此，越来越多的智能算法被用于解决混合汽水车间问题。目前，大多数研究集中于单一目标车间的规划问题或传统的智能算法，其特点是这些问题的复杂性和在解决过程中需要大量的迭代计算。目前有三条主要的算法研究路线：

①提出一种全新的优化算法，其性能必须高于随机搜索的平均性能，并提供收敛性的数学证明。这是一个非常困难的方向。

②改进现有算法，使它们与特定问题相结合，从而优先考虑解决特定问题的算法，而不是标准算法。

③结合不同的算法，利用各自的优势，平衡勘探和开发能力。

智能制造是制造业发展的趋势，也是制造业与以工业互联网、云计算和大数据为代表的新一代信息技术深度融合的产物。智能制造现在已成为科学研究和学术工程应用的研究课题。低碳节能规划是绿色生产和考虑生产成本和低碳排放的制造业的关键技术的重要组成部分。为了实现效率、节约能源和减少排放的目标，有必要优化资源的利用方式、过程的分类和操作方法。因此，低碳节能方案对于提高效率和企业竞争力至关重要。

工程问题有许多特性，如非线性、多式联运、约束力、大规模的随机性和模糊性，使现有低碳节能规划的优化方法在解决这些问题时具有巨大挑战。在这些技术应用的情况下，混合或灵活的车间规划方案被广泛用于生产规划。

在许多数据相关的优化问题中，目标或约束功能的评估涉及时间或资源密集型的物理实验或数字模拟。为了降低智能计算算法（启发式、超启发式和智能优化算法）的计算成本，在智能计算中广泛使用了替代模型。大多数的机器学习模型，一般有使用有限数量的实际评价职能和能够利用有限的数据来形成代理模型的近似目标或功能的限制。

选择机械加工工艺路线是在扰动事件、新的调度分配按照需求准备完毕之后进行的。这里需要充分考虑各加工路线，基于大数据强大的分析能力，结合经典案例、资源分配的效率和故障点的概率进行决策。

在选择好应工艺路线之后，需要完成加工路线的定向分配。能效和完成度评估此功能是对扰动事件完成之后的能效进行充分评价，利用大数据平台和实际运行数据，同时使用多种手段对应急扰动事件的完成度进行摸底调查。

在任务调度问题方面，很多学者将智能算法应用到优化问题的求解中，并取得了不错的进展。研究表明，有些智能算法在解决任务调度问题中会存在一些缺陷，例如遗传算法在解决任务调度问题时，虽然具有全局快速搜索最优解的能力，但是算法本身需要设置的参数较多，而且将算法思想以计算机编程的方式来实现是比较复杂的，还有很重要的一点就是当计算的规模较大时，算法搜索到的解可能是局部最优解，而不是全局最优解。粒子群优化算法搜索解的能力与时间有关，前期收敛的速度较快，后期收敛的速度较慢。其优点是在搜索最优解的能力方面要好于遗传算法，并且将算法思想以计算机编程的方式来实现是比较容易的，需要设置的参数比较少。蚁群算法与上述两种方法相比虽然具有更好的寻优能力，但是如果算法初期设置的信息要素不合理，在整个搜索过程中收敛速度可能会很慢，而且需要设置的参数较多，可以通过改进优化算法有效地解决任务调度问题。

## 1.3 研究意义

基于大数据服务碳中和的机械加工生产调度研究是大数据管理的难点。本书具有以下研究意义：

第一，提高对生产数据信息的利用能力。生产数据存储在不同的数据库中，数据库中所存储的历史知识信息也不同。机械加工生产调度优化算法通常是根据已有的工件与机器加工信息进行的，忽视了企业在生产制造过程中的历史经验数据，这些历史经验数据是企业以往生产制造的成功调度案例，提高利用历史案例数据的能力会对现有生产产生较强的指导作用。

第二，更高效地调度资源。基于大数据既可以有生产前的静态配置资源调度，又可以通过动态调度资源的方式满足计算能力的实际需求，并且可以为保证服务质量而根据负载情况进行资源配置，避免不必要的资源浪费。

第三，可在考虑机械加工生产多设备、人员、物料、工艺等的基础上，进行多目标的调度分析。现有的研究考虑碳排放的比较少，很难满足碳中和实现的要求。本书针对车间物料和设备分别进行低碳优化研究，对碳中和的实现具有实质性的意义和价值。

# 2 工业大数据与机械加工生产调度

目前，制造业正经历着新老动力转型和传统工业转型的巨大变化。2020年4月9日，中共中央、国务院印发《关于构建更加完善的要素市场化配置体制机制的意见》，明确了要素市场制度建设的方向及重点改革任务，以鼓励制定包括工业在内的数据开发和使用的标准情景，从而更广泛地释放工业数据资源的价值。中国要想加快工业大国向工业强国转变的进程，成功地实现工业企业的数字化转型，需要解决大型工业数据在发展过程中面临的突出问题，并深化工业中的海量数据整合。

## 2.1 工业大数据与数据驱动

### 2.1.1 工业大数据的定义

工业大数据，即制造车间生产过程中和管理过程中海量资料的数字化结果。进行工业大数据分析最基础的工作是采集数据，采集的主体包括各类传感器、监控设备、生产设备和生产人员等。根据数据产生过程和主体的不同，我们可以将这些数据源分为设备数据、生产数据和运营数据三个部分。

（1）设备数据

设备数据是指数控装备等物理设备自身在工作中产生的数据。这些数据一般被嵌入生产设备的传感器中，如摄像机和读取器等采集器。美国提出的网络物理系统将物理设备接入互联网并建立了传输通道。除了网络物理系统外，基于互联网的大数据处理和分析系统将搜集和分析来自支持物联网设备的数据。这些数据处理方案都可以将数据转化为有价值的信息，帮助生产人员或智能机器做出更具相关性和指导性的决策。

（2）生产数据

生产数据包括产品和机器设计的数据，制造过程的成本和操作数据，以及经营、设备调试和维护等过程中产生的数据。利用这些数据可以对生产对象的生产过程进行管理，如企业在产品由原材料到成品的各个环节会产生大量的贸易和消费数据，通过数据挖掘和分析，可以帮助企业进行需求分析和成本控制。对于后期服务，分析生产数据可以把产品设计缺陷和生产加工过程的缺陷挖掘出来，从而更早发现问题。

（3）运营数据

车间生产的产品在运营过程中产生的数据有成本、产品可用率、产品维修率、反馈的数据和建议等。从更大的方面讲，运营数据包括组织结构、生产系统、设备系统和质量控制等方面的数据。数字化车间正常运行也需要深度分析产品的产后使用故障率等数据，这些数据可以更好地提高数字化车间的生产质量。

大数据技术和车间采集、通信等技术的发展使得通过数据挖掘和知识发现为数字化车间等制造主体提供全面、准确、系统的信息成为可能。例如，数据挖掘可以发现上述三个部分的数据信息：设备设计缺陷、产品设计缺陷、设备健康状况以及生产加工缺陷等。这也只是工业大数据中可提取信息的冰山一角。虽然来自各个领域的大数据不尽相同，并且对数字化车间的大数据尚没有统一的定义，但是这些数据都具备了一般大数据的“3V”特征。第一“V”为大容量，表示数据积攒超过一定量，其计量单位基本多以 PB 为单位；第二“V”为更新快，主要体现的是数据产生的速度快，这就要求数据处理速度也要快，如铣削刀的一个加速度传感器每秒就能产生 10MB 的数据；第三“V”为多类型，指的是数据类型繁多，如数字化车间的数据类型既包括管理系统和数字化传感器等产生的结构化数据，又包括检测图像等的非结构化数据。国际上很多数据公司把价值性也作为其中的一个特征，有时还会指出准确的特征，以强调数据的质量和完整性。对于工业大数据，一般认为还有两个“V”。一个是可见性。它指的是发现对现有资产和过程的更深层次的理解，具体表现形式是将不可见的知识转化为可见值。另一个“V”是价值性。它指的是数据的价值密度分布离散，20%的数据具有 80%的价值。价值性还意味着工业大数据对分析准确性的要求远高于包括社交媒体和客户行为在内的传统行业。

### 2.1.2 工业大数据的特征

工业大数据除具有一般大数据的特征（容量大、种类多、速度快和价值密度低）外，还具有准确性、闭环性等特征。

（1）容量（volume）

数据的大小决定所考虑的数据的价值和潜在的信息。工业数据体量比较大，大量机器设备的高频数据和互联网数据持续涌入，大型工业企业的数据集将达到 PB 级，甚至 EB 级。

（2）种类（variety）

种类是指数据类型的多样性和来源广泛；工业数据广泛分布于机器设备、工业产品、管理系统、互联网等各个环节；结构复杂，既有结构化和半结构化的传感数据，也有非结构化数据。

（3）速度（velocity）

速度是指获得和处理数据的速度。企业对工业数据处理速度的需求多种多样，生产现场级要求时限时间分析达到毫秒级，管理与决策应用需要支持交互式或批量数据分析。

（4）价值性（value）

工业大数据更加强调用户价值驱动和数据本身的可用性，包括提升创新能力和生产经营效率，以及促进个性化定制服务转型等智能制造新模式变革。

（5）准确性（accuracy）

准确性主要指数据的真实性、完整性和可靠性，更加关注数据质量，以及处理、分析技术和方法的可靠性。对数据分析的置信度要求较高，仅依靠统计相关性分析不足以支撑故障诊断、预测预警等工业应用，需要将物理模型与数据模型相结合，挖掘因果关系。

（6）闭环性（closed-loop）

闭环性包括产品全生命周期横向过程中数据链条的封闭和关联，以及智能制造纵向数据采集和处理过程中支撑状态感知、分析、反馈、控制等闭环场景下的动态持续调整和优化。

基于以上特征，工业大数据作为大数据的一个应用行业，具有广阔应用前景的同时，也对传统的数据管理技术与数据分析技术提出了很大的挑战。

### 2.1.3 工业大数据的相关优势

DIKW（data、information、knowledge、wisdom）就是资料、信息、知识及智慧的体系，这启发我们大数据的划时代意义在于促进知识的获取。本书在参照有关观点的基础上，将工业大数据的相关优势归结为以下三个方面：

第一个优势是“不要专注因果关系”。这种措辞不同于互联网上“因果关系而非因果关系”，也不同于工业工程师强调的“因果关系”。这意味着从大数据中提取的工业知识必须基于因果关系，但在应用知识时，不应计算科学机械逻辑。这种逻辑并不令人惊讶：工业中经常使用的测试结果符合因果关系，但测试的具体数字不受因果逻辑的影响。同样，通过对数据逻辑的监管分析，大型工业数据可以像“实验数据”一样有用。不专注因果关系使得获取知识变得简单，知识的类别扩大为“感官知识”和“经验知识”。

第二个优势是整个样本。有了这个优势，当前的问题可以在历史中找到，我们可以简单地找到并复制过去的成功实践，而不需要复杂的模型。因此，在大数据的背景下，简单的算法可以解决复杂的问题。从使用大数据的角度来看，大数据的好处不是“大”，而是“全”。“大”增加了计算机处理的复杂性，而“全”则保证了知识的存在。

第三个优势是混合。如前所述，可靠性是工业追求的一个重要目标。具体来说，有了“混合”数据逻辑，可以找到多个角度来验证、提高分析结果的可靠性，并为“非因果关系”创造条件。目前，这方面的先决条件是之前提到的数据完整性。

因此，这三个优势都反映在获取知识上。这些优势的价值甚至更多地体现在推动理性发展上。虽然有大量的数据，但相似之处是很多的，信息质量很低，干扰相对较大。要解决这个问题，不仅需要整合不同工作地点的特征，还需要将生产数据与测试数据结合起来，而不是限制生产数据。

### 2.1.4 工业大数据的战略作用

从宏观来看，大数据具有双重价值：推动经济转型和提升政府治理能力。一方面，大数据能够改变传统的生产方式，加快经济增长方式转变和产业结构转型升级，激发商业模式创新，催生新的业态，成为新的经济增长点；另一方面，基于大数据的科学决策和管理，可以提升政府的社会治理水平和公共服务水平，如利用大数据治理交通拥堵、预测行业前景、预防流行病和加强舆情分析等。

从微观来看，大数据可充分激发企业组织的创新活力，不断催生新的商业形态。企业作为产业的主体，在很多情况下既是数据源，即大数据的贡献者，又是用户，即大数据产品或服务的使用者。在互联网技术向数据技术转变的过程中，企业信息部门由“成本中心”变成“利润中心”，大数据从“奢侈品”变成“营养品”。借助大数据，不仅可以盘活存量，如提高企业生产效率，降低运营成本，而且可以创造增量，如发现客户增值价值等。

为贯彻落实党中央、国务院决策部署，尽早解决当前大数据产业发展中的突出问题，全面推进我国大数据产业发展，加快建设数据强国，我国提出了以数据开放、充分流通和安全保障为支撑的大数据价值驱动战略。遵循“数据之和的价值远远大于数据的价值之和”，以及“大数据重要，活的大数据更重要”等原则，以开放共享为前提，数据安全为保障，数据流通为引擎，深挖数据价值，激发我国大数据产业的内生驱动力，提升政府治理能力，推动经济社会转型升级，实现价值驱动战略的落地。

规范大数据人才培育，在流通中提升大数据价值。数据流动起来变成商品或产品，其蕴含的价值才能体现出来，因此要着手建立全国范围内数据的流通目录体系，以及规范的数据交易机制和数据交易平台。加快推进标准化工作，合理有序地开发利用数据资源。人才是数据流通中的第一生产要素，应引进或培育专业人才和跨界复合型人才，建立、完善和落实高端人才引进机制，开展大数据专业培训，扶持创新创业人才。

强化数据安全和隐私，为大数据产业保驾护航。数据安全、隐私保护与大数据相伴相生，强有力的安全保障才能促进大数据产业的健康发展。要提升基础设施关键设备自主可控水平，建立基础设施安全保护制度。对涉及国家安全、信息安全和个人隐私等数据进行保护，强化跨境数据流动安全管理，逐步建立有利于国内大数据研究与发展的制度法规体系，通过营造良好的发展环境，促进大数据产业健康有序发展。

优化产业发展环境，提升大数据产业支撑能力。在多数情况下，大数据对于中小企业来说还是奢侈品，因此要完善政策体系，依托优势部署行业机构，搭建中小微企业公共服务大数据平台，着力营造良好的产业发展环境，使大数据普适化，让小企业也能享受大数据服务和发展大数据业务。力争在培育大数据龙头骨干企业的同时，发挥其带动作用，最终形成大中小企业相互支撑、协同合作的大数据产业生态体系。

### 2.1.5 工业大数据与制造业

（1）大数据在工业制造业中的应用

从现状来看，大数据在电子商务领域得到了广泛应用，在工业制造业的应用存在较明显的滞后性。在工业制造业的发展过程中，由于产业种类及产品的生产方式比较单一，企业对其他产品的了解不够全面，企业收购其他企业的时候未做好资源整合，且依旧沿用原有的企业运行机制，最终造成了较严重的“信息孤岛”，不利于工业制造企业的持续发展。但是，将大数据应用到工业制造业的发展中，能够提高产品质量，缩短产品研发周期，使企业的核心竞争力得到提高。同时，随着工业制造业的转型升级，企业势必要朝着智能化方向不断发展，传统生产模式已经无法满足企业的发展需求，这就必须要加强对大数据的应用，使企业生产过程的自动化及智能化水平得到有效提升。

大数据技术发端于高速发展的互联网行业，并在互联网的应用中得到发展。大数据应用已经纳入国家战略并在各个层面落实为具体行动，国家和地方政府出台了很多政策大力支持相关产业发展。大数据技术生态快速形成，大数据的相关应用迅速从互联网渗透到政务、交通、医疗、金融、制造等行业。“工业大数据”指的就是大数据技术在制造行业的应用。

2015 年 8 月，国务院发布《促进大数据发展行动纲要》，其中就提出，发展工业大数据，推动大数据在工业研发设计、生产制造、经营管理、市场营销、售后服务等产品全生命周期、产业链全流程各环节的应用，促进大数据、物联网、云计算等在制造业全产业链集成运用，推动制造模式变革和工业转型升级。

习近平总书记在党的十九大报告及 2017 年 12 月 8 日中共中央政治局就实施国家大数据战略进行第二次集体学习时的讲话中强调，大数据发展日新月异，当前应该审时度势、精心谋划、超前布局、力争主动，推动实施国家大数据战略，加快建设数字中国。

工业大数据备受关注，这和当今全球制造业正在向智能化发展密切相关。无论是智能化的产品还是产品制造过程中所使用的智能化设备，在运行过程中都会产生大量的（往往是PB级的）、多源异构的，甚至是实时的数据。这些数据经过处理后，与特定的业务场景相结合，将呈现出巨大的价值。

工业大数据备受关注也和大数据相关技术的使用成本降低有密切关系。例如，随着传感器技术、通信技术的发展，获取实时数据的成本已经不再高昂。嵌入式系统、低耗能半导体、处理器、云计算等技术的兴起使得设备的运算能力大幅提升，具备了实时处理大数据的能力。此外，国内开源社区和大数据技术生态的日趋成熟，也使得企业搭建大数据平台的学习成本大大降低。

与此同时，随着科学的进步和社会的发展，工业产品、工业过程、经营活动变得越来越复杂，工程系统和组织系统都在快速演进，依靠经验和传统方法已经无法应对日趋复杂的商业环境。借助大数据、人工智能等技术，可以突破人脑的思维限制，开展影响因素更多、关系更错综复杂的分析，对未来进行更加精准的预测，从而指导产品和工艺的改进、管理决策的优化。

（2）工业大数据为制造业赋能

新一轮产业革命已经到来，信息技术快速渗透到工业生产的各个环节，企业拥有的数据日益丰富，并涌现出规模性、多样性和高速性等特性。在智能制造实践过程中，工业大数据技术促进企业准确感知系统内外环境变化，科学分析与优化决策，如优化生产过程、降低成本、提高运营效率，催生大规模定制、精准营销等新模式和新业态。因此，工业大数据被视为重要的生产要素，成为驱动智能制造、助力产业转型升级的关键。随着人工智能进入2.0时代，深度学习、边缘计算等新模型和算法被不断提出，工业大数据为智能制造带来新的理念、方法、技术与应用，成为新的研究热点。工业大数据技术通过海量数据的处理与分析，使制造系统具备“学习”能力，通过源源不断的数据对制造系统的复杂演化机理、知识经验进行持续学习，使制造系统具备自学习、自优化、自调控能力，为制造系统赋能。随着数据科学范式的进一步发展，制造系统智力的获取、提升与应用方式将发生变革，大数据驱动的智能制造的科学范式与方法体系正在形成。

2009 年，微软从科学研究范式的角度指出，“数据密集型科学”将成为继“实验科学”“理论推导”“模拟仿真”之后的第四范式。传统的科研范式通过实验、推导与仿真来拟合系统运行的因果机理模型，并对系统进行分析与优化，而大数据则通过数据间的关联关系来刻画系统运行的机理。第四范式认为，在系统规模越来越大、结构更加复杂的情况下，通过数据间的关联分析即可具备更强的洞察能力、分析与决策能力。在数据科学的范式下，制造系统的运行分析与决策方法也将发生变革。围绕制造系统的效率、质量与稳定性等性能指标，“关联+预测+调控”的决策新模式正在形成。“关联”是指通过数据的关联分析，量化数据间的影响机理，从数据的角度探索制造系统运行中的关系；“预测”是指在关联分析的基础上，进一步描述数据与系统性能指标间的内在关系，揭示系统性能指标的演化机理；“调控”是指在“预测”的基础上，针对具体的业务进行优化调控，从而使系统性能满足要求。

数据科学范式不断发展，大数据驱动的智能制造理论方法体系进一步完善。按照数据科学的方法论体系，我们可将其分为数据融合处理、关联分析、性能预测与优化决策四个部分。

数据融合处理通过制造大数据融合处理方法对制造系统运行过程中产生的海量、高维、多源异构、多尺度和高噪声制造数据进行多级过滤、清洗去噪、建模集成与多尺度分类等操作，为制造系统的关联、运行分析与决策提供可靠、可复用的数据资源。

关联分析在数据融合处理的基础上，针对产品、工艺、设备、系统运行等制造数据相互影响呈现出复杂的耦合特性，通过制造大数据关联关系度量方法对工艺参数、装备状态参数等制造数据进行分析，并利用复杂网络等理论度量制造数据之间的关联程度和相关系数，挖掘影响车间性能指标的相关参数。

在获取车间性能指标影响因素后，性能预测通过智能车间性能预测方法分析车间制造系统内部结构的动态特性与运行机制，从海量制造过程数据中学习与挖掘车间运行参数与车间性能的演化规律，实现车间性能的精确预测。

在对车间运行情况进行分析预测后，优化决策将车间性能的预测值与目标决策值进行实时比对，通过智能车间运行决策方法对广泛存在的动态扰动条件下的关键制造数据进行定量调整，实现车间性能动态优化与决策，使制造系统始终保持最优稳定运行。

（3）工业大数据促进制造业的转型升级

①实现智能化的生产模式。首先，将大数据应用到工业制造生产活动中，能够对整个系统的数据信息进行有效采集和处理，实现对生产全过程的有效监控，为工业制造生产管理提供有力依据。发挥非关系型数据库数据模式的灵活性，能够实现生产数据模型的实时更新，使工业生产系统的灵活度得到提高。其次，将大数据应用到工业制造生产活动中，能够对实时性较高的数据信息进行科学分析，并将其提取出来，之后录入非关系型数据库，使系统的数据处理压力得到缓解。一些数据模块对实时性要求不高，可以保留旧的系统功能接口，以此减少系统升级成本。总之，对大数据技术进行有效运用，能够更好地控制生产过程，使工业生产的智能化水平得到有效提升。

②利用数据对市场情况进行分析。将大数据应用到工业制造业，能够在分析数据信息的基础上，将其中有利用价值的数据信息提取出来，为企

业决策及管理提供更加可靠的参考依据。在企业营销活动中，能够利用大数据分析用户的消费需求，充分掌握用户的消费习惯及兴趣偏好等，进而对用户的消费意向进行有效预测。首先，对大数据技术进行有效运用，能够明确企业营销活动的目标，使企业的工作效率得到有效提升。其次，搭建大数据平台能够实现各种可视化的展现方式，如电脑、手机、工业大屏等，可以为不同层级的员工提供数据依据，使企业管理者能够及时掌握数字化车间的生产情况，进而做出合理有效的决策；使生产管理者能够制订科学的排查计划；使设备维护部门能够制订科学的维护计划及采购计划。

③分析历史价格，对价格走势进行预测。对大数据技术进行有效运用，能够对某事件的发生概率进行预测，使相关人员能够做出合理的应对策略，为企业的稳定发展提供有利环境。在运用大数据预测功能的时候，所有事物的非正常变化都是有迹可循的，若能够将其中的变化规律找出来，势必能够精准地预测该事件的发生概率，为企业决策者提供可靠的建议及应对方案。因此，在运用大数据技术的时候，需要结合工业制造业的生产情况，利用大数据对商品的供求关系进行分析，帮助企业管理者了解市场价格的走势，进而采取可靠的应对措施，最大化企业经济效益，使企业的稳定发展得到保障。

综上所述，为确保工业制造业能够适应时代发展的需求，使工业制造业的核心竞争力得到提高，应充分利用大数据对工业制造业进行创新改革，摆脱传统的生产模式，使工业生产的自动化及智能化水平得到有效提高。对大数据技术进行有效运用，能够实现智能化的生产模式，利用数据对市场情况进行分析，分析历史价格，对价格走势进行预测，为工业制造企业的长远发展奠定良好基础。

### 2.1.6　工业大数据的特点与关键技术

#### （1）工业大数据的特点

①工业大数据具有多样性、多模态、高通量和强关联等特性。从数据

的来源看，工业大数据主要包括三类：第一类是企业运营管理相关的业务数据，这类数据来自企业信息化范畴；第二类是设计与制造过程数据，主要是指工业生产过程中，装备、物料及产品加工过程的工况状态参数、环境参数等生产情况数据；第三类是企业外部数据，不仅包括工业企业产品售出之后的使用、运营情况的数据，还包括大量客户、供应商、互联网等数据。工业大数据的这些特性对多源异构数据存储技术提出了很高的要求，不仅需要高效的存储优化，还要能够通过元数据、索引、查询推理，支持高效便捷的数据读取，实现多源异构数据的一体化管理。

②工业数据资源不丰富。宏观层面上，工业领域的数据类型和数据量是非常丰富的。但对于微观的大数据应用和分析，有价值的数据往往非常稀缺。

数据样本通常严重有偏，很多工业系统被设计为高可靠、严格受控的系统，绝大多数时间稳定运行，异常工况相对稀缺（对数据分析来说是“高价值”），已经标记的有效样本就更是难能可贵。还有一些工业场景要求捕获故障/异常瞬间的细微状况，才能还原和分析故障发生原因，这对数据监控和后台数据存储提出了很高的要求。

由于维度不完整和序列的间断，往往很难实现全维度的数据集的有效关联。另外，在时间或空间序列上也常常存在缺失，根据当前数据并不能完整勾画出真实的物理过程，基于此的 CPS 模型的应用范畴是需要谨慎度量的。这两点也造成了“数到用时方恨少”的尴尬局面。根据中国信息通信研究院和工业互联网产业联盟 2018 年年底对国内 74 家工业企业的调研，我国工业企业的数据资源存量普遍不大，66%的企业数据总量都在 20TB 以下，还不到一个省级电信运营商日增数据量的 1/10。针对这种状况，工业大数据建设应该量体裁衣，但不应是“看菜下碟”地被动响应，而应从业务去发掘需求，从技术的角度思考如何获取更多数据资源（如新传感技术、软测量、内部信息整合、数据联盟等），从数据的角度思考如何用新模式或新技术去拓展业务。

③工业数据有很强的上下文信息。工业是一个强机理、高知识密度的技术领域，很多监测数据仅仅是精心设计下系统运行的部分表征。工业领域通常有大量的机理模型、专家经验的深厚积累，可以为数据分析缩小参数空间、提供有用的特征变量（如齿轮箱振动的倒谱参数），工业数据分析通常隐性或显性地利用大量的行业知识（问题定义、数据筛选、特征加工、模型调优等），工业大数据分析通常需要统计学习（或机器学习）算法与机理领域模型算法的融合，以期创造更大的价值。

④工业大数据的人才体系是明确二分的。工业大数据的价值变现通常需要统计学习和机理模型的交叉融合，然而这两个领域模型通常属于不同的技术门类，并且工业企业通常以工程技术人员为主。这种技能的明确分割严重制约了工业大数据生态的发展。

除了以上共性的挑战外，单个制造业企业在推进工业大数据时还面临管理模式转变、人才短缺、短期成效与长效机制等各个方面的挑战。这些挑战需要大数据规划与实施中有一个系统有效的方法论作为指导。

（2）工业大数据分析

工业大数据分析和一般大数据分析有些不同。一般大数据分析通常侧重于挖掘关系和捕获现象。然而，工业大数据分析能找到从现象中提取的特征背后的物理根源。这意味着有效的工业大数据分析需要比一般的大数据分析有更多的专业领域的知识。一般大数据分析的重点是挖掘和发现，使得数据的容量可能会补偿数据的质量。但是，对于工业大数据来说，由于变量通常具有明确的物理意义，低质量数据或不正确的记录将改变不同变量之间的关系，并将对估计准确性产生灾难性影响。因此数据完整性对于分析系统的开发至关重要。以下对工业大数据现阶段面临的四个问题进行阐述。

①缺乏数据的空间和时间表示。由于工业大数据的多源异构性和现阶

段缺乏适当的信息基础设施服务来支持分布式的数据分析，因此在对这些数据进行数据挖掘和知识发现之前，应该预先将非结构化和半结构化信息转换为结构化信息，以便消除由于数据来源、格式、维度和其他因素的差异而导致的数据误差。智能制造的复杂生产过程通常由多个空间独立的子系统组成，这些子系统的空间信息组合起来构成生产数据的空间属性。

②缺乏数据可视化。数据可视化可以直接显示出不同数据之间的相关性或因果关系，帮助研究者更快更直观地发现数据中蕴藏的规律，进而找到解决问题的新思路，做出更有价值的决策。多元异构数据集的可视化可以表现出难以直接概括的重要信息。工业大数据的可视化分析系统可能需要同时与多种设备和多个用户通信，并且发送和接收不同格式和不同频率的数据，这些数据具有高维和多模态的特性，使得工业大数据可视化分析系统的设计比传统可视化系统更具挑战性。近几年，虽然可视化数据系统取得了一些进展，如地理信息系统，但这只是前进中的一小步，仍然需要更多更好的方法来可视化海量数据。

③缺乏统一的数据组织格式。工业大数据具有很多与一般互联网大数据不同的特征，如异质性、多源性、时空性、多噪音和高冗余等。这些特征在每种采集设备以及每个数据采集系统的处理方式都不一致，需要在分析处理时预先了解每个采集设备和每个采集系统是如何输出数据的。例如关于系统状态的信息可能需要从多个设备搜集数据，这将会对数据挖掘和分析带来很多预料不到的问题。传统数据管理技术通常设计用于单个数据源，现在仍然缺少组织多个模型数据的高级数据管理方法。

④缺乏数据质量管理。近几十年来，数字化车间在提高工件的生产质量以及优化流程以保持其生产能力和响应市场需求方面迈出了重要的一步。自 1951 年预防维护和全面生产维护概念被提出以来，维护实践已经从以组织为中心，注重质量，转变为专注于价值创造和智能服务。这种演变推动了预防与健康管理的发展。预防与健康管理解决方案能够将数据转换

为关于设备退化以及低效率的生产流程所需的信息。直到发生故障之前，这些信息大多是不直接可见的。这种转换信息模式避免了昂贵的故障修复代价和机器的意外停机损失。虽然复杂的机械和工艺开发使得预防与健康管理存在固有的挑战，但这一研究领域已经得到显著发展，并促进了智能维护系统的发展。在过去几年中，信息和通信技术的快速发展促进了先进传感器、数据采集设备、无线通信设备和远程计算解决方案的实施。这些技术和预测分析的进步正在改变现代工业的面貌，并使得网络物理系统以前所未有的速度生成数据。当前的挑战之一是存储系统无法承载大量数据。解决这个问题的方法是建立与分析相关的数据质量分析系统，以决定哪些数据应该被搜集、哪些数据应该被淘汰。

（3）工业大数据的关键技术

①工业大数据平台技术。为有效支撑海量异构工业数据存储与查询，有机融入现有的知识、经验与分析资产，消除技能对工业大数据应用发展造成的障碍，需要构建一套支撑工业大数据分析的工业大数据平台技术体系，包括数据存储与查询、分析建模与执行、数据和资产安全的保证手段。

②多源异构数据的存储与查询。通过面向工业数据存储优化的工业大数据技术，实现多源异构数据的一体化、低成本、分布式存储；通过面向工业大数据分析负载优化的存储读写技术，实现分析工具对数据的高效存取；通过一体化元数据技术，实现对数据的工业语义化组织与高效检索。支持时序数据存储、关系数据存储、对象存储、文件存储。

工业大数据的强机理与强关联，决定了需要建立起描述业务上下文的行业模型，才能有效支撑后面的分析与应用，例如，设备全生命周期档案（设备智能运维场景）、物料流转与工艺状态档案（质量分析场景）、需求动力学关系图（需求预测场景）等。这就需要在多源异构数据存储引擎的基础能力上，提供行业数据模型建模和查询能力。以设备的全生命周期档案为例，它记录设备的过去、现在以及不同维度的信息，包括设备结构、维修履历、故障记录、异常预警记录、工况、档案、基本信息等维度。

行业数据模型的建模，不仅是多个数据源层面的关联，还包括业务语义层面的处理，包括编码间的映射关系（如设备编码规则改变前后的对映）、同义词（如风速在不同时期数据标准中的字段名可能不同）、字段名称相同但业务语义不同（以油气生产中的“产量”为例，井下产量、井口产量、集输产量等不同口径的“产量”，因为测量方式、测量环境、测量标准不同，所以存在很大差别）。大数据平台在提供行业建模工具的时候一定要注意业务语义层面的需求。

以行业数据模型为基础，大数据平台提供基于图搜索技术的语义查询模型，以友好的方式支撑设备管理分析。以风机为例，当叶片断裂事故发生后，整机制造商运维主管想确认是否为叶片批次问题，有了图语义模型的支持，将大大降低应用开发的工作量。

③工业知识图谱。在设备运维中，除了设备档案数据外，通常还存在大量的故障案例、设备维修过程记录等非结构化数据。这些记录中蕴含着大量的故障征兆、排查方法等实操经验，对后续的运维有很大指导和借鉴作用。通用的文本分析，由于缺乏行业专有名词（专业术语、厂商、产品型号、量纲等）、语境上下文（包括典型工况描述、故障现象等），分析效果欠佳。这就需要构建特定领域的行业知识图谱（工业知识图谱），并将工业知识图谱与结构化数据图语义模型融合，实现更加灵活的查询。

④工业大数据治理与管控。用数据，更要“养”数据。数据质量是大数据价值的生命线，数据治理是已被金融、电信、互联网等行业证明的保障数据质量的主要手段。调查显示，我国工业企业只有不到1/3的企业开展了数据治理，51%的企业仍在使用文档或更原始的方式进行数据管理①。工业企业应该把数据治理放在与大数据平台建设同等重要的位置。

---

① 魏凯．工业大数据应用的四大挑战［J］．信息通信技术与政策，2019（5）：3.

工业大数据蕴涵着工业生产的详细情况及运行规律，也承载了大量市场、客户、供应链等信息，是工业企业的核心机密和工业互联网的核心要素。因此，在数据存储层和分析工具运行时要建立统一的安全管理技术，实现对数据细粒度全生命周期安全管控；在分析资产知识产权保护部分，要通过文件级别的高级加密标准进行加密。

（4）工业大数据规划与实施方法

大数据分析规划宜采用“业务导向+技术驱动+数据支撑”的方式，基于技术可行性的客观评价，考虑全生命周期和后续迭代，统筹规划建设。

大数据分析规划应从关键业务目标分解出发，关联具体的业务领域（研发、建设、运行、运维、安全环保、销售、采购等），从重要度和紧迫度的角度，对可能的业务分析问题进行评估，同时要思考新的大数据应用如何融入当前的业务管理或生产管理闭环中去。信息欠缺的情形可以分为“有但未利用、有但不及时、有但不精准、可采但未采、想采但缺乏手段、采集成本太高”六种类型，识别其属于哪种类型，思考对应的业务或技术手段以及可实现性，例如，加装传感（如视频识别）、增加外部数据源（如外部市场动态爬取）、通过大数据平台的业务整合模型提高信息的完备性、通过流量计算提高信息的实时性、通过软测量实现关键信息的估算、通过数据联盟解决数据量不足的问题。最后，综合业务价值和数据完备度，进行多个项目的优先排序。

一般来说，大数据模型的作用与机理复杂度密切相关。从工业产品的相似度来看，可分为大量相似产品（如风力发电机）和少量定制化产品（如就地建设的化工反应塔）。相似产品在数据分析时可以充分利用产品间的交叉验证，而少量定制化产品应深度挖掘时间维度。从产品机理的复杂性来看，有无需机理模型的产品（如电子消费品，通常不会深入元器件内部去分析）、简单明确机理产品（如风力发电机）、复杂机理产品（如鼓风机、化工厂）。复杂机理产品在工业大数据分析时，应更加重视机理模型和专家经验的融入。

相较于其他行业，工业是一个强机理的复杂系统。工业大数据应从物理世界的“概念视图”和“数字视图”两个角度，去审视数据资产和模型/应用定位，以消除一些不可落地的“伪命题”（不要浪费资源）、没有基础的“非分之想”（不如退而求其次）、刻意拔高“虚假高科技”（其实有更简单的解决方式）。另外，也可以帮助分析师把握住核心问题与要素，根据二八原则，放弃细枝末节，降低对数据的要求和建设成本，加速价值变现。

### 2.1.7 数据驱动的特征

“数据驱动”这个概念随着大数据的兴起而被人们关注并频繁使用。数据驱动与数字化转型紧密结合，数字化转型的根本是通过大数据、人工智能、云计算、移动互联网等新技术来推动业务增长的。对商业模式、用户体验、运营流程、企业组织的改造，让企业业务能够基于数据驱动，从而实现更好的客户体验、更高的组织效能，形成新的价值。

在一个真正由数据驱动的企业，数据是提供报告、深度模拟预测的来源，企业决策者应该将数据分析纳入公司决策流程，并对公司的决策提供价值。由数据驱动的企业最大的特点是拥有一套完整的数据价值体系。数据价值体系指的是一套完整的从数据搜集、整理、报告到转化成行业洞见和决策建议的流程。落实到操作层面则是通过对数据的搜集、整理、提炼，总结出规律形成一套智能模型，之后通过人工智能的方式做出最终的决策。因此，真正的数据驱动企业应该具备以下特征：

第一，海量的数据。

第二，自动化的业务。

第三，强大的模型支持自动化决策。

这三个条件缺一不可，并形成一个循环，不断地进行数据搜集，完成建模，自动决策。

### 2.1.8 数据驱动的环节

完整的数据驱动闭环一般分为数据采集、数据建模、数据分析和数据反馈。

（1）数据采集

数据采集是一切应用的根基，具体到采集内容上，包括数据类型、数据所有者、数据来源。从数据所有者上来讲，我们采集第一手数据，也就是“我们自己的产品，我们自己的用户，自己用户在自己产品上发生了什么”。采集是“数据驱动”的最浅层次，指的是用数据记录实际发生的事实。这种情况下，数据是对客观事物的写实，人们只是对数据进行了简单的加工和处理，数据通常以原始的、粗颗粒度的形式（如数据包、日志等）呈现，数据的价值未被充分发掘出来。这个阶段对应的关键词有指标化、数量化、在线化、图表化，即人们通过指标来定量记录事实，将客观世界数字化和互联网化。

（2）数据建模

数据建模最重要的是数据模型的选择，以及对应的储存。数据模型的选择为什么重要？因为数据模型抽象好了，后面的分析模型可以做得更好。如果数据模型抽象得太复杂，整体过程就会非常复杂。不同的数据模型要选不同的储存方案，储存方案主要根据数据本身的特点进行选择，如是否可追加、可修改、访问是以什么样的访问为主，是否需要删除。

（3）数据分析

针对不同角色的数据分析，如老板关心的第一关键指标是什么，绘制相应的用户旅程（用户首先要访问网站，之后要注册账号，实现首购之后会重复性购买，只有这样的用户旅程最终才会带来总销售额的增长），接下来就要根据用户旅程来组建增长模型。在分析这个层次上，人们已经在注意利用各种分析模型和分析方法来“摆弄”数据了，能用各种分析工具进行比较有深度的数据加工，数据的价值开始逐渐显露出来。这个层次对应的关键词有常态化、体系化、诊断化和可视化，即人们能开展常态化的、有一定思维框架的数据分析，能用数据诊断问题、发现问题了，能用数据可视化技术来展现数据分析的结果了。

（4）数据反馈

通过用户精准分群、灵活创建并管理营销活动计划，比如知道用户数据、业务数据，最终精准地刻画了用户画像。有了第一次营销效果之后，就可以有针对性地改进，做第二次营销效果，真正形成自动化、精细化的运营闭环。数据在此阶段已真正成为一种生产要素融入实际业务中了，数据为业务运营注入了新鲜血液和强劲动力。人们能将数据分析服务、数据建模和挖掘的过程进行全面的自动化、标准化，数据经过程序化的加工后能形成各种数据产品和智能工具等，能大大提高人们的洞察力和决策力。此时，数据已经不只是数据，数据的价值得到空前放大。这个阶段的关键词是智能化、产品化和工具化。

## 2.2 基于数据驱动的机械加工生产调度

### 2.2.1 数据驱动与机械加工过程

我国机械制造行业的痛点是生产过程的数据不全。这主要是由于离散制造行业的生产过程数据复杂，很难采集。目前，我国机械行业的自动化生产线几乎没有数据采集，只是通过 PLC 进行生产逻辑控制。企业资源计划（enterprise resource planning，ERP）系统只有经营数据而没有生产环节的数据，而生产信息化管理（manufacturing execution system，MES）系统只能取得部分生产数据，并且 ERP 系统与 MES 系统没有打通，两者之间形成“信息孤岛”。数据驱动技术通过海量数据的处理与分析，使制造系统具备“学习”能力，通过源源不断的数据对制造系统的复杂演化机理、知识经验进行持续学习，使制造系统具备自学习、自优化、自调控能力，为制造系统赋能。数据驱动的机械加工过程优化的关键是要对加工过程数据进行采集和处理。

2020 年，中国工业互联网联盟推出了工业互联网 2.0 体系架构，强调要构建数据优化的闭环，其中，信息模型是数据采集的核心技术，机理模型是数据分析的核心技术。机械制造行业数据采集与数据分析的目的是构建闭环，具体分为三个层次：第一层是感知层，就是感知数据；第二层是数字模型层，就是通过模型来认知数据；第三层是决策优化层，包括测试分析、预测和调整。三个层次构成数据优化的闭环。

（1）数据采集

数据采集的核心技术是采用统一的信息模型，对企业生产行为构建数字孪生，感知行为数据。单纯的数据没有任何意义，数据只有嵌入模型才能变成信息，从而产生了推进社会发展的信息化革命。比如信息编码技术催生了通信技术革命，它是数字化革命的基础；信息编程技术催生了工业自动化革命，即程序控制的自动化生产线；信息技术的网络化应用催生了智能化革命，也就是第四次工业革命，物联网就是信息技术网络化应用，通过把人工智能嵌入物体内部来感知、预测和管控物体。

①建立工业互联网测试床，探索数据采集与数据分析技术。大数据技术提供了一种人类认识复杂系统的新思维和新手段，即通过构造对现实世界的数字虚拟映像，了解物理世界的运行规律。联合智造在 2018 年开始建立工业互联网测试床，采用统一信息模型技术，通过构建统一的金属零部件工厂生产过程的数字虚拟映像，实现时空信息的融合，了解生产管理过程的运行行为和状态规律，消除由于人工统计或“信息孤岛”造成的制造过程数据混乱，改进管理模式，降低生产成本。

②测试床采用标准统一的信息模型采集数据。测试床通过标准统一的信息模型来描述企业的经营管理、制造过程、生产工艺操作行为，让云上的生产经营集成管控系统（工厂大脑）能够感知、记忆、理解、分析企业从销售到采购的所有经营行为，产品从原料到成品的生产过程行为，以及

机械设备加工过程的实时工艺参数，实现云上数字空间对云下生产行为信息的虚拟映射，让云上的工厂大脑能够掌握企业的所有运行数据。

③基于标准统一的信息模型。机械行业工厂大脑机械和金属加工生产经营过程管控信息模型是由工业互联网云端数据库和统一数字信息模型构成的开发平台。其特征在于：在工业互联网通用平台的云端数据库上，通过统一的信息模型（模型包括统一的标识代码和统一的 API 接口）构建各种带有业务逻辑的微服务功能模块，搭建开发平台；在平台上调用上述功能模块，构建工厂大脑，可以在云上建立对企业生产经营管理各个环节的统一的描述映像，感知企业的生产经营管理操作行为；通过云计算在云上对所有感知的企业操作行为数据进行实时的关联运算，实时展示企业运行数据。

④工厂大脑可提升企业综合经济效益。目前，我国 80% 的企业是依靠 ERP 系统管理企业生产的，由于 ERP 系统只能管理企业原料库、半成品库、成品库，不能管理生产过程，因此企业只能另外建立 MES 系统或采用手工方式统计生产过程数据。通过标准统一的信息模型，建立云上信息系统与云下物理设备对应的数字孪生体，感知企业生产过程的实时数据，取消生产过程的半成品仓库，在云上准确并且无断点地跟踪产品全部的生产过程，消除物料的呆滞与冗余。

通过对生产过程的各个环节在数字空间进行描述性分析，以统计图表等可视化形式，将数据蕴含的信息推送给不同岗位的业务人员和管理者，使其能够实时掌握企业生产现状，并提供大数据分析以随时调整生产计划，企业综合经济效益可提升 15%～25%。

（2）数据分析

数据分析的核心技术是通过建立行业机理模型，构建对生产过程的数字孪生数据链，掌握核心技术，预测结果。

①采用移动互联，全面获取人、机、料、法、环、测数据并送上云

端。利用5G网络，通过移动互联，不仅采集机器设备数据，还采集全体在岗员工的操作数据，特别是对于离散制造企业，通过所有在岗员工操作数据的相互验证，全面获得企业所有生产环节的实时数据，并送上云端。

②通过云计算，在云端对所有数据进行关联计算，掌握生产过程实时数据。利用云计算的优势，可以对工厂大脑感知的所有统一的信息模型数据在云端进行实时计算，随时可以将简单的生产过程数据按照业务逻辑和生产时序进行各种复杂的关联与计算，及时向企业各级管理人员提供关键的企业运行状态和所有在制产品的统计图表，方便管理人员全面掌握企业生产实时数据。

③通过生产过程数据链及行业机理参考模型对制造过程进行知识学习。利用云平台上的机器学习工具，工厂大脑可以在云上通过构建数字孪生的生产过程场景数据链，自动对生产管理过程进行知识学习，把企业管理人员大脑中的工业制造知识沉淀在工厂大脑中，并通过云计算，把工业技术的认知、业务目标及业务逻辑结合起来，自动找出关键的操作规律，构成工厂大脑的操作标准，从而让工厂大脑能够替代人脑，对于重复出现的问题自动按操作标准发出各种操作指令，管控生产过程。利用工厂大脑的时钟对机床伺服电动机的输出数据构建机加工过程数据链，通过对机械加工过程图形的学习，建立标准关键绩效指标（key performance indicator，KPI），管理设备加工过程。

对于工厂里的日常运行业务，云上的工厂大脑可以通过知识学习功能，自动解决80%的常见的重复出现的制造过程和工艺加工问题。而20%的异常问题，在没有足够的大数据积累之前，由人来解决。这就大大减少了管理人员的工作量。而这20%的问题，随着过程大数据的积累，也能够逐渐形成规则，由云计算解决。这就使工厂管理人员可以集中精力去搞创新。

数据采集和数据分析的目的是构建对生产过程的闭环，优化资源配置。通过对生产过程数据链的积累，进行大数据分析，优化企业资源配置，提质增效。通过软件对生产过程100%的贴身服务，实现对生产管理全过程无断点的数据采集与相互关联计算。利用机器人流程自动化（robotic process automation，RPA）技术管控企业经营管理、制造过程、工艺加工的各类问题，在云上通过大数据模型对生产过程数据进行挖掘，形成最优化的排产计划解决方案。将云上大数据挖掘出来的最优化排产计划方案，通过移动互联传递给云下各业务科室与生产车间以指导操作，从而构成云上大数据对云下生产过程的闭环。

通过人机互动，用工厂大脑指挥全体员工按大数据优化的方案进行高效生产。人机互动就是用计算机指挥人脑。对于产值达到20亿元的大型企业，几千台机器、数千名员工及价值数亿元的生产物料，如靠人脑指挥，必定会效率低下，跑、冒、滴、漏、冗余、呆滞及浪费在所难免。采用工厂大脑，通过标准的信息模型感知企业所有行为，通过云计算将所有行为关联起来，通过积累过程数据链进行大数据分析，实时优化企业资源配置，将实时的优化方案分解后通过移动互联网推送给相关部门，指导各车间班组按最优化的方案配合生产，提升效率。

（3）信息化视角下现代机械制造管理的意义

①满足现代化科学管理决策需求。在经济发展的新形势下，机械制造管理是非常有必要的举措，因为其能满足现代科学管理决策的需求，特别是在现代机械制造规模和数量日新月异的情况下，机械制造不但技术极为复杂，而且加工周期相对比较长，这在某种程度上增大了机械制造管理的难度系数，因此要通过信息化的利用提高现代化机械制造管理水平。

以信息化视角为出发点，在现代机械制造过程管理进行逐步优化期间，要以信息化技术为基础条件，搭建健全的信息共享平台，确保机械制造每项工作都能规范化和秩序化，并对其展开智能化的实时监控，对制造过程中存在的风险展开有效的预测和识别，进而为现代机械制造管理决策提供有力的参考依据。将信息化技术作为现代机械制造管理的前提，有利于机械制造的有关信息得到更好的整理和分析。这样，既有助于数据信息的统计和传递，又有助于提升数据信息沟通的时效性，从而使机械制造过程中的有限资源能得到最优配置，提升机械制造管理水平。

②有利于资源实现最优化的配置。机械制造过程期间，不但涉及的内容极为复杂，而且包含的部门也非常多，因此涵盖的信息量很大。要想取得良好的管理成果，就要给予信息化系统构建足够的重视，从而为资源最优配置创建有利的条件，实现资源信息共享的目标，使现代机械制造管理能达到规范化和有效化的状态。基于信息化视角，贯彻落实机械制造管理工作，既有利于机械制造管理中存在的问题得到系统化分析，资料获取更加便捷高效，又有利于通过信息资源使问题得到妥善解决，进而为现代机械制造管理水平提高提供优越的条件。以信息化视角为出发点对机械制造管理实施优化创新，不仅能全面监管现代机械制造过程中的具体情况，有利于实现资源最优配置的目标，还能为现代机械制造管理获取突出的成绩奠定良好的基础，最终为机械制造行业事业的长远发展提供有力支持。

（4）人工智能对机械加工行业的影响

机械加工主要是指通过机械设备对工件性能、尺寸、外形进行改造的过程，根据加工方式可以划分为压力加工与切削加工。在生产过程中，凡是能够改变生产对象性质、位置、尺寸及形状，使其成为半成品或成品的过程，都可以称为工艺过程。该过程具体包括装配、加工、焊接、冲压、锻造、铸造等环节。现有的加工技术包括微型机械技术、快速成型技术、超精密加工技术等，能够提升我国机械加工的水准和水平，促进机械制造业的健康发展。在现代科技快速发展中，计算机信息技术、互联网技术及数据驱动技术逐渐被应用到机械加工领域，并为机械加工行业带来诸多积极影响。

首先，数据驱动促进我国机械加工业的智能化发展。我国传统的机械加工业在应用数据驱动后，能够获得更强的信息交互能力，可以将更多的物力、人力从生产中解放出来。当前，机械加工行业的发展模式已经演变为“大数据+智能设备”的创新形式，可以凭借自身的共享与交互特点，降低企业的劳动成本和技术成本，推进制造业从劳动密集型产业转变为智能制造型产业，更好地提高我国机械制造业的智能化发展水平。

其次，数据驱动技术有利于制造业的个性化发展。一方面，我国传统加工业通过引入新的科学技术，能够实现技术攻关，开发出更多的新工艺；另一方面，企业将所引进的知识应用到实践中，可以找到自身存在的技术缺陷和薄弱环节并加以优化，从而在个性化技术发展中寻求新的发展路径。数据驱动技术能够精准预测未来机械加工业的发展趋势，可以实现机械加工的智能化发展，让机械加工过程与企业自身的生产特征相契合，进而推动企业的个性化转型。

（5）数据驱动在机械加工及其自动化中的运用问题

①技术应用维度不足。数据驱动技术可以切实提高机械加工的效率，提升机械加工的自动化水平。然而，在数据驱动技术应用的过程中，机械加工企业普遍将数据驱动技术应用到产品加工的维度上，缺乏对产品图纸设计、刀具受力情况的分析，导致数据驱动技术的真正作用和价值很难得到彰显。究其原因，机械加工企业对数据驱动技术的技术类别、应用维度及应用方向还不够了解；并且由于缺乏创新和探索精神，在技术应用中，机械加工企业普遍参考其他企业或工厂的技术应用状况，使数据驱动技术所带来的个性化发展特征被弱化。因此，在技术应用上，机械加工企业必须增加技术应用类别，扩展技术应用的维度。

②数据处理能力较差。在机械加工的过程中，企业采集数据的频率相对较高。这些海量数据在采集、处理的过程中，需要进行相应的压缩处理，例如通过信号变换、矢量量化、分段线性等数据压缩算法，剔除冗余的数据信息，使其在重构、解压缩及转换的过程中，都能被数据驱动系统

应用。然而，我国机械加工企业在管理和工艺上，缺乏相关的技术支持和数据支持，致使数据采集、利用及搜集质量不高，导致机械加工中所产生的数据信息难以充分、全面地传递到数据驱动系统中，供专家系统、神经网络、机械学习等数据驱动技术应用。此外，由于我国机械加工企业的员工没有形成搜集和应用工艺数据的意识，机械自动化及数据驱动技术应用的水平不高，因此，在数据驱动技术应用的过程中，企业必须提高对数据处理、搜集及应用的重视度。

③企业监控模式滞后。在数据驱动技术的支持下，机械加工企业能够实现高度的自动化生产、加工及制造目标，可以切实提升产品加工的自动化程度。然而，在传统监督模式下，企业很难了解设备运行、产品加工及数据驱动技术应用的具体情况。例如在远程监控的视域下，作业人员、技术人员只能对机械运作的画面进行分析和监控，如果设置专门的人员进行全天候的监控，不仅耗时耗力，还会提高企业的成本支出。因此，企业必须革新传统的监控模式，采用新型的监控技术对数据驱动技术应用、设备运作及产品生产进行监控，以此确保机械加工的高自动化水准。

（6）数据驱动在机械加工及其自动化中的运用思路

机械加工及其自动化已经成为我国制造业发展的支柱技术，伴随我国市场经济体量逐渐扩大，机械设备已经取代了人工作业，成为现代机械加工、制造的关键，能够在满足大批量生产需求的前提下，将企业的时间成本和人力成本控制在最小范围。

①拓展数据驱动技术的应用维度。数据驱动技术对企业机械加工、制造及自动化发展具有鲜明的价值和作用。然而，在技术应用的过程中，企业应确保技术应用的多元性和充分性，让各类数据驱动技术得到充分的应用。

首先，在产品图纸设计方面，数据驱动技术能够帮助人们快速完成产品工艺设计中的图形绘制、信息存储、数据计算等工作，为设计者提供可靠的建议。例如应用专家系统，设计者只需要将设计需求上传到智能终端，数据驱动技术便能够通过需求分析、数据比对的方式，筛选出多种设计方案。设计者只需要在专家系统所提供的方案中进行选择，或对提供的方案稍加改动，就可完成对产品图纸的设计。

其次，在机械加工过程中，有限元仿真技术可以通过有限网格划分的形式，对设备的刚度、强度等属性进行表示。例如在加工中，对刀具受力状况的分析，可以将刀具划分为多种不同的等级，随后结合机械加工需求，智能地选择合适的、正确的道具，以此减少不必要的成本投入与原材料浪费。当然在此过程中，企业还可以应用神经网络技术，对各类切削、压制中存在的异常状况进行判断，如果出现生产事故，神经网络可以及时切断电源，确保企业设备的安全性。其工作原理是通过机械学习，对各类生产事故发生时所产生的异常数据进行比对、预测，进而判断当前的自动化加工过程是否存在事故风险。

②提高企业的数据搜集、处理能力。数据驱动技术的应用与数据搜集之间存在紧密的内在联系，需要企业拥有较强的数据搜集、处理能力，从而更好地提高技术应用的针对性、全面性。但是，相较于西方发达国家，我国在机械制造与加工的过程中，依旧存在数据搜集、处理层面上的问题，需要提高企业对数据搜集的重视程度，提高数据搜集的实效性和有效性。

首先，加强物联网应用。物联网技术是企业应用数据驱动技术的关键抓手，其能够充分搜集企业产品端和设备端的数据，并且确保数据驱动设备可以做出精准的判断。在物联网技术应用中，企业需要在加工设备中安装传感装置，布置物联网网络，通过固定的数据采集和接收设备，实现产品数据、运行数据的有效存储、传输、采集。

其次，加强大数据技术的应用。大数据技术是数据驱动技术在机械加工中的支撑技术，可以充分分析产品制造数据、设备运作数据，并预测出有价值的数据，供数据驱动系统学习和判断。在大数据技术的支持下，数据驱动系统能够通过数据分析，对设备的运行工况、位置信息进行分析，提前判断设备的故障原因、故障程度、故障位置及运行状态，并智能地提出改进策略。如果将机械学习和专家系统应用到设备故障处理中，则能够提高机械加工的自动化水平。

③充分应用数字可视化技术。可视化监控技术是确保人工智能技术功能发挥和价值彰显的重要因素，对机械加工自动化水平提升产生着重要的影响，能够切实提升机械加工的自动化水平。在人工智能技术应用的背景下，数字可视化技术能够通过计算机图形学、仿真学科，将监控数据从二维平面转变为三维立体，帮助管理者或者技术人员更透彻、更全面地了解人工智能技术应用状况、机械加工情况以及设备运作情形。在3D技术的帮助下，可视化监控技术能够形成特定的监控系统，帮助人们更直观、方便地对数控机床进行监控，并且可以进行声光报警，提高远程智能控制、自动化机械加工的程度。

在实际应用中，企业管理人员、作业人员或者技术人员可以通过手机端、计算机端实时获取设备的运行、生产及加工数据，把控机械加工的全部过程。当然在数字可视化监控技术的应用中，系统能够将人工智能技术所做出的判断、决策及所下达的指令进行可视化处理，为企业管理者了解人工智能技术的应用情况提供支持，与此同时，也能为管理者制定相应的生产决策、发展战略及经营管理策略奠定坚实的基础。

### 2.2.2　数据驱动服务机械加工生产调度

（1）机械加工生产调度

近年来，随着科学技术的飞速发展，我国企业正面临着越来越多的挑战。一方面，企业的竞争对手已经不局限于国内同行业的其他企业，还有很多国外企业；另一方面，随着经济全球化进程的不断加快，市场需求也变得更加个性化。现阶段，随着人们的需求越来越多样化，市场上充满了很多不确定的因素，企业原有的生产模式已经跟不上时代的潮流，导致企业的生产方式由原有的大批量生产模式向多品种、小批量生产模式转变。企业要想在市场上占据有利的竞争地位，提升综合效益，必须不断增强企业的技术创新能力和知识获取能力。在生产过程中，选择合适的车间管理方式，从而降低成本，提高生产率和质量，一直都是企业工作的重点，由此，出现了对机械加工生产调度的研究。

机械加工生产调度是根据已经制订的生产计划，在满足车间加工工艺、生产设备和能力等约束条件下，对车间现有的生产资源进行合理的调度与规划，从而确定工件加工路线，实现所追求的生产目标。对相关统计信息进行分析可知：在整个车间制造过程中，消耗在非加工状态的时间占到95%左右，企业为了能够使制造系统平稳高效地运转，必须制定科学有效的调度方案。生产调度直接影响企业生产效率、交货期满意度、在制品库存水平和运行成本等重要指标。总体来说，生产调度是实现先进制造管理技术的基础和核心。然而，很多企业在实际安排生产调度工作的过程中，往往依据车间管理人员的主观经验做出决策，并未采用合理的研究方法，在生产过程中会出现很多问题。

因此，采取科学合理的生产调度方案有利于缩短产品生产周期，有效降低企业生产成本，提高生产率和质量，以便达到提高市场竞争力、提升综合效益的目的。现阶段，能源消耗问题越来越严重，对环境产生的影响不容忽视，我国正面临着能源危机，制造业虽然是全球经济增长的重要拉动力之一，但也是能源消耗的重要来源之一，因此，降低能源消耗、减少碳排放是我国经济可持续发展的必然趋势。

（2）基于工业大数据的机械加工生产调度的特点

在实际研究过程中，发现机械加工生产调度问题主要有以下几个特点：

①复杂性。机械加工制造过程是一个非常复杂多变的系统工程，而且

系统工程又包含多个子系统，它们之间相互作用、相互影响，生产调度不仅要重视系统整体的要求，还要考虑各子系统的特性以实现局部目标，在研究车间调度问题时，必须对其进行平衡和协调，以便寻求系统整体的最优调度。由于车间调度问题以某些等式或不等式的约束条件为前提进行某些性能指标的优化，计算起来非常复杂，因此一些常规的优化方法无法对其进行求解。

②不确定性。在实际生产过程中，往往会出现一些突发情况，这是不可避免的。例如，从工件加工方面来看，可能出现工件交货期变化、紧急工件的插入、工件加工时间的不确定性、工件某工序延迟等问题；从设备方面来看，可能出现设备运行过程中发生故障、设备超负荷、生产能力冲突等问题；其他不确定性，在加工过程中，可能出现操作人员离开加工现场、原材料未按期到达、产品质量不合格等问题。

③多目标性。生产调度的传统优化指标有很多，如最大完工时间、设备总负荷、提前和延误总惩罚、平均流程时间、加工成本等。考虑到各部门的要求，调度往往研究多个目标，以达到企业获得最大收益的目的。

④多约束性。研究调度问题时，必须考虑约束条件，主要包括加工工艺流程、设备负荷、车间资源（如运输小车、刀具）等，众多的约束条件增加了调度问题的复杂性。

（3）调度优化方法

在机械加工生产调度优化目标研究中，性能指标的选取在很大程度上决定着最终的优化结果，从不同角度出发，选择不同的性能指标，得到的调度方案是大不相同的。因此，在研究生产调度问题时，如何选择优化目标是需要重点解决的问题之一。

对机械加工生产调度问题的相关研究文献进行整理总结，发现目前常用的性能指标主要分为以下几个方面：与加工时间相关的性能指标、与交货期相关的性能指标、与设备负荷相关的性能指标以及与成本相关的性能指标。

与加工时间相关的性能指标。加工时间指标主要包括最小化最大完工时间和最小化平均流经时间。最大完工时间是指所有工件在设备上完成所有工序，其中，最后一个工件的最后一道工序完成时间是衡量调度方案最重要、最基本的指标。平均流经时间是指所有待加工工件从开始加工时间到最后一道工序结束时间的平均值。

与交货期相关的性能指标。交货期是企业接收订单后答应客户交货的日期，如果提前完成订单，那么企业将增加库存成本；如果延迟完成订单，那么企业将受到经济和信誉损失。因此，交货期指标通常设定为最小化提前/延误惩罚成本。

与设备负荷相关的性能指标。设备负荷指标通常分为最小化设备总负荷和最小化瓶颈设备负荷。设备总负荷是指车间内所有加工设备的工作时间总和，其体现了车间设备资源的利用情况。此外，由于各个设备的加工任务不同，可能会出现瓶颈设备，因此，瓶颈设备负荷也是一个需要考虑的指标。

与成本相关的性能指标。如何降低成本、提高综合效益是企业一直在重点研究的问题，因此，成本指标可以直接反映出生产调度方案的优劣性，成本指标通常包括最小化生产成本和最大化生产净利润。

对上述常用调度性能指标进行分析后，结合 A 公司机械加工车间实际生产情况和所追求的目标，本书将碳排放、最大完工时间和设备运行总成本确定为优化指标进行研究。

由于车间生产调度会产生两个以上问题，这就涉及多目标优化问题（multi-objective optimization problem，MOP）。多目标优化问题是指在满足一定的约束条件下，使多个目标实现最优的问题。在研究这类问题时，由于存在多个优化目标以及多个约束条件，各优化目标之间可能会存在冲突，而且各目标之间的度量标准不一样，各自具有不同的量纲，表达不同的物理意义，因此没有办法直接对各个目标进行定量比较，解决该类问题要比单目标优化问题复杂得多。

在处理单目标优化问题时可以直接运用智能优化方法求出一个满足要求的全局最优解，而在处理 MOP 问题时，直接求解无法获得一个满足所有目标的最优解，只能得到一组最优解集，因此研究多目标优化方法就显得非常重要。在解决多目标优化问题时，我们通常运用的方法是先将各个目标去量纲化，然后为各目标设定各自的权重，从而将 MOP 问题转化为单目标优化问题，最后再利用智能优化算法进行求解。设定权重的方法主要有专家评价法、层次分析法和熵值法，其优缺点如表 2.1 所示。

**表 2.1　权重设置方法的优缺点**

| 方法 | 优点 | 缺点 |
| --- | --- | --- |
| 专家评价法 | 能够充分发挥专家个人能力 | 评价结果过于主观和片面 |
| 层次分析法 | 简单实用，具有较高的系统性，无需太多定量信息 | 定性成分较多，无法提供决策新方案 |
| 熵值法 | 具有较高的客观性和准确性，能够反映指标信息熵值的效用价值 | 缺乏各指标间的横向对比 |

车间碳排放来源研究以碳排放为优化目标的车间调度是近几年比较热门的研究方向，在此基础上制定的调度方案能够有效地减少车间在生产过程中产生的碳排放，以便达到防止全球变暖与气候异常的目的。

（4）数据驱动的机械加工生产调度应用

传统调度优化方法已经无法适应智能制造环境下车间中生产状态的实时变化，很难继续沿用传统优化方法求解新型环境下的车间调度问题。随着信息技术的迅速发展和在生产制造系统中的广泛应用，制造系统中积累了大量与调度相关的历史数据，这些数据中蕴含着有价值的调度知识，一种可行的实时调度研究思路就是利用已有的历史调度数据，通过数据挖掘方法获取其中潜在的调度知识，建立生产系统的当前状态与对应状态下最优调度规则的映射知识网络，即构建基于数据驱动的调度决策系统，最终通过利用先进信息技术采集到的实时数据动态快速切换调度规则，对工件进行合理的调度决策，指导车间生产调度过程，从而实现调度过程的智能化，提高生产调度决策的实时性和智能性。此类研究思路与传统调度的不同之处在于，它更加注重对调度知识的学习，对隐藏在数据中的调度知识进行表达或描述，从而实现调度知识在生产调度中的重要指导作用。数据驱动作业车间的调度包括以下步骤：

①存储的数据。某制造企业的加工车间数据搜集情况，如图 2.1 所示。

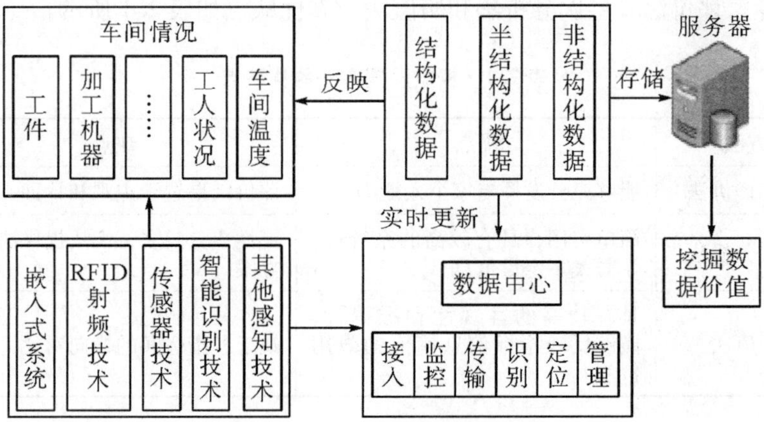


**图 2.1　数据搜集情况**

从获取的数据中筛选出有用的数据，这些数据包含工件在机器上的加工时间、机器的生产状态图等信息，结合机器的维修体制，优化提出的目标。

②调度方案。柔性作业车间调度不仅需要为每道工序选择最合适的机器，还要解决在每台机器上加工的各个工件的加工顺序及开工时间，最后使企业的目标达到最优。基于数据驱动的柔性制造需要充分挖掘数据的重要性，将一些常用的调度算法放置在服务器中，根据订单要求和车间状况制订相应的调度方案。

③数据驱动下的调度方案的调整。数据的分析和挖掘功能是以数据驱动为基础的制造企业核心价值的体现，即根据企业以往的数据可以预测生

产车间未发生的事，提前做出应对方案，避免出现不必要的损失，依据云计算技术，考虑可能发生的情况并做出新的决策。在调度车间应用数据驱动时，应考虑调度车间环境变化，根据以往的数据推测车间可能发生的情况，同时根据实时的数据变化判断生产环境的变化，最终得到最优的调度方案以实现制造企业的高效运作。

④低碳调度。目前，对高能耗、高排放的制造业来说，由于大部分的调度方法和技术都是以生产时间的最小化为目标，这种单纯考虑利润或产量的调度方法和技术对生产的能耗和碳排放关注不够，因此给资源、环境带来了很大的压力。对于高能耗、高排放的制造业来说，以节能降耗为目标的能耗异常检测，通过对能耗、碳排放的监控、检测，对及时发现能源浪费和环境污染现象极为重要。因此，有必要在构建低碳制造系统相关能耗、碳排放框架模型的基础上，对高能耗、高排放的制造业的生产过程中以降低能耗、节能减排为目标的调度模型、异常检测模型进行研究，并将研究结果应用到实践中。制造业是我国的支柱产业，地位举足轻重。能耗、碳排放是影响制造过程的一个十分重要的因素，不仅关系企业的经济效益，而且和企业的社会责任密切相关。

长期以来，我国政府都特别重视节能减排工作的开展情况，通过采取有效举措、颁布相关文件来确保节能减排工作的顺利进行。因此，从保护环境的角度出发，研究基于碳排放的车间生产调度问题已经成为企业的工作重点。

为了更好地响应国家的号召，作为能源消耗最多的制造业需要结合自身情况，探索更加绿色低碳的生产模式，尽可能减少生产加工过程中的能源消耗与碳排放量。生产调度作为实际生产中的重要环节，对企业的生产效率、成本和能耗等有着重要的影响。目前，对于生产调度的研究主要以最大加工时间、生产周期和机器负载等生产效率相关的指标作为优化目标，同时越来越多的研究将绿色低碳优化指标加入企业生产调度中。数据驱动下的机械生产低碳调度流程如图 2.2 所示。

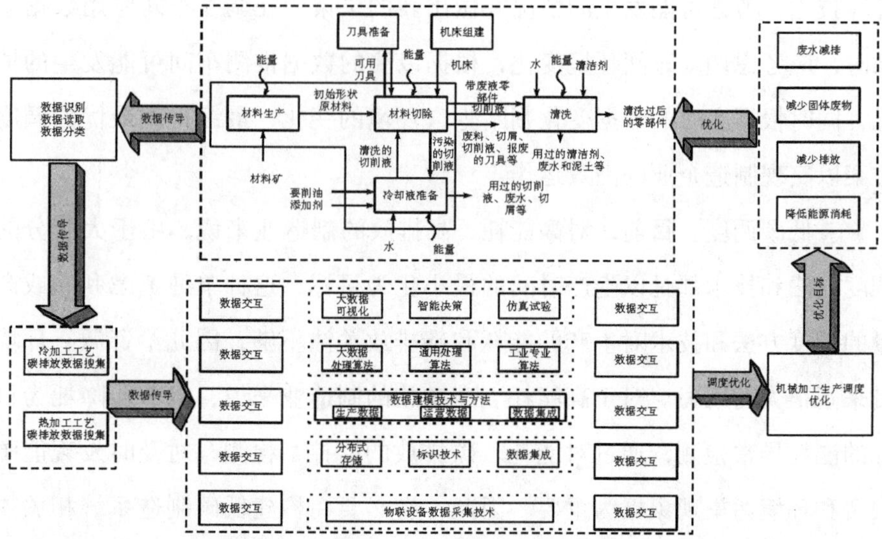


图 2.2　数据驱动下的机械生产低碳调度流程

# 3 机械产品加工过程

## 3.1 机械加工过程分析

技术的不断进步带来经济的飞速发展，作为国民经济“引擎”的机械制造业，综合水平也在稳步提升。生产过程是机械制造的“骨架”，加工工艺是机械制造的“灵魂”，科学的生产过程和先进的加工工艺不仅是评判机械制造行业水平的标准，也是衡量国家工业化水准的一把标尺。现代管理理论将机械制造看作由输入、输出构成的系统，运用科学手段对复杂的生产过程和加工工艺进行划分，为研究分析提供了便利条件。制造业发展水平是衡量一个国家经济发展水平的重要指标，伴随着互联网的蓬勃发展，制造业与互联网的结合为现代企业提升生产力提供了新动力，如何更有效地进行生产调度成为现代制造业的关键问题。制造业是指工厂将资源通过车间加工转化为产品的行业。它涵盖了人们生活的方方面面，如农副食品加工业、纺织服装和服饰业、家具制造业以及汽车制造业等。在制造业中，车间调度就是将各种资源合理优化，在满足调度目标的前提下把生产计划做到最优。为了满足企业里各部门对生产活动的不同要求，多目标的工厂车间调度应运而生。多目标的生产调度更能满足现实生产中的工作需求。工厂车间调度作为企业生产制造的关键一环，对企业竞争力的提升有着积极影响。车间调度主要包括三个方面：人员调度、设备调度、物料调度。对人员、设备和物料的合理调度能够降低能耗，减少碳排放。在计算机强大的计算力的辅助下，智能算法为车间的调度带来了新的便利，减少了生产的等待时间，提高了订单的完成效率，在车间调度方面得到广泛的应用，有效减少了生产的等待时间，提高了订单的完成效率。制造业与互联网的结合，将企业资源进行重新优化和集成，为传统制造业带去了新的创造力和生命力。

### 3.1.1 机械制造生产与车间管理

（1）机械制造生产过程

机械制造涉及社会生产生活的方方面面，包括建筑、化工、纺织、交通等，为整个国民经济发展提供“技术装备支持”，占有举足轻重的地位。从生产车间规模及成品面向市场来看，机械制造主要分为三种类型：单件生产、批量生产和大量生产。其中，单件生产所占比例较小，主要指重型机械产品生产，这些产品耗费能源多、材料多，较为笨重，需求量小，且极少存在重复生产现象，一般用于特殊工程定制。批量生产是最为常见的形式，其主要特点是周期性更新，比如说包括车、铣、削在内的各种机床，由于技术的发展和客户产品规格需求的变化，每隔一段时间，机床的相应参数也要实现变更，跟上产品需求的变化发展。同时，机床面向的产品特性也使得每次机床生产都是定额的，此为批量生产的市场原因。此外，还有大量生产方式，这部分产品主要是应用场合较多或应用产业市场广阔，比如模具框架属于前者，而农用拖拉机属于后者，依靠的是农业的基础经济地位。

机械制造具体生产过程包括产品设计、设计审核、零件加工、产品检测等环节。其中，产品设计是贯穿全局的关键性环节，关乎产品后期的市场竞争力，进行产品设计时一定要以市场为导向、以技术为支持、以成本为约束条件，在符合基本需求的基础上尽量优化功能、节约成本。产品设计书形成后，设计审核工作应从可行性、经济性、环保性等方面对其进行综合评价，在有条件的情况下可采用专家审计与内部审计相结合的方式，经过严格的审核检验方可投入生产，避免因审核不力酿成批量产品报废的事故；零件加工是整机制造的基础环节，必须以严谨的态度对待每一个零件的生产过程，对产品的质量负责。零件制作完成后应对零件质量进行检查，产品装配完成后对成品也要进行调试检验，确保机械产品性能稳定，对使用者的生命安全负责。经过充分检测后，合格的产品方可投入市场销售，流入社会生产生活的各个支柱行业，为国家经济发展做出贡献。图 3. 1是制造企业生产过程。

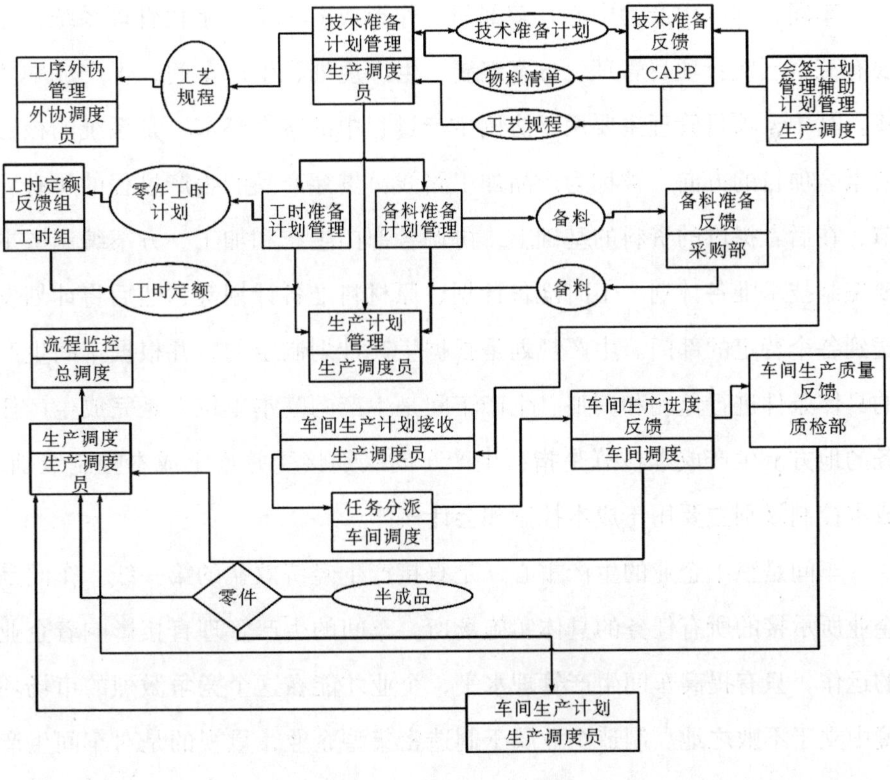


图 3.1　制造企业生产过程

《机械制造产品加工工艺技术规范》是规定零件机械加工工艺过程和操作方法等的工艺文件。在选择加工工艺的时候，零部件加工企业不会盲目跟风，会根据企业的具体实行情况进行选择。企业的生产情况主要包括加工人员素质、零件加工设备等方面。在充分了解企业的加工情况后，企业会选择对应的技术工程和作业模式，并且撰写对应的技术文件。对这些工艺技术文件进行审批之后，由零件加工企业进行生产指导。机械制造产品的通用加工工艺规程包括零件的加工工艺路线、加工工艺的主要内容、加工设备的明细等，零件加工过程中的工艺为生产线，技术规范指导零件的加工和生产，加工工艺决定了零件生产的精度。

（2）机械制造过程与车间管理

车间管理以生产为中心，多部门协作形成的一个数字化管理系统，主要有五个层次：项目管理、方案编制、生产规划、生产车间、生产成本核算。其中，项目管理主要用于协调生产过程中的各个环节，是系统的核心要素。项目的方向，被称为产品加工路线，贯穿产品的生产过程的所有环节，在后者提供的资料的基础上，协调各部门生产和加工。方案编制层主要编制技术准备计划、工时准备计划、原材料准备计划等，然后将计划发送到各个特定的部门。生产规划是根据生产计划制定的，并根据车间生产的具体条件进行监测和调整。生产车间是生产的基本单位，是完成生产任务的地方。生产成本核算是指：生产车间级别接受并指定成本控制级别，成本控制级别主要用于成本控制和会计核算。

车间是整个企业的生产重心，是直接产生经济效益的第一线。车间是企业所承接的所有任务的具体实施场所，车间的生产管理直接影响着企业的运作，只有提高车间生产管理水平，企业才能在这个竞争激烈的市场环境中立于不败之地。制造企业属于制造密集型企业，重视的是对车间生产的管理。生产车间层的主要生产过程是在主生产计划的基础上，制订具体的（工序级）生产作业计划。该计划将对生产所需的所有设备、原材料的具体使用情况以及加工所涉及的信息做出规定；同时车间层接收到生产任务之后，根据系统排产结果，安排哪一个人、在什么时候、用什么设备、进行哪一个工件的加工，以及需要完成的数量和结束的时间。产品在加工的过程中要及时进行生产进度的反馈，系统排产结果和实际的生产加工肯定有出入，系统要根据生产进度反馈的结果及时进行修正。生产加工完成后，由质检部门对产品进行质检，质检通过后入库，并在约定的时间内交给客户。车间层直接用于生产加工，进行其他的生产管理，目的就是进行高效加工，车间层的生产能力就是企业生产能力的真正体现，直接影响企业接单能力，从而影响整个企业的效益。

车间作业层的工作流程生产车间层的工作流程是：车间任务安排、任务派工、车间物料的领用、生产进度反馈、生产质量的反馈以及成品入库、车间报工等。生产车间层的主要功能就是根据主生产计划确定车间生产计划，车间生产计划包括车间生产作业计划、车间生产任务、车间生产调度、车间生产分析统计及物料计划等，物料计划又包括毛坯、刀具、在制品、夹具的分配，成品、半成品的质检入库等。车间层的主要任务就是接收生产任务，然后对任务进行分派，并对生产任务的执行进行反馈。根据反馈的结果，调度层进行生产任务的调整，车间生产加工过程中的每一道工序的执行情况都要及时进行反馈，反馈内容包括开始时间、完成情况、预计完成时间等。在产品由毛坯变成半成品最后到成品的过程中，质检人员要对每一个过程进行质检，保证产品质量，降低产品不合格率，检查的结果要及时进行反馈，供生产调度部门参考。产品完成质检后入库，最后交付给客户。

### 3.1.2 机械产品项目管理层的层次架构

(1) 项目管理层的作用

制造企业按照制造工艺划分属于劳动密集型制造企业，这样的企业的性质决定了它的生产形式和特点，同时也存在许多问题。

①订单型生产。制造企业生产大多数是订货型。立体车库的各个零部件的生产具有重复性，并且量较大，种类较多，所需原材料量比较大。

②设计制造分离。产品设计与生产是分开进行的，有时甚至是跨地域

的，这就造成了信息传递的不便利。

③生产制造密集。产品的结构较为简单，生产的技术含量较低，但所需零部件以及其他材料较多，信息量较多，不易管理。

制造企业的以上这些特点，给制造企业管理人员带来很大的麻烦，当销售人员拿到客户的生产需求时，会有以下的问题困扰他们：

①在客户要求的交货时间内能不能按时完工，或者说，最早完工的时间点是什么时候，如何进行分工。

②车间的资源是否能够达到生产要求，如何合理安排车间资源。

③生产计划的实施过程监督困难较大。

面对上述问题，制造企业现有的做法是根据工作人员的经验进行估算，工作人员都是一些从事过生产设计的技术人员，他们对企业的整体实力比较了解，对企业每天的生产能力也心中有数。这种完全依靠人为估算的方式能快速对客户需求做出回应，但是交货期往往把握不准，经常因交货期太短而出现延时交货的现象，或者是因订单太多而出现经常加班的现象。

项目管理层的作用就是辅助工作人员进行交货期的确定以及订单的报价。通过项目管理系统，我们能清晰地查看企业目前设备的使用情况、人员的工作情况以及还有多少生产能力是处于闲置状态的，工作人员把客户需求录入系统中按企业现有的生产能力进行模拟排产，预估出一个大概时间，这个大概时间是比较准确的，同时计算出所需要的成本费用。工作人员根据这些预估算的结果进行模具的报价以及交货期的确定。

（2）项目管理层的层次架构

车间项目管理是整个车间生产过程管理的基础，所有的生产活动都是基于整个项目任务来进行的。制造企业是以订单为核心的制造密集型企业，项目管理层主要是对生产任务的管理。订单确定后，设计单位进行设计；之后交由制造企业来生产加工，计划员将生产任务录入系统然后进行工作节点的安排，制定相应的进度要求；然后交由工艺部门进行工艺路线的设计，外协部门、采购部门和仓储部门就能根据工艺部门制定的材料定额进行材料的采买和外协计划的制订。项目管理层生产流程如下：

①项目订单确定：指制造企业签订项目订单后，根据客户的要求进行产品的设计，并且确定产品的交货期和产品图，以及相关的一些技术资料。

②生产任务的录入：这里主要是指计划员将确定好的订单录入系统，完成生产任务基本信息的填写。

③生产任务工作节点的编制与生产任务分工：指根据确定好的交货期，计划员进行生产任务工作节点的编制，并对发布的生产任务进行分工，确定进度要求，填写分工明细。

④工艺路线编制：工艺员根据设计部门下发的产品图及相关的技术资料对零部件进行详细的工艺路线的编制。

⑤外协计划制订：外协人员根据设计任务安排确定外协件需要的时间、能承受的价格等。

⑥采购计划制订：采购人员根据物料清单确定采购需要的原材料、半成品等。有时会出现有些零部件暂时缺货或价格变化的情况，这可能需要与设计和工艺部门进行多次沟通。

⑦生产计划流程：根据工艺路线制订生产计划，生产计划会影响工艺路线的编制以及外协与采购计划的制订。生产任务管理的主要功能是录入生产任务，根据企业车间生产流程找出比较重要的步骤并将其设为流程节点，在设置的流程图中可以查看流程明细。流程到某个节点的时候要满足一定的条件，流程执行到哪一步，这些信息系统会实时显示。

### 3.1.3 人、机、料、法、环

#### (1) 人、机、料、法、环介绍

“人”是指人员（man），“机”是指机器（machine），“料”是指物料（material），“法”是指方法（method），“环”是指环境（environment），

它们合起来可以用“4M1E”来表示，又称4M1E法。人、机、料、法、环是现场管理的五大要素。4M1E法概括了生产管理体系中所有的相关因素，从这五个方面着手就能解决所有生产管理相关的问题。该方法初期应用于质量管理中的特征要素图，主要是用来穷举所有与质量相关的因素。运用这一方法，人们很容易就把所有与某个产品出现质量或其他问题的原因列举出来，从而通过每一个相关的细节分析产生问题的真正原因。这种方法在分析和解决各种质量和生产问题时，应用非常广泛，更重要的是行之有效。因此，从事生产或质量管理的企业是非常熟悉这一方法的。虽然可能企业很熟悉这种方法，但4M1E法对从事大批量生产管理的企业来说，应该也是一个比较推陈出新、新颖的管理方法。

从事生产管理、质量管理等的相关人员非常熟悉这种方法，如果将其应用于大批量生产管理体系，很容易获得大家的认可。可是，这种方法应用于生产管理与在特征要素图中不同。这种方法从五大要素出发，从五大要素的每一个方面主动去解决大批量生产管理中的问题，通过五大要素组成的管理团队去主动地把每个要素中的所有相关内容管理起来，并通过各个团队在不同生产线内部，以及各个团队之间的交流，共享经验和教训。整个生产管理体系在原有管理基础上，交织有五大要素团队的横向主动式管理，齐抓共管，最后将生产管理中问题出现的概率降到最低，从而实现大批量生产管理。

（2）人、机、料、法、环分析

生产管理中的五大要素都涉及哪些方面呢？我们来做一个细致的分析。人是指在现场的所有人员，包括生产工程主管、技术员、生产操作员工等一切存在的人。现场中的人，管理的最小单位就是班组。而作为最小单位的管理者组长，首先应当了解自己的下属员工。人是生产管理中最大的难点，也是目前所有管理学理论中讨论的重点，围绕“人”这个因素，不同的企业有不同的管理方法。人的性格特点不一样，对待工作的态度，对产品质量的理解就不一样。有的人温和，做事仔细，对待事情认真；有的人性格急躁，做事只讲效率，缺乏质量，但工作效率高；有的人内向，遇到困难和问题不及时跟组长沟通，对新知识、新事物不易接受；有的人性格外向，做事积极主动，但是活泼好动，喜欢在工作场所讲闲话。那么，作为他们的领导者，组长就不能用同样的态度或方法去领导所有人。组长应当在公平的前提下，对不同性格的人用不同的方法，发掘组员性格中的优势，削弱其性格中的劣势，做到人尽其才。

如何才能提高生产效率？管理者应从现有的人员中去发掘，尽可能地发挥他们的特长，激发员工的工作热情，提高其工作积极性。人员管理就是生产管理中最为复杂、最难理解和运用的一种形式，人力资源就是专门研究如何提高员工在单位时间内的工作效率，如何激发员工工作热情的一门科学。

机是指生产中所使用的设备、工具等辅助生产用具。生产中，设备是否正常运作、工具的好坏都是影响生产进度和产品质量的又一要素。一个企业要发展，除了人的素质要有所提高，企业外部形象要提升，公司内部的设备也要更新。好的设备能提高生产效率和产品质量。如某条生产线的去毛刺工序，以前没有这样一个工序，基本靠手来操作，甚至不去除毛刺会严重影响生产效率。后来采用了国产的高压水打去毛刺机器，不仅大大提高了生产效率，而且改善了工作环境，所有操作员、技术员等现场员工对此都十分高兴。可见，工业化生产设备是提升生产效率的另一有力途径。任何一个成熟的工厂，不可能经常换新的机器设备或工具。一方面是机器设备非常昂贵，其所代表的工艺也不可能经常更新，另一方面是机器设备不可能有太大的改变，某些工序已经到达工序的产能极限了。对于工厂来说，最主要的还是生产操作人员了解和掌握机器的操作运用，工程技术人员了解和掌握机器的维修、维护和保养。只有机器维护保养好了，机器才能保持其良好的状态，生产出合格产品。

料是指物料、半成品、配件、原料等产品用料。现在工业产品的生产分工细化，一般都有几种、几十种配件或部件是几个部门同时生产的。当某一部件未完成时，整个产品就不能组装，造成装配工序停工待料。任何一个部门的工作结果都会影响其他部门的生产运作，任何一个部门都不能只顾自己部门的生产而忽略其后工序或其他相关工序的运作。部门的生产管理工作必须密切注意前一道工序送来的半成品、仓库的配件，自己工序的生产半成品或成品的进度情况。一个好的管理者，是一个能纵观全局的人、能够为大家着想的人。良好的开始就是成功的一半，好的材料才能有好的产品。这也是材料的重要性，它是生产型企业的产品的基础。

法即方法、技术，是指生产过程中所需遵循的规章制度。它包括工艺指导书、标准工序指引、生产图纸、生产计划表、产品作业标准、检验标准、各种操作规程等。法的作用是能及时、准确地反映产品的生产和产品质量的要求。严格按照规程作业，是保证产品质量和生产进度的一个基础条件。

环是指环境。生产某些产品，如电子产品、高科技产品，对环境的要求很高，此时环境也会影响产品的质量。比如调试音响时，要求周围环境应当很安静。国家对工厂企业的生产环境噪声也有相关的规定，必须严格遵守。现在国家对工业制造企业也引进了环境管理体系，对噪声、污染等有了更加明确的要求。生产现场的环境，有可能对员工的安全造成威胁，如果员工在有危险的环境中工作，又怎能安心工作呢？环境是生产现场管理中不可忽视的重要一环。

从上述分析中，我们不难看出，大批量生产管理虽然繁杂，但归根结底其主要因素还是4M1E法的五大要素。因此，只要确保人、机、料、法、环五大要素管理有好的效率，大批量生产管理也可以达到生产管理的最好状态。4M1E法应用于大批量生产管理体系可以体现出每一个方面都有管理的存在，每一件与大批量生产管理相关的事都有相应的管理应用，从而克服之前一些管理方法顾此失彼、漏洞百出的缺陷。

### 3.1.4 4M1E法与生产管理体系的关系

何为“管理”？美国的管理大师泰勒曾说，管理就是准确地了解你希望员工做什么，然后设法使他们用最好最经济的方法去完成它。所谓现场管理，就是有效运用企业的各种资源，结合部属及众人的智慧与努力，达成企业或部门的目标。对于一个企业的现场管理，即生产系统的管理者来说，只要针对生产管理的目标对症下药，一切问题都将迎刃而解。在生产管理体系中有以下六个目标：提升品质、提高效率、降低成本、确保交货期、确保人身安全、提高积极性——士气。众所周知，人、机、料、法、环是现场管理的五大要素。那么，生产管理体系这六个目标，是否能够导入生产管理呢？答案是肯定的，就是从人、机、料、法、环五个环节入手，注重细化、量化、落实和考核，通过协调各环节的管理创新，着力提高生产部门员工劳动效率和整体的管理水平，从而实现大批量生产型企业生产管理体系综合水平的整体提高。

避免走路摔跤的唯一办法就是在走路之前先检查一下路面是否平整结实、鞋子是否完好无损、有无其他危险源头，然后在路途中不断地重复检查。在全面质量管理时代，第一次就把事情做对的成本最低、效率最高、时间最短、效益也最好。

(1) 4M1E五要素和生产管理六目标是支持和被支持的关系

生产管理中的五大要素是人、机、料、法、环，即人们通常所说的制程五要素。生产管理中质量管理的目的就是在生产之前和生产过程中尽早地发现制造要素的异常情况。生产管理中，效率是成本、人力资源的决定因素，可是没有直接的指标或数据能看到这些，如果生产人员士气低落，无论采用了何种高新科技设备，生产系统的整体效果还是无法提升。生产管理中的安全因素潜伏在各个工序、机器、周边工作区域。生产管理中的制造成本更是蕴含在各个工序、人员、良品率等里面，不可能在现场或及时的生产管理中看到。因而，管理人员完全可以使用4M1E法主动确认制程各项要素是否发生异常、效率是否降低、成本是否改变、生产周期是否延长、不安全因素是否存在、员工士气是否高昂。

生产管理离不开生产要素，我们可以利用4M1E法，实施更具体的细节管理来达到我们创新管理的目的。4M1E法的五大要素和生产管理体系中的六个目标是货物和车轮的关系，如图3.2所示。

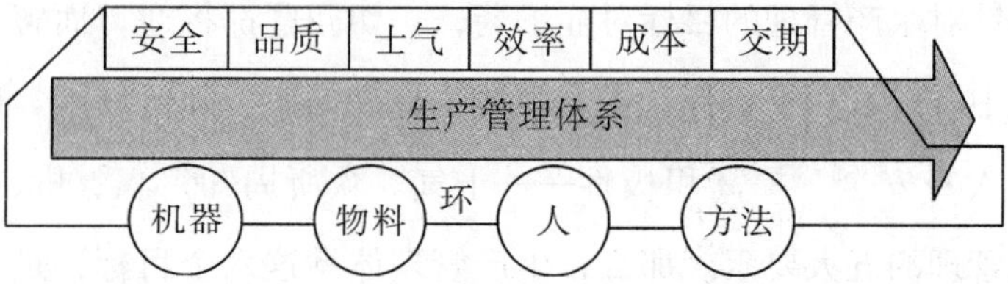


**图3.2　4M1E五大要素与生产管理体系六大目标**

（2）4M1E五要素的改善能达到生产管理六目标

生产管理的六大目标是如何通过改善4M1E法五要素来达到的呢？我们通过每一个要素来逐个分析生产管理的六大目标，从而了解两者之间提升品质的内在机理。

①提升品质。人是参与竞争的关键因素，管理者要充分发挥人的主观能动性和创造性，参与国际竞争，这里需要考虑两方面的人：一是“国内的人”，即企业的员工。员工是否具有国际化的知识，是否具有国际竞争的意识，是否具有参与国际竞争的素质。如果不具备的话，应该如何培养，企业管理层应考虑如何指导员工使其适应国际竞争。二是“国外的人”，即国际上企业的员工素质，尤其是大的跨国公司的员工素质，他们具有什么水平的知识和什么样的意识，他们是如何进行质量控制的。这些都是“国内的人”需要学习的。企业要参与国际竞争，企业员工必须具有国际素质，具有参与国际竞争的知识，不断提高自我适应能力。作为企业的管理者，首先要提高自身素质和知识水平，使自己尽快适应国际竞争的要求，具有参与国际竞争的能力；其次，要考虑如何培养下属员工，使其

能够面对全球经济一体化的大环境并积极应对，具有较强的适应力。

机，这里的“机”不仅是指机器和设备，更包括企业的机制，如管理机制、激励机制等。首先是机器。机器是获得高质量产品的直接工具，如果机器设备不好的话，产品质量就得不到保证，更谈不上参与国际竞争。企业在应对国际竞争时，要生产出具有国际竞争力的产品，必须保证机器设备具有生产出高质量产品的能力。采用什么样的设备，如何对设备进行必要的维护和保养，如何使生产人员正确使用机器并生产出高品质的产品，是企业管理者在生产低成本、高质量、高竞争力的产品时要考虑的。企业具有了一流的员工和一流的机器，但要想生产出一流的产品，还需要具有一流的管理制度来保证机器得到正确使用，员工能力得到正常发挥，充分调动员工工作的积极性，这就是企业管理上的“机”，包括管理机制、激励机制等企业管理方面的软“机器”。企业产品质量的提高和国际竞争力的增强，不是仅仅靠设备就能保证的，一流的设备不一定就能够生产出一流的产品，还需要具备一流的员工和一流的管理者。作为管理者，最重要的任务是协调员工和机器之间的关系，使得他们的作用得到充分发挥，生产出一流质量的产品，管理者的职能更多是进行管理，如何进行管理是管理者在全球经济一体化背景下要积极考虑的，管理者要充分运用各种管理方法和激励机制，发挥员工的主观能动性和创造性，使企业内部管理不断完善，机制更趋合理，产品质量不断提高。机制是企业调动员工积极性，发挥员工“人”的优势的杠杆。如何使用好这个杠杆，企业管理者应该向国际企业学习，提升自己的管理素质和企业的软机器的创造力。

料，这里的“料”包括产品直接使用的直接材料或间接材料。企业参与任何市场竞争，都不能够偷工减料，欺骗用户，否则只会被市场所淘汰，现在企业所面临的是国际竞争的大环境，更加需要真材实料，以诚信为本，以质量为首。企业从材料的流动过程逐步完善质量控制的功能，包括进料检验、过程检验、最终检验、售后服务处理及质量问题的统计分析与反馈，纠正预防措施的组织和实施，形成质量控制的闭环系统。企业应该从质量管理的角度完善质量管理体系，从质量控制转变为质量管理，进行供应商认证，协助供应商提高产品质量。企业不是高高在上地对供应商的产品质量指手画脚，而是参与到供应商的质量管理过程中，提高来料质量，达到双赢的结果。在企业内部，事后的质量检查变更为事前的质量策划、事中的质量监督和事后的质量反馈、总结、改进，贯彻质量管理是设计和生产过程的观念，从源头上控制产品质量，并辅助以必要的内部质量体系审核和管理评审进行整个质量体系的改进，使质量检查人员的角色从事后挑毛病转变为共同参与设计和生产过程，通过对设计开发、生产制造、售后服务各个环节的全方位管理来提高产品质量。

法，顾名思义是指方法、技术以及生产过程中所需遵循的流程、程序。它包括作业指导书、工艺流程、生产图纸、物料清单、生产计划表、产品检验标准、设备操作规程、工艺纪律规范等。它们的作用是能及时准确地反映产品的生产过程和产品质量的要求，然后从方法方面入手帮助改进生产或改善工艺。

所有的生产过程或管理都是在一定的环境下进行的，环境对生产管理的六大目标之一的质量管理的重要性是不言而喻的。工作环境、机器设备所处环境、环境卫生、工作场所安全、员工职业健康等无不影响着生产过程，对生产出来的产品质量也有影响。

②提高效率。人是这五大要素中最难管理的一项，但人又是效率提高的关键因素。人管理好了，机器就得到了有效的管理，物料就得到很好的管控，工作环境也会得到改善，加上人使用科学的方法和工具，综合起来便能使整个生产体系的效率得到提高。

现在各种生产企业的机器自动化程度越来越高，需要人员干预的设备越来越少，但这是否就代表生产的效率或机器的效率已经达到最好的状态了呢？答案是不一定的。例如，深圳某公司有一条全自动的生产线，所有设备和传输系统都是自动的，通过机器臂等来操作。但因为过于自动化，上下道工序之间的产能不匹配，导致经常在某些工序堆积很多的半成品，而某些工序的机器却没有产品可以生产。通过对机器效率的评估，生产部门决定拆除某些自动传输系统，采用人员干预的方法来生产。结果发现在重新组合以后，机器的效率提高了，产能也得到相应的提高。

物料与效率似乎没有关联。但如果没有科学合理的物料计划，没有充足物料的准备，连正常的生产都难以为继，效率也就无从谈起了。

方法应该说是提高效率最重要的方面了。很多企业通过改善企业资源计划、企业流程再造的方式帮助企业提高了生产效率，改善了企业的生产状况。

企业的生产是在各种各样的环境下进行的。没有好的环境，企业无法提高生产效率。

③降低成本。人员的成本是生产型企业成本中的一个重要组成部分。降低成本并不意味着就要减少人员，也可以通过提高人员效率，增加单位产能等方法来降低成本，这对企业具有长远的意义。

企业可以通过更好的机器设备管理，生产出更多的产品，缩短设备停机时间，减少维护设备所用配件，从加强机器管理方面实现成本的降低。

材料的成本对产品成本有极其重要的影响，特别是在半导体生产企业，材料成本至少占产品成本的一半。因此，企业要降低成本，材料的成本是必须要降低的。企业可以通过选择有竞争优势的供应商，也可以通过同原本的供应商商谈来降低价格。

企业可以通过采用科学合理的方法来降低成本。比如机器设备的技术改造，能使企业生产出更多更好、良品率更高的产品，这样无疑会降低整个产品的成本。环，环境的因素也会对成本产生影响，主要包括：生产过程环保的要求、对外排放的限制。

④确保交货期。人，生产周期的控制与人的工作行为相关。企业只有

在正确的管理模式之下，才能确保当初约定的交货期。

机器处于正常状态，不经常出故障停机维修，才能保障产品的生产周期，从而确保交货期。

物料从供货商那里就有正常的交货期，并且有好的品质，才能生产出正常的产品，从而确保交货期。如果物料的品质本身有问题，企业生产产品的时候无料可用。那么产品的生产就会受到影响，无法确保按期交货。

制度、规范及生产工艺流程能确保生产的正常进行，这些都是与整个生产系统相关的。没有正常的生产，交货期就无从谈起。

环境因素对交货期的影响不大，除非货物在运输过程中出现极端天气，从而影响企业的交货期。

⑤确保人身安全和提高士气。生产安全的管理，提高员工士气，都与人员的管理分不开。员工在安全的环境下工作，是员工能安心工作的基础。提高员工士气是人员管理的一个重要方面，员工的士气低落，便如前线的士兵没有战斗力，这样的队伍是不可能在战斗中取得胜利的。同样地，员工的士气低落，便很难在生产过程中发挥自身的作用，生产出来的产品的品质和数量很难达到要求。

机器在正常运转情况下，一般都已经考虑安全问题。但如果机器没有得到好的保养和维护，很容易在安全方面出问题。机器问题多，机器频繁停机维护，也很打击员工的士气。

物料在运输使用过程中，特别是化学药品在运输使用过程中，很容易出现安全问题。除此之外，物料品质问题也会对员工士气造成影响。

只有坚持按照正确的工艺、生产流程、操作程序来工作，才能确保安全生产，降低品质问题产生的概率。同样，这些因素也会影响员工士气。

工作场所井井有条，工作环境无毒无害，员工在安全的环境下工作，保持高昂的士气，才把工作做得更好。

## 3.2 人的作用

人是生产管理中最大的难点，也是所有管理理论讨论的重点。关于人的因素，不同的企业有不同的管理方法。人的性格特点不一样，不同的人的生产的进度，对待工作的态度，对产品质量的理解就不一样。那么，作为他们的领导者，就不能用同样的态度或方法去领导所有人，应当在公平的前提下对不同性格的人用不同的方法，发掘员工性格特点中的优势，削弱其性格特点中的劣势，做到人尽其才。想要提高生产效率，首先要从现有的人员中去发掘，尽可能地发挥员工的优势，激发员工的工作热情，提高其工作的积极性。

### 3.2.1 人力资源配置

资源配置是经济学中的一个概念，它是指将现有的各种资源进行统筹、规划、组合、分配，从而加以合理利用，最大限度地发挥其整体效能。资源配置的最终目的就是在实现资源高效利用的同时实现效益最大化。人力资源是企业进行生产经营活动中的重要资源，对其进行优化配置，将会带来可观的经济价值。人力资源配置从微观角度来说，就是企业通过评价和考核、招募和挑选、培训和开发等一系列流程，把符合企业要求的各类型人才合理地、及时地分配到相应的岗位上，形成一定的结构效应，并使之与机构效应相结合，形成现实意义上的经济运动，达到人尽其才的目标，以提高人力资源的利用率和工作效率，为企业创造出更高的经济效益和社会效益。人力资源配置在人力资源管理中占有举足轻重的地位，它既是起点，又是终点，其最终目的就是要达到人岗匹配。人与岗位的匹配既是人力资源优化配置的重点，也是人力资源优化配置的最终目标，它是指员工的个人素质和能力要与岗位要求相适应。在进行人岗匹配的时候，需要根据每个员工的能力水平及综合素质来进行人员的配置，达到按能配岗的效果；同时还要根据岗位的要求来进行岗位人员的配备，达到按岗选人的目标。

（1）人力资源优化配置的原则

在具体的组织或企业中，根据所设定职务或岗位的数量和要求，对所需人员进行科学、合理、有效的配备，必须坚持以下人员配备的重要原则：

①因事择人。所谓因事择人，就是指在招募和挑选人员时，应该以实际工作内容和岗位要求为出发点，根据所设职位对任职者的资格要求来确定符合标准的人员。选用人员的目的是使所选人员能够担任一定的职务，而且能够按照实际要求完成与该职务相对应的工作。要使工作能够圆满完成并且卓有成效，首先要在保证工作效率的前提条件下设置相应职位，并要求配置于该职位的人员要具备该职位相应的知识和技能。因事择人是实现人岗匹配的最基本要求，也是组织或企业中人员配备的首要原则。

②量才使用。所谓量才使用，就是指根据每个人的素质与能力，安排适合的岗位或者工作。从组织中人的角度来考虑，人的差异是客观存在的，应当根据人的具体特点来安排其工作内容。只有这样，才能最充分地发挥人的潜能，最大限度地激发出人的工作热情。无论是大材小用，还是小材大用，抑或是学非所用，都会不同程度地造成人力资源的浪费和人力资源管理的失效，严重影响组织效率。

③用人所长。所谓用人所长，是指组织在用人时不能够过度追求完美，要求员工完美无缺，企业管理人员应该注重扬长避短，发掘每个员工的优势，并力求发挥每个员工的长处。在现实生活中，人的知识、技能和个性等的发展是不平衡的，而且企业里的工作和任务的要求具有多样性。完全意义上的“全才”或者“通才”是不存在的，即使存在，企业也不一定非要选用这种“全才”，企业应该选择最适合空缺职位、满足工作要求的候选人。这样才能够发挥每个人的长处，才是最有效的人员管理。

④动态平衡原则。组织或企业是处在动态环境中的，人员管理是需要

不断变革和发展的。组织或企业对其员工的任职要求也是在不断变动的，人的知识和能力也是在工作中不断丰富和提高的。因此，人与事的配合、人与岗位的匹配需要进行不断的平衡与协调。所谓动态平衡，就是指根据组织或企业中工作的重要程度、人员能力的大小及时合理地调整配置方案，对人员的能力进行实时识别，以便实现人与人、人与职位、职位与职位的动态平衡。

（2）人员优化配置的形式

人员优化配置的形式分为宏观和微观两种。

①宏观配置。所谓宏观配置，就是指将人力资源作为社会资源的一种，人力资源的配置是在整个社会国家的范围内进行的人员配置。在市场经济中，其符合所有社会资源所共同具有的供需平衡理论，同样也符合商品经济的运行形式，整个社会中人力资源流动配置的重要依据就是价值规律。人力资源实现合理动态配置的宏观基础是国家对社会经济发展的战略规划。自然资源、生活资源和文化资源等社会资源的分布成为人力资源实现科学合理配置的依据，也是人力资源配置的意义所在。市场的供求比例关系使得人力资源被带到合适的岗位、行业和地区，除此之外，国家还应该在宏观层面调控各区域人力资源的分布，使得人力资源分布达到平衡。这样，不仅可以促进先进地区的发展，还能带动落后地区的发展。

②微观配置。所谓微观配置，就是指将人力资源作为一个具体的组织或者企业所属资源的一种进行配置。微观的人力资源配置本质上就是帮助组织或企业实现内部员工的合理配备和科学管理，以提高组织效能和人员工作效率。人力资源微观配置的形式主要有以下三种：

人-岗匹配模型：人与岗位的匹配是指人和岗位之间的对应关系。每个人的能力素质不同，每个岗位的任职要求也不相同，只有当个人的能力、素质和岗位的任职要求达到一定的匹配度，才能获得最大的绩效。企业必须根据员工的素质水平，将其安排在能够胜任的岗位上，即按能配岗。与此同时，根据岗位的任职要求安排合适的人，即因岗选人。人-岗匹配的优化配置是企业整体战略规划和人力资源管理实践达到动态匹配的过程，其目的是保证人力资源的配置管理始终与企业的整体战略规划保持一致，通过这种动态匹配与平衡，实现企业核心竞争力的提高，从而获得竞争优势。要想实现人-岗匹配，必须要对岗位的工作内容和任职要求做出详细分析，即“知岗”；还要对人员的知识、技能、素质等进行科学合理的评价与考核，即“知人”。人-岗匹配模型如图 3.3 所示。

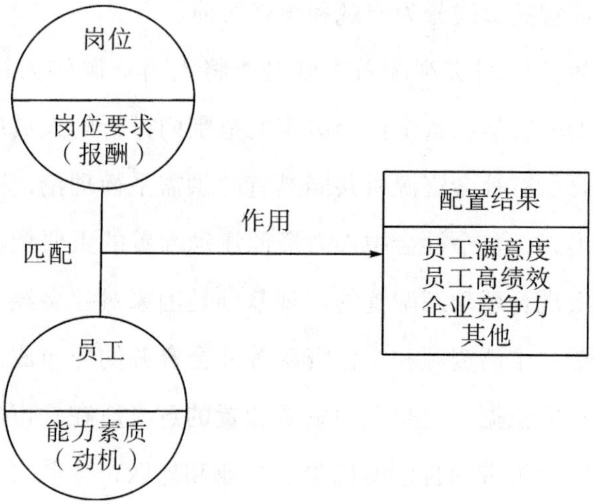


**图 3.3　人-岗匹配模型**

人-人匹配模型：人与人的匹配就是指在一个组织或一个部门中，人员配置都应形成一个合理的配置比例，主要包括专业知识、技能、性别、年龄、能力、素质、性格、经验等，呈现出一种稳定、和谐的状态。优势互补是企业进行人力资源配置时在人与人匹配方面考虑的主要因素。相同性格的人相处容易出现摩擦，很难达到优势互补，为了避免耗散减值现象的发生，企业应该选用不同性格的人员，鼓励大家相互学习、相互补充。人-人匹配模型如图 3.4 所示。

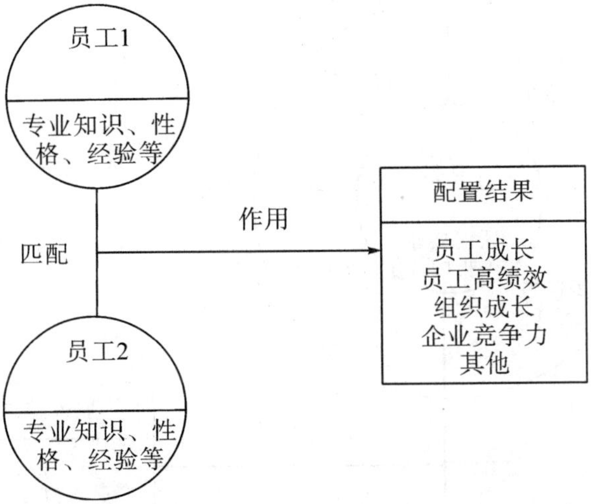


**图 3.4 人-人匹配模型**

人-组织匹配模型：人与组织的匹配实际上是人-岗匹配模型的扩展，反映了个体与组织之间特征、资源和需要的相似性、互补性及相容的程度，最终通过行为体现出来。对于个体来说，人与组织的相互作用是一个认知调节和行为适应的过程。而对于组织来说，为了让员工的心理和行为有利于组织发展的目标和战略，人力资源管理就会通过招聘、培训、薪酬分配、绩效考核、激励、企业文化等途径提高员工个体对组织的适应水平，优化人与组织的匹配。传统人力资源配置往往只关注个人能力素质与岗位要求的一致性，忽视了在配置过程中人与组织的文化和价值观的相容度，这种局限性在现代的人力资源配置过程中日益突出。因此，企业在进行人力资源配置时，除了考虑个体与岗位之间的匹配，还要顾及人与组织之间的匹配。人-组织匹配模型如图 3.5 所示。

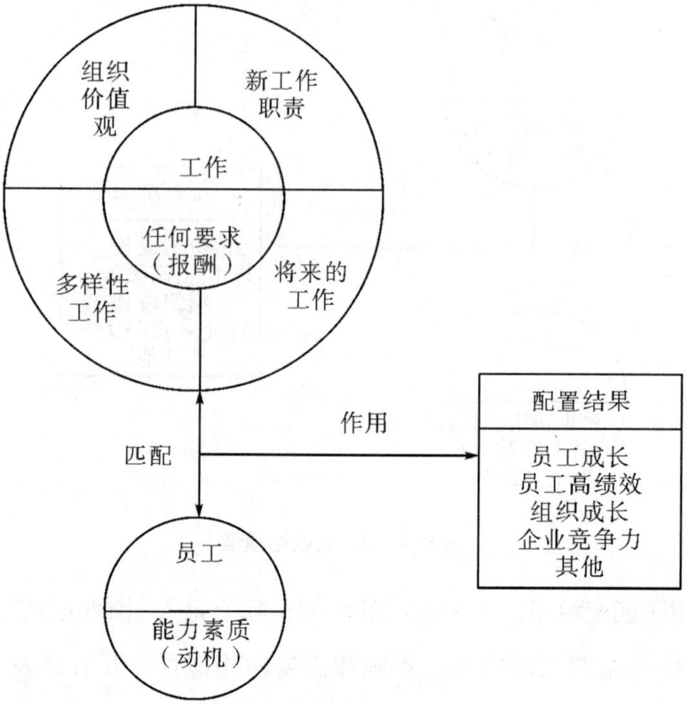


**图 3.5　人-组织匹配模型**

### 3.2.2　人员管理要点

虽然人员管理难度较大且不易按统一方式进行管理，但仍有一些原则性的理论可供参考和借鉴，帮助处理大多数的管理问题，个别、突发和新发问题就要靠领导和团队成员的共同努力去解决。

（1）尊重员工，发挥员工自主性

尊重员工，就要尊重员工的智慧和人格。首先要通过多种多样的培训、沟通、问题解决、员工合理化建议的采纳和激励、团队活动等使员工融入集体，具备共同的理念和目标；其次通过管理、关怀、互助等措施切实解决员工在生活和工作中遇到的困难，使员工无后顾之忧；最后还要在技术上发挥人机工程的作用，倡导人性化的理念，为员工提供理想的工作环境，工位和工序操作也要考虑人员的便利性，防止职业病的产生。想要进一步发挥员工积极性，还要使员工有主人翁精神，使其意识到工作岗位的一切设备、工具、材料及车身状态等都是责任内的事务，都是要进行经营、改善和负责的工作。虽然车间人员分工比较详细和明确，如设备有保全、材料有进货检验、工具有物流人员、车身状态有检验人员。员工必须是该工位一切设备的第一负责人，其次才是专职人员。同时，企业要对员工工作环境进行改善，如工具放置顺序、车身操作方式等的改善，要及时进行物质和精神上的激励。

（2）分类管理和培训

车间人员有操作、巡检、化验、保全、品质、技术等不同分工，管理上也要分成不同的班组进行管理。各组有单独且相互关联的工作制度和流程，使其既相对独立又在业务和考核上相互联系，可以以职责矩阵的形式进行人员分组和职责描述，为车间总体的绩效和目标服务。常规培训一般指作业指导书的培训，技术人员可能还要进行控制计划培训，以及其他一些管理制度、工作流程、后勤保障等，培训以能够满足最基本的岗位需求为主。这里重点要提的是潜在失效模式及后果分析（failure mode and effect analysis，FMEA）或一般叫作失效库/问题库的培训，这些是现场经验和技术原理的精华。企业要通过岗位工作范围确定工作内容，针对不同岗位选择与其工作内容及与工作内容相关联的 FMEA 培训，使员工明白不按标准作业可能会带来的不良影响及严重后果。需要注意的是，这里的 FMEA 并非仅是过程开发的 FMEA，还应该包括其他车间可能和已经发生的关于设备、材料、物流、工具、操作等的全面的 FMEA。

（3）多能工和轮岗

在发挥积极性的要求里已经体现了定岗人员要同时管理质量、设备、材料、工具等的多能化要求。如果想要培养同时掌握多个岗位技能的“多能工”，就必然要对员工进行轮岗安排。

多能工的益处在于：

①在引入新人“顶岗”时，两个岗位不都是新人，以免对质量造成更大风险。

②技能更全面的多能工有利于提高员工学习和技能提升的积极性。

③多能工掌握了不同工位的操作，还可以进行不同岗位的借鉴、对比，从而提高产品质量、降低生产成本。

④随着劳动力紧缺，在进行自动化水平提升和工艺改善时可以随时满足两个或更多岗位由同一人进行操作的要求。

轮岗制度的益处在于：

①多能工的培养。

②减少和消除同一岗位长期工作可能带来职业病的风险。

③提高员工积极性、减轻工作疲劳感。班组长必须为多能工，且应该是能够在紧急情况下代替该班组任何一名员工的多能工，防止紧急情况发生时个别岗位无人作业，并且便于车间整体的人员协调和岗位管理。

（4）标准作业

人员对质量的影响及人员管理的最大难度均在于人员的不稳定性，人员的稳定性受环境、心情、突发事件及精神状态的影响较大。因此，标准作业设计会考虑人员误操作的影响。人员不稳定性的最佳处理方法是标准化作业，即按照人工作业顺序将每一步操作进行细化和做出规定，按最佳路线进行操作，通过制定作业标准、培训上岗、操作观察、工时统计等方式实现标准作业。员工正常上岗后也要定期通过岗位再培训的方式避免过多地偏离标准作业路线。同时，针对突发的不能正常工作，也要安排多能工或班组长进行替岗。

（5）车间日常工作外人员管理

车间外人员主要包括外来参观、视察或交流考察等临时进出人员及常驻车间的驻厂工程师、保洁等服务人员。车间日常工作外临时人员管理必须明确进出要求，进出路线也要有明确规定，如果有进入操作工位的需求，必须提前进行安全和注意事项说明。车间日常工作外常驻车间人员可以在进行培训说明后佩戴出入证自由出入。

## 3.3 设备的作用

机是指生产中所使用的设备、工具等辅助生产用具。生产中，设备是否正常运作、工具的好坏都是影响生产进度、产品质量的又一重要要素。

### 3.3.1 设备管理保障企业生产

在企业的生产经营活动中，设备管理的主要任务是为企业提供优良而又经济的技术装备，使企业的生产经营活动建立在最佳的物质技术基础之上，保证生产经营顺利进行，以确保企业提高产品质量，提高生产效率，增加产品品种，降低生产成本，安全文明生产，从而使企业获得最好的经济效益。企业根据市场需求和市场预测决定产品的生产经营活动。在产品的设计、试制、加工、销售和售后服务等全过程的生产经营活动中，无不体现出设备管理的重要性。为赢得市场，降低生产成本，节约资源，生产出满足用户需求、为企业创造最大经济效益的高质量的产品，设备管理是保证。设备管理水平是企业的管理水平、生产发展水平和市场竞争能力的重要标志之一。

“工欲善其事，必先利其器。”生产先进产品，必须建立在企业具备先进设备及良好的管理水平之上。若企业疏于管理，用先进设备生产质量一般的产品，则会使生产成本增加，使企业失去市场竞争能力，造成极大的浪费；有的先进设备带“病”运转，不能发挥全部设备的效能，降低了设备利用率；有的设备损坏，停机停产，企业虽有先进设备，不但没有发挥出优势，反而由于设备价高，运转费用大，成为企业沉重的负担，致使企业债台高筑，生产经营步履维艰。而一些设备管理好的企业，虽然没有国外的先进装备，但管理水平高，设备运转状态良好、效率高，一样能生产出高质量的产品，市场竞争能力强，企业效益也稳步增长。设备管理是企业产量、质量、效率和交货期的保证。在市场经济条件下，企业往往按合同组织生产，以销定产。合同一经签订，即受到法律保护，无特殊情况不能变更，违约将受到严厉的惩罚。如果没有较高的设备管理水平和良好设备运转状态做保证，是不可能很好地履行合同规定的义务。一旦违约，企业遭受的就不仅仅是经济上的损失，往往还会失去市场，给企业的发展带来严重的不良影响。

设备管理是企业安全生产的保证。安全生产是企业搞好生产经营的前提，没有安全生产，一切工作都可能是无用之功。从中央到地方各级政府相关部门，无不强调安全生产，紧抓常抓安全生产。安全生产是强制性的，是企业必须无条件服从的，企业的任何生产经营活动都必须建立在安全生产的基础之上。根据有关安全事故的统计，除去个别人为因素，80%以上的安全事故是设备不安全因素造成的，一些压力容器、动力运转设备、电器设备等管理不善会存在安全隐患。要确保安全生产，必须有运转良好的设备，而良好的设备管理也就消除了大多数事故隐患，杜绝了大多数安全事故的发生。

### 3.3.2 设备正常有效工作是企业提高效益的基础

企业生产经营的目的是获取最大的经济效益。企业的一切经营管理活动也是紧紧围绕着提高经济效益这个中心进行的，设备正常工作是提高经济效益的基础。简单地说，提高企业经济效益，一方面要提高产品产量和劳动生产效益；另一方面要减少消耗，降低生产成本。在这一系列的管理活动中，设备正常有效工作是基础。

(1) 提高产品质量，增加产量

设备是一个重要因素，保证设备正常工作是提高产品质量、增产增收的重要手段，党和政府多次提出要贯彻国务院《全民所有制工业交通企业设备管理条例》，加强设备管理一定要与企业生产活动相结合，应用现代技术，开展技术创新，确保设备有良好的运转状态。对于新设备要充分发挥其先进性能，保持高的设备利用率，预防和发现设备故障隐患，创造更大的经济效益；对于老设备要通过技术改造和更新，提高装备品质和设备性能，延长设备使用寿命，从而达到提高效益的目的。

（2）提高劳动生产率的关键是要提高设备的生产效率

企业内部多数人是围绕设备工作的。要提高这些人的工作效率，前提是要在保证设备正常工作的基础上，提高设备生产效率和利用率、减少设备故障。

（3）减少消耗、降低生产成本

原材料的消耗大部分是在设备上实现的。设备状态不好会增加原材料消耗，如果出现废品，原材料浪费更多。在能源消耗上，设备所占的比重更大。加强设备管理、提高设备运转效率、降低设备能耗是节约能源的重要手段，也是企业节能降耗永恒的主题。在设备运转过程中，设备正常运转本身也需要一定的物资消耗。设备一般都有常备的维修零部件，设备管理不好，零部件消耗大，设备维修费用就高，尤其是进口设备，零部件的费用更高。设备运转一定周期后还要进行大修，大修费用在设备管理中也是一项重要的支出。设备管理做得好，设备大修理周期就可以延长，大修理费用在整个设备生命周期内在生产成本中所占的比重就会下降，从而为降低生产成本打下基础。

### 3.3.3 机械工程设备管理与维护策略

随着信息技术的不断发展，机械设备种类不断增加，不同机械设备的管理与维护工作难度有很大区别，必须结合机械设备适用范围与具体应用要求对其进行有针对性的管理与科学维护，为生产建设整体质量提升夯实技术方面的基础。部分机械设备结构具有一定的复杂性，在安装与后续使用过程中易受到多种因素的共同影响而出现不同类型的故障。机械设备使用者应从多角度考虑，持续关注机械工程设备的科学管理与有效维护工作，运用先进理念与技术科学解决设备运行中可能出现的各类故障问题，确保最大限度消除潜在风险，提升机械设备运行时的稳定性与安全性。

（1）开展机械工程设备管理与维护工作的价值

①延长设备使用年限。随着科技的不断发展，机械加工涉及的工序呈现出极强的复杂性，需要多台设备协同配合。在此前提下，机械加工可能用到的机械设备种类增多，必须在合理规划下充分发挥机械设备的使用价值。大部分机械设备自身结构复杂，为满足机械工程需要必须在露天环境中工作，如果受到雨雪天气的影响，可能会出现内部渗透问题；如果得不到及时与有效处理，机器设备将出现不同程度的腐蚀，使用寿命将被迫缩短。

根据各类机械设备自身特点与运行环境进行科学的设备管理与定期的维护工作，能够有效降低机械设备故障发生概率，能够减少机械设备更新环节的成本。在定期维护下，机械设备当中已出现磨损的零部件能够及时更换，设备可以在最佳状态下参与工作，在提升综合效益的同时科学延长使用寿命。

②确保生产安全。机械设备的科学管理与维护涵盖设备配置、运检、维护与保养等内容，可以有效提升机械设备所具有的整体使用性能，设备在良好环境中投入日常生产与作业环节，确保机械工程能够在设备安全运行下有序与高效开展。在机械设备使用过程中，大部分安全事故的发生与机械设备管理及维护工作质量相关，如果机械设备潜在的运行问题未能及时被发现，将直接影响后续生产环节的安全性。在设备投入使用的整个过程中，管理人员严格按照制度规定完成高质量与高水平的管理与维护作业，从环境管理、运行荷载调整、定期维护和更新等环节入手，根据经济与技术标准完成机械设备的维保工作，通过提前检查与系统检修让机械设备能够稳定与长效运行，提升整个生产过程的安全性，降低意外事故发生概率，为安全生产提供最为有力的保障。

（2）机械工程设备管理与维护中存在的问题

①机械工程设备管理中的问题。第一，设备管理机制不完善。在对机械设备进行具体管理时，设备管理机制是否完善将直接影响最终的管理效果。机械工程设备本身有种类多的特点，工作人员若频繁调度将给机械设备各阶段管理增加一定难度。部分机械工程管理人员缩减机械设备管理成本，对设备管理力度进行调整，只关注经济效益提高，部分具有隐蔽性的故障风险未能在管理中得到有效规避，为后续机械设备的稳定运行带来不利影响，暴露出管理不够完善的问题。第二，管理效果不佳。部分机械工程管理部门未能带着全局眼光持续提升管理团队素质，忽略专业人才的引入与管理。在机械工程设备管理环节，专业人才极度缺乏，部分工作人员自身所具有的专业能力与素养不高，将直接影响设备管理的最终效果，机械设备管理工作的开展受到不同程度的阻碍，管理工作的积极作用未能得到全面与有效发挥。

②机械工程设备维护问题。机械设备在运行过程中，易出现元件老化问题，导致设备内部结构存在不同程度的磨损，运行效率下降。一方面，部分机械工程管理人员对机械设备后续的维护工作未能全面重视，忽略系统性与长效性的维护工作的开展，留下不同类型的安全隐患与设备故障隐患。部分机械工程管理部门过度考虑工期控制与成本降低，导致部分机械设备处于超负荷的运转，故障发生概率将随之提高。除此之外，部分管理部门在设备出现故障之后开展相应的维护工作，未能从多角度对设备具体运行过程进行实时监管，人员与设备资源过度浪费，暴露出维护工作不够全面的根本问题。另一方面，部分机械工程管理人员所使用的设备检测技术存在滞后性，没有足够资金对检测设备与技术进行及时与全面更新。面对结构复杂的大型机械设备，维护工作未能满足设备实际的维护与保养需要，故障风险的事前预控制能力略显不足，机械设备使用寿命因维护与保养水平不高而不断缩短，影响机械工程最终的综合效益。

（3）加强机械工程设备管理与维护的策略

①健全管理机制，降低故障概率。机械工程设备管理需要全面提升，相关管理部门要紧抓时代特色与管理标准，对机械设备管理机制进行有针对性的优化，运用最为规范的要求对日常维护工作进行严格管理，有效降低设备故障的发生概率。

管理者对机械加工过程要求及设备特征进行深入分析，根据设计使用需要与工作环境特点成立专项设备管理部门，根据设备管理内容逐一明确部门成员的职责，通过合理分工将设备管理机制的各项内容融入各工程环节。

随着岗位责任制的进一步完善，参与机械设备管理工作的人员必须做到持证上岗，操作与维护人员应具备专业的能力与上岗证。若在机械工程设备运行过程中，突发设备故障及不同程度的损害问题时，设备负责人要能够马上承担起事故责任，在第一时间对问题进行有针对性的解决，同时管理部门应对设备负责人做出一定处罚，营造出严谨与积极的管理氛围。

专业人员应对重点关注的机械设备在各时间段的运行情况进行实时监督，重视设备在实际运行过程中的状态检测，根据设备运行情况与自身经验对设备问题进行科学判断，根据可能出现的问题与设备运行特点采取具有极强针对性与可行性的解决措施，将安全隐患及各类故障问题消除在萌芽阶段。机械设备管理部门必须从多角度入手，不断健全管理机制，大力开展设备全过程管理，鼓励全员参与设备全过程管理，增强全员安全意识与责任意识，有效规避安全风险。

②加强管理维护，提高团队素质。机械工程设备的日常管理与维护工作表现出极强的复杂性。大部分机械工程设备故障的出现多是由于小部件存在一些问题，维护人员必须具备一定的技术水平和足够的维护经验，对机械工程设备运行过程中出现的各类问题做出全面分析与准确判断，在最短时间内将问题处理完毕。因此，机械工程设备管理与维护人员所具有的

综合素质的全面提升尤为重要，相关管理部门必须从多个方面对参与管理与维护的人员进行专业培训，将机械工程设备管理与维护工作水平提升到一个新高度。首先，企业要对机械工程设备管理与维护理念进行彻底与全面更新，大力宣传日常巡查与维护工作的重要性，通过信息技术与网络平台，借助小视频、图文与案例讲解等方式做好管理与维护工作内容与方式的有效宣传，将设备管理与维护重点前移至故障风险预先控制环节，将机械工程设备可能在运行过程中出现的各类风险的概率从根本上降低。其次，企业要开展机械工程设备管理知识类的讲座活动，涵盖管理重点、操作注意事项、维护难点等内容，使操作人员能够带着极高的操作意识对设备进行科学使用。管理与维护人员要根据操作人员行为及设备运行实际情况完成全方位的设备管理与检修工作，提升全员的专业水平，确保机械工程设备在正确使用与科学维护下实现稳定与安全运行。最后，管理与维护人员根据设备运行特点要求在实践活动中不断积累经验，使整个团队综合水平不断提高。

在此基础之上，管理与维护人员要根据设备工作特点与环境变化采取有针对性的维护措施，重视新旧机械工程设备的完美衔接，确保多个类型的机械工程设备能够相互协作。对于重点维护设备中可能出现的潜在问题，管理与维护人员必须及时判断并提出相应的解决方案，带着严谨与负责的态度解决技术性问题，从而使整个团队技术水平进一步提升。

③重视日常维护，延长设备寿命。在对机械工程设备进行管理与维护时，工作人员必须对成本预算进行分析，在确保成本控制合理与科学的前提下，持续加大机械工程设备日常维护力度，有效降低设备运行中的各类风险，科学延长设备使用周期，实现资源节约的最终目标。

管理与维护人员必须结合机械工程重点制订专项设备维护方案，积极与设备生产厂家进行有效沟通，对机械设备维护工作进行合理划分，明确维护工作重点部分。管理与维护人员应详细阅读机械工程设备使用说明，加强与专业技术人员的沟通，依托共同协商方式确定维护技术与方案。

为提升管理维护工作的针对性，管理部门应根据团队素质提升的需要建立起公平与科学的奖惩制度，持续激发管理维护工作人员潜在的工作激情与创新热情，使维护工作人员在竞争环境中带着认真与负责的态度完成每一次维护工作，严肃对待机械工程设备问题，科学延长机械设备使用寿命。

在大力开展日常维护工作的过程中，机械设备使用频繁，大部分设备必须长期运行。设备在高负荷运行下性能得不到有效发挥，因此必须在定期检测与维护，以确保机械设备可以长时间运行。管理与维护人员还应对性能下降的设备进行全面更换，结合成本控制完成设备更新，从经济性与安全性等方面入手，确保管理与维护工作的灵活性与合理性。

④引进先进技术，提高监测水平。机械工程设备检测技术的合理与科学的应用能够确保设备维护与检修工作的有效性，能凸显出检修工作开展的目的，能够对设备运行的薄弱之处做到有针对性的弥补，使维护技术方案的实用性得到较大提升。在具体的机械工程设备管理与维护工作中，管理部门必须意识到一体化检测设备的使用对检测人员有不同要求，企业应对工程设备检测水平进行全面提升。

企业应该运用光电机械一体化设备与状态检测技术，对机械工程设备发生故障的位置进行快速与精准定位，为后续维护工作的开展夯实基础。运用状态检测技术对事前问题做到全面预测与正确判断，机械工程设备出现的问题将具有可控性，在萌芽状态就能够有效消除。检测技术的更新，可以确保状态检测技术发挥出关键作用，在机械工程设备出现故障的第一时间，及时发出预警提醒维护人员，在最短时间内掌握故障情况，制定与落实解决措施。管理与维护人员结合状态检测技术优势对细节部分进行检测，通过明确分工可以有效地将设备故障带来的影响降到最低，将监测水平不断提升。

## 3.4 物料的作用

料，指物料、半成品、配件、原料等产品用料。工业产品生产分工较为细化，一般都有几种甚至几十种配件或部件由几个部门同时生产。当某一部件未完成时，整个产品都不能组装，造成装配工序停工待料。任何一个部门工作的结果都会影响到其他部门的生产运作，因此部门生产不能只顾自己部门的生产而忽略其后工序或其他相关工序的运作。各部门必须密切注意前一道工序送来的半成品、仓库的配件、自己部门负责的工序生产的半成品或成品的进度情况。一个好的管理者要能纵观全局，能够为整体利益着想。

### 3.4.1 物料管理相关概念

物料管理是以有效的方法将管理引入企业产品设计、生产、销售的过程中去，使得企业内部各种需求得到满足的一系列活动。物料管理最早是为了解决第二次世界大战航空工业中的飞机快速生产，而生产飞机所需要的各种高质量部件和部件供应商地域分布广而散这一难题才出现的。其目的是通过适当控制采购所需物品的价格来降低物料的成本，适时提供产品生产所需要各种材料以免企业因缺少物料而停工，使提供的物料规格标准化来减少物料的种类，降低因产品和物料积存导致资金断裂，高效率地收发物料，提高员工的物料运用效率，减少废弃材料的产生等。物料管理的"5R"原则，即适地、适价、适量、适质和适时，物料管理主要包括制订生产计划、采购物料、研究新物料、物料的收发、物料仓储以及库存控制等内容。

### 3.4.2 相关理论

（1）企业资源计划系统

企业资源计划（enterprise resources planning，ERP）可以将物流、人员流、资金流、信息流等集成为一体化的平台。随着信息技术的进步，管理学的研究领域不断拓展，管理思想也得到发展。科学技术和管理方法不断发展进步，现代企业的管理越来越依赖信息技术，ERP 系统由最初的表格式记录、查询和汇总数据，逐渐发展为管理信息系统，进而成为全球一体化的大系统。其发展过程可以划分为以下几个阶段：

①管理信息系统阶段。管理信息系统（management information system，MIS），主要用来记录原始数据，支持数据的查询和汇总。

②20 世纪 60 年代的编织物料需求计划阶段。物料需求计划（material requirement planning，MRP）系统，主要是解决采购、库存、生产、销售的管理。

③20 世纪 80 年代的 MRP Ⅱ阶段。物料需求计划系统升级版，也称为制造资源计划系统，可以把采购、库存、生产、销售、财务等整合在一起。

④20 世纪 90 年代的 ERP 阶段。强调有效的管理和利用企业的整体资源，实现了将企业的物资流、资金流、信息流的一体化管理。它可以使企业对市场进行迅速反应，并实现企业资源的优化配置，进而为企业创造最大化的价值，通常包括财务管理、生产管理、物流管理、人力资源管理等功能模块。

ERP 系统的应用通常有三个层次：初级应用能够实现主要业务数据的集成和共享，如财务集成融合、自动生成应收款信息和收入凭证等；中级应用能够更好地帮助企业控制成本和风险，有效协同各个部门和各种资源，如可以计算产品的真实成本，避免由于降价而产生恶性竞争；高级应用能够帮助企业增加收入和利润、提高核心竞争力，如订单装配生产有助于提高企业的差异化产品制造能力，生产周期与产能分析有助于更精确地生产排程以提高准时交付率等。

此外，基于互联网技术的发展形成了电子商务平台。电子商务环境进一步拓宽了 ERP 系统的外延，从注重生产转为销售、市场和服务并重，应用领域也扩展到非制造业，ERP 系统的应用进入一个新阶段。

（2）SAP 系统

SAP（system applications and products）公司是一家德国公司，成立于 1972 年，总部设在德国南部的 Walldorf。SAP 公司开发的 ERP 软件被称为 SAP，是目前全世界排名第一的 ERP 软件，它提供了强大的工作流解决方案，全球 500 强企业中有不低于 85%的企业都在使用 SAP 产品。SAP 公司的官方数据显示，其正在为超过 180 个国家的 44 万家客户提供 ERP 解决方案。

SAP 的 R/3 系统是 SAP 公司开发的最新 ERP 软件，其主要包括项目管理、生产计划、物料管理、质量管理、设备管理、财务会计等功能模块。

（3）BPM 系统

业务流程管理（business process management，BPM），作为一种系统化的方法，以规范化构造端到端的业务流程为中心，能够持续提高组织的业务绩效。BPM 系统架构如图 3.6 所示。

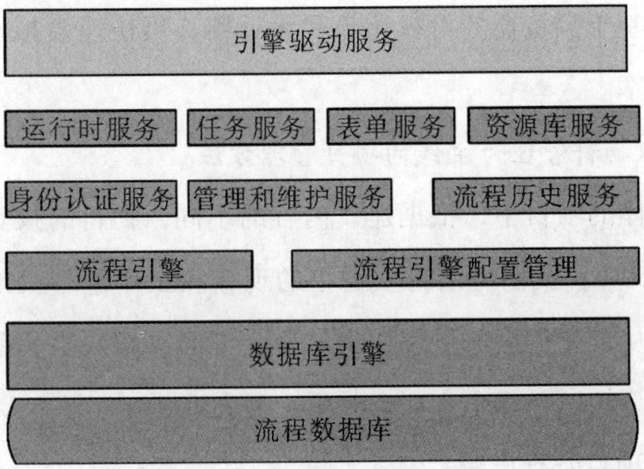


图 3.6　BPM 系统架构

当今社会，信息技术高速发展。企业的经营运作需要各部门之间高速、及时、准确、完整的信息传递，从而支撑企业做出科学决策，同时企业需要增强紧急、重要事件的快速反应和处理能力。工作流就是业务流程的数字化或自动化，它在信息化平台上进行开发，采用先进的技术架构，为用户提供全生命周期的流程管理服务，实现企业流程的高效、稳定运行。

BPM 系统具有以下技术特性：

①基于 Java 平台构建，支持各种主流操作系统和数据库系统。

②多层浏览器/服务器模式架构，零客户端，纯浏览器应用，维护成本低。

③以流程为中心，通过标准的接口与其他模块或外部系统进行交互。

④提供功能丰富的接口，通过远程服务接口，提供对跨系统流程集成的支撑能力，以及运行期调用执行其他系统接口。

⑤符合业务流程模型和标记法（business process model and notation 2.0，BPMN2.0）标准，流程定义模型不仅可以在任何兼容 BPMN2.0 的引擎中执行，而且可以在图形编辑器间交换。作为一个标准，BPMN2.0 统一了工作流社区。

⑥提供了基于浏览器的可视化流程设计器，可快速模拟流程路径，提升流程实施效率。

### 3.4.3 以物料管理为主线的项目管理方法

在一个具体的项目中，根据建设内容的不同，物料的投资会占项目总投资的 40%~60%。我们可以将项目中的现金和工作量有机地联系起来进行物料管理，从资产的价值量和实物量两个方面去解决很多项目管理上的难题。本书打算从以下几个方面来分析、解决难题。

（1）改变项目管理思维

要进行以物料管理为主线的项目管理，我们首先要做的就是改变项目管理的思维，将传统的按照时间进展的管理思维转变为逻辑思维去管理。传统管理思维是按照时间进展对一个项目的物料进行管理，不利于企业应对现在变化极快的国际金融市场，会导致各个管理环节的脱节，把本来应该同时进行的工作依次去完成，极大地降低了工作效率。比如一个项目在投入生产之后，要求两个月完成结算。对于这个要求，我们会由于惯性思维，将生产和项目结算分开进行，很容易导致企业资金链断裂。运用逻辑管理去进行项目管理就不会在项目审计中频繁发现使用早于入库手续、事实早于合同签订等情况。全面树立逻辑顺序观念，可以帮助企业形成环环相扣且明晰的管理链条，避免项目实施过程中各种混乱局面的发生。所有项目的工作都在合同签订后进行，所有的项目变更都在工作进行前及时通知等，使得这些等式处于动态平衡，企业管理效率和运行效率就会大大提高。

（2）构建管理绩效评价指标体系

以生产型企业为例进行分析，其物料特征包括：第一，为了满足客户的个性化需求导致生产产品所需物料的品种繁多，而且规格不一；第二，生产产品所需不同物料的成本差异很大；第三，物料备货时间不同；第四，不同的物料之间采购和库存的风险不同；第五，不同物料对于企业的重要程度不一样；第六，物料的供应商比较分散。物料管理工作涉及设计、采购、仓储、项目和质量控制等部门，我们需要构建管理绩效评价指标体系来进行以物料管理为主线的项目管理。物料管理主要包括客户方面（信息交流满意度、采购到货及时率和交货及时率）、财务方面（采购租金情况、大宗原材料采购率、库存周转效率）、运营方面（组织机构合理程度、物料计划完成率、原材料供应商变化情况、物料专业化程度）和员工的学习和成长维度方面（废料回收利用状况、物料管理信息化程度和人才培养计划完善情况）。

（3）物料管理需要协调的问题

企业想要实现以物料管理为主线的项目管理，首先应该做的就是对物料进行统一的编码，使杂乱无章的物料变得井然有序。其次要有机结合EPR系统，建立一个统一的物料管理系统。我们应该统一项目的设计材料清册，规范制作和研发产品所需要的物料名称。最后编码排序，实现对物料的全生命周期记录，包括物料的设计、采购、安装、运行维护以及报废等整个过程，使得管理人员或者客户可以轻松地从繁琐的数据中找到其想要的数据，提高工作效率。

#### 3.4.4 物料管理优化建议

（1）搭建物料流转平台

搭建管理物料的统一平台，将生产过程中各节点的物料状态、物料流转信息进行串联，帮助企业及时掌握物料信息以便进行计划排产和进度监控。搭建物料流转平台的最终目标是，在合适的时间将合适的物料配送到合适的位置，减少库存积压，提高物料流通速度，降低物料资金占比。

（2）业务流程优化

“工欲善其事，必先利其器。”加快基础信息平台上物料信息表和工艺流程的搭建和完善。市场部门应参考历年销售数据，结合行业趋势、客户现状对预测需求加以分析和优化，需要提高预测需求的精准性。生产部门根据正式订单、预测订单、成品库存、安全库存制订主生产计划（master production schedule，MPS）。根据主生产计划，结合物料清单、在制品、半成品、产能情况，制订出 MRP 物料需求计划。由于各车间管理软件的数据不太准确，生产管理部门需要实时监控生产进度，及时分析部分型号生产进度缓慢的原因，并及时解决。根据 MRP 物料需求计划，在规定的提前期内向车间主动发料，车间只做确认动作。生产车间根据生产计划，结合本车间物料、工艺、人员、设备情况，分解出具体的作业计划，并在前一天安排好作业单。工人根据作业单领料，并在加工完成后，主动、及时申报合格品、回用品、废品等完工情况。车间的在制品仓库管理员应该严格按照作业单向工人发料。采购部门根据采购历史记录，分析物料采购周期；对物料的重要程度、采购难度进行分类；评估供应商保障能力，选择合适供应商；根据加工周期、日需求量、采购周期，确定安全库存。严格规范车间内部物料流程化管理，由发料车间填写物料信息，接收车间在系统上做确认动作，避免重复输入，保持数据一致性。

（3）信息技术的应用

连接产品生命周期管理（product lifecycle management，PLM）系统提供的接口，实时获取物料表、工艺流程、物料编码等基础信息，特别需要注意版本号控制。开发统一版本的车间生产管理软件，替换掉所有旧车间管理软件。实现生产过程数据的集中管理、实时共享。物料管理平台开通与订单排产系统、仓储系统、质量管理系统接口，实现数据的交互和共享。借助条形码、二维码技术，实现工人在现场就可以通过扫描条形码或二维码快速报工，降低手工录入的错误概率，提高信息的准确性。利用看板技术，将生产进度、物料储备情况等信息实时显示在看板上，做到一目了然。

## 3.5 法的作用

法，顾名思义，法则，是指生产过程中所需遵循的规章制度。它包括工艺指导书、标准工序指引、生产图纸、生产计划表、产品作业标准、检验标准、各种操作规程等。规章制度在这里的作用是能及时准确地反映产品的生产特征的信息和产品质量的要求。严格按照规程作业，是保证产品质量和生产进度的基础。

### 3.5.1 加工特征的定义

产品加工前需要对产品进行分析。基于特征的建模是计算机辅助设计（computer-aided design，CAD）建模的一个新的里程碑，它是在计算机技术的发展和应用到达一定水平，要求进一步提高生产组织的集成化及自动化程度的历史进程中逐步发展起来的。基于特征的建模着眼于更好地表达产品的全部技术和管理信息，为建立产品集成信息模型服务，它使产品设计在更高层次上进行，设计人员的操作对象不再是原始的线条和体素，而是产品的功能要素，直接体现了设计意图，使建立的产品模型容易被非设计人员理解，便于组织生产。设计图样更容易修改，有助于加强产品设计、分析、工艺准备、加工检验各部门之间的联系，更好地将产品设计意图贯彻到下游环节，并及时得到意见反馈。

产品从市场需求的定位到图纸的设计，直到实际生产的完成，根据产品所处的不同阶段对产品特征进行如下分类：

（1）形状特征

形状特征为具有一定拓扑关系的一组几何元素构成的形状体素，它对应零件上的一个或多个零件功能，能够被特定的加工方法加工成形，这个形状体素被称为形状特征。例如，圆柱特征、平面特征、孔特征、倒角特征、退刀槽特征等。

（2）精度特征

零件在具有了一定的形状特征之后，随之而来的是需要对各形状特征提出精度的约束要求。精度特征是用来表示零件上各形状特征的尺寸公差、形状公差、位置公差、表面粗糙度等精度要求的。精度特征的定义直接决定了零件的加工精度和生产质量。

（3）材料特征

精度特征的定义要结合材料特征才能进行。不考虑材料的加工性可能会导致精度要求达不到用户的期望值。材料特征主要表示零件所需材料的各种性能，包括材料型号、热处理性能等。

（4）装配特征

当如上的几种特征都已经被定义后，需要对零件提出装配特征要求。装配特征是指零件在装配过程中会用到的信息，如其他零件的配合要求信息、装配尺寸链信息、不同零件间的连接方式信息等。

（5）管理特征

当零件的技术设计工作完成后，可能会产生很多的图纸信息和生产信息，因此，需要对此进行有效的管理。管理特征包括用于描述零件的管理信息，如标题栏中的设计者、批量、零件生产日期、编码等，为计算机辅助工艺过程设计（computer aided process planning，CAPP）生成工艺卡片，并提供所需的信息。

以上特征中，形状特征和精度特征是与零件建模直接相关的特征，而其余特征是 CAPP 系统选择毛坯、下料、制定工艺的依据，是下一步进行产品加工的优化等工作的基础。

传统的基于实体造型的 CAD 系统仅仅是几何形状的描述，缺乏对产品零件信息的完整描述，与产品加工所需信息是彼此分离的，从而导致 CAD 系统集成的困难。但在 CAPP 系统中，软件面对的是企业的工艺设计需求，因而特征这个概念，主要指向的是产品的加工信息。这就出现了如何在一个系统中把产品造型的几何信息与产品造型的加工信息融合在一起的问题。这就需要针对三维 CAPP 系统提出产品特征的概念，从而将几何信息与加工信息融合在一起。

### 3.5.2 加工工艺选择

机械加工工艺是指使用各类加工设备对金属、木材、塑料等不同质地的材料进行加工，使其外形和内部构造及空间尺寸能够满足设计要求过程。机械加工工艺实质上是对整个机械加工流程和工序的合理选择与谋划。早期机械加工企业常采用的加工工艺虽然在机械成本上投入较低，但生产过程中能耗高、污染大，会对周边的生态环境造成不可逆转的损害。随着国家对生态环境的重视程度越来越高，机械加工企业必须优化加工工艺，以提高工艺精度，在节能降耗的同时做到低碳环保，减少对环境的破坏。

构建科学合理的机械加工工艺方案评价指标体系是衡量机械加工工艺方案优劣、优化机械加工工艺方案的重要前提。影响机械加工工艺方案的因素众多，涉及多个方面。为了使所建立的评价指标体系科学、合理，在建立评价指标体系过程中，企业需要遵循实用性、层次性、系统性、独立性、完备性和可操作性等原则。在实际生产加工过程中，虽然同一件产品可能有多种加工工艺能够满足其制造要求，但是不同加工工艺对应的生产时间（$T$）、成本（$C$）、质量（$Q$）以及对资源消耗（$R$）和环境（$E$）的影响肯定有所不同。建立面向绿色制造的机械加工工艺的目标决策体系可以帮助决策者从一系列加工工艺中选择出最理想的方案，即产品生产所需时间（$T$）最少、成本（$C$）最低，质量（$Q$）最高、对资源（$R$）和环境（$E$）影响最小的方案。面向绿色制造的机械加工工艺决策目标体系如图3.7所示。

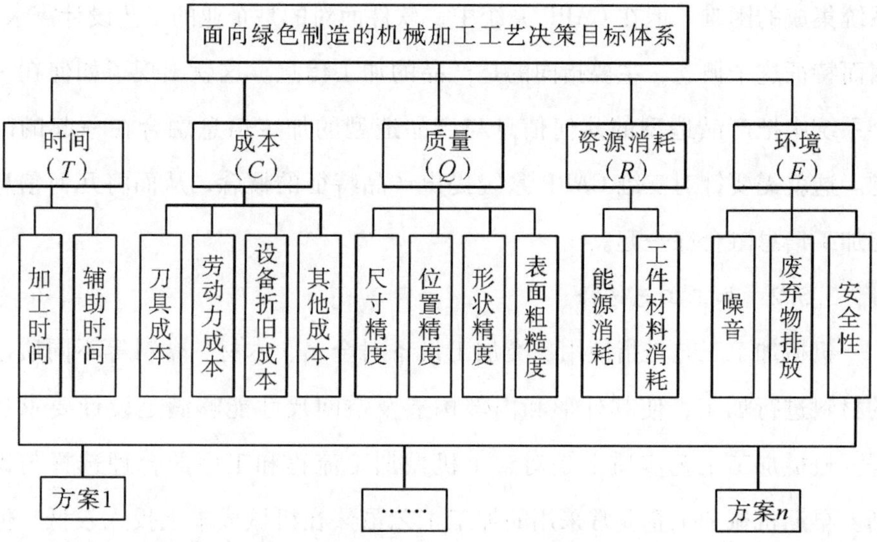


图3.7　面向绿色制造的机械加工工艺决策目标体系

### 3.5.3　生产设备选择

机床设备作为基本的机械加工工具，是整个制造业的灵魂，是推动制造业发展的重要力量。机床设备种类繁多，产品的某一加工特征往往可以由不同的机床来实现，而且机床设备与产品加工的形位精度、加工效率、生产成本以及其对环境污染等有很大的关系。机床设备是零部件加工的主体，对零件的生产率、加工质量、生产成本以及能量消耗、辅助物料（如刀具、切削液等）的消耗、噪声、安全卫生、切屑的回收、废液的产生等的影响很大。从机床设备的角度，提高零件加工过程的环境友好性主要有两条基本途径：一是通过开发或改进，提高机床设备的环境友好性，采用绿色机床进行零件加工；二是充分利用现有设备资源，通过机床设备的优化选择，提高加工过程的绿色性。由于技术条件、经济等因素的限制，进行绿色机床的开发和改进有一定难度。相对而言，通过面向绿色制造的机床设备选择，优化利用现有设备资源，提高零件加工过程的绿色性，是当前较为切合实际的一种途径。

机床设备选择是绿色制造工艺要素规划的关键，主要是通过对各种可选的机床设备方案进行对比分析、评价和决策，得出最优机床设备方案，使得零件加工过程的总体性能最优，特别是使环境影响最小。绿色制造工艺要素规划中，机床设备选择需要综合考虑加工时间（$T$）、加工质量（$Q$）、成本（$C$）、资源消耗（$R$）、环境影响（$E$）等决策因素，因此机床设备选择是一个多目标优化决策问题。对于一个多目标优化决策问题，要建立一套可行的决策目标体系。根据绿色制造工艺规划决策模型，绿色制造工艺要素规划中机床设备选择的决策目标，可以从加工时间（$T$）、加工质量（$Q$）、生产成本（$C$）、资源消耗（$R$）、环境影响（$E$）五个方面加以考虑。结合机床加工的实际情况，对五个决策目标进行分解，可以建立一种决策目标分解的参考体系，如图 3.8 所示。加工周期（$T$）可以根据生产节拍或交货期确定理想值，加工质量（$Q$）可以根据零件技术要求确定理想值，加工成本（$C$）一般是越低越好，资源消耗（$R$）一般要求越少越好，环境污染（$E$）则越小越好。

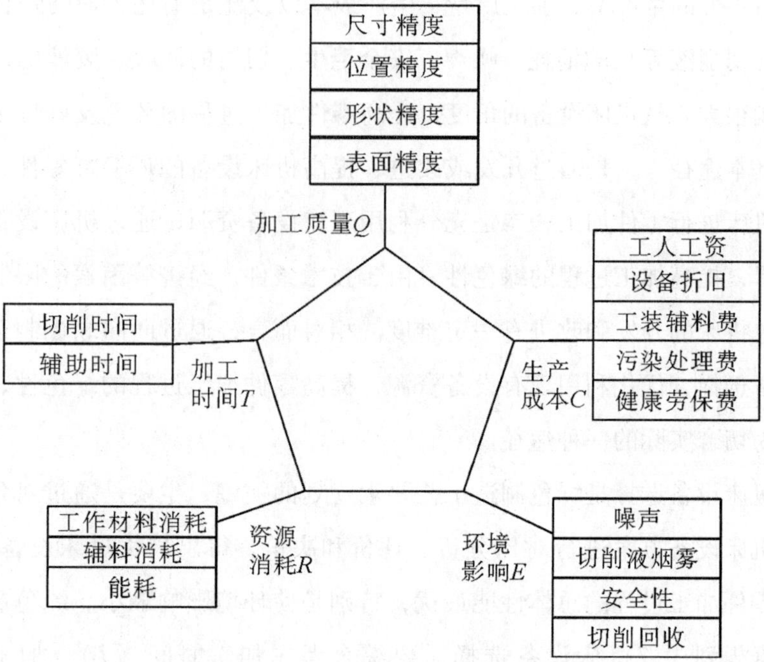


图 3.8　机床设备选择的决策目标体系

### 3.5.4　加工路线优化

工艺路线决策是指利用所有的加工资源设计出从毛坯到零件的详细加工过程，包括确定加工方法、选择机床和刀具、计算切削用量、优化加工路线和装夹工件等方面的内容。工艺路线决策是一个典型的多目标决策和优化过程。计算机辅助工艺规划是指利用计算机模仿经验丰富的工艺设计人员完成工艺路线规划。随着人工智能技术的发展，遗传算法、蚁群算法等智能算法逐渐应用于工艺路线规划问题的研究，为获得最优或者接近最优的工艺路线提供了理论和技术支持。

（1）一个典型工艺路线决策的步骤

①选择定位基准。

②选择加工方法：一个零件被若干个具有加工意义的加工特征描述，如孔、槽、倒角等。对于每一个加工特征，寻找所有能够得到加工特征属

性（形状、尺寸、公差和表面粗糙度）的加工方法。

③划分加工阶段。

④选择机床、刀具、夹具：根据加工方法和制造资源能力，选择机床和刀具。

⑤选择切削用量：根据加工余量等，选择合适的切削用量。

⑥加工方法排序：根据工艺约束、加工成本、效率、质量等指标对加工方法进行排序，形成最合适的工艺路线，可以在 CAPP 系统中利用计算机完成上述工艺路线的决策。工艺知识表达方法会直接影响工艺路线标准化、规范化和工艺路线的决策水平。在 CAPP 系统中，工艺知识表达就是将工艺知识通过某种数据结构融入计算机系统的程序设计过程，是工艺知识的模型化和形式化。

（2）机械制造加工工艺路线选择及优化路径分析

①优化安全控制。机械制造涉及工艺流程以及改造升级、装配、检测等复杂的工艺环节，这些环节中存在一些安全风险。因此，需要结合加工活动的实际要求，对加工流程进行评估，排查各类安全隐患，实现加工流程和机制的有效优化。同时，需要从技术优化和管理两个层面，进一步构建符合要求的安全生产机制。在技术方面，需要针对机械制造加工工艺的特点，从人员加工和自动化加工两个方面对存在安全风险的技术流程进行优化，做好人员安全防护，加装安全隐患监控系统，全面保证生产活动的安全。

在此基础上，从管理的角度对机械制造加工工艺流程进行全面分析，做好各个流程的风险识别，提前制定有效的规避及应对机制，实现关于安全生产的事前管理，降低各类安全问题发生的风险。

②全面推进节能降耗和环境友好型加工机制。在现代绿色制造过程中，关键之一就是减少能耗和污染。在该领域的机械制造加工工艺路线优化中，一方面要注重对制造环节的能耗控制，另一方面要结合技术的发

展，从零部件制造、改良等环节，使之达到系统运行要求。为此，企业要针对机械加工任务，对加工工艺进行合理规划。在规划时，要全面分析工艺设备、机床系统、工艺类型及工艺路线所决定的环境影响后果，对与该后果有关的因素进行评估分析，再反向思考如何优化工艺规划和路线。具体来讲，应当对传统机械制造加工流程中产生的能耗数据及有害物质信息进行监测，进一步分析在不同工况下这些数据信息的变化情况；然后将以变频技术为代表的先进技术应用到机械加工之中，实现工艺结构的改良。在工艺路线规划方面，通过对各个机械单件数据进行记录分析，结合低碳制造加工工艺，实现对加工工艺路线的优化。值得一提的是，工艺路线选择及优化的过程，需要采集大量现有加工活动的数据，并利用计算机软件进行建模分析，才能对环境影响情况进行分析，最终实现工艺路线的优化，形成低碳、无污染的机械制造加工模式。因此，企业一方面需要基于机械制造加工工艺技术做好信息采集，另一方面要利用计算机软件和环境影响评价等方面的专业知识，落实工艺分析和路线优化。

#### 3.5.5 加工参数优化

在数控加工实际生产中，机床数控加工程序需要人工编写或在系统编写，然后由软件自动生成数控程序。然而，加工工艺参数的制定通常是车间工艺人员依靠常年实际加工经验或依据切削参数手册选取，常常具有较大的不确定性和主观性。

现代加工参数的优化是利用计算机来帮助人制订工艺方案，通过设定一个或多个优化目标的模型，在所给定的实际约束条件下，求解最优参数方案的一个过程。目前，常用的参数目标优化方法通常可以分成三种：基于优化算法的优化方法、基于试验的优化方法和基于经验知识系统的优化方法。其中，基于优化算法的优化方法重点在于建立优化模型，所建模型的准确率决定了优化方法的效果；基于试验的优化方法较为简单，只需要通过一系列较少的试验对比就能得出最优方案；基于经验知识系统的优化方法特别依靠相关领域学者的知识水平和实际经验，目标优化结果往往具有更强的实用性。总体来说，这三种方法各有所长，为了取得更好的优化结果，常常被综合考虑和使用。国内外很多学者对于加工参数优化方法开展了大量的科学实验和研究。

（1）基于优化算法的优化

目前，经常用来优化加工参数的算法包括蚁群算法、遗传算法、决策树算法、粒子群算法、模拟退火算法和神经网络算法等。实现这些优化算法通常需要利用 MATLAB 等数据分析处理软件，求解一个或多个优化目标，具有较高的机动性。

（2）基于试验的优化

目前，较常使用的试验优化方法有响应面法、田口法、完全析因法等，研究人员依据实际需求设计实验方案，使用不同的检测工具获取所需数据，运用统计学方法得出加工参数的优化规则和不同加工参数对实验结果的影响程度等。

（3）基于经验知识系统的优化

经验知识系统大量应用于金属切削加工制造行业。在日积月累的实际切削加工实验中，形成了像切削形成机理、刀具磨损机理、切削区应力模型和温度分布模型等经验知识系统，人们可以从现有工艺知识库中提取最优加工参数，也可以对大量工艺知识进行总结归纳。

## 3.6 环境的作用

环指环境，是指围绕或影响零件或产品制造和质量的所有过程条件。安全的生产环境能保证操作人员在生产环境中，生产功能不被损害，既能迅速、正确地完成任务，又能在连续的工作中无疲劳感，以及在长期工作中生产环境对操作人员身体健康无任何不良影响。不同的产品对生产环境的要求不同，随着科技的不断发展，产品生产环境得到进一步改善；目前，机械加工过程的环境更多关注产品加工过程对外在环境的影响。

### 3.6.1 机械产品加工对外界环境的影响

虽然制造业为我国经济发展做出的贡献不可替代，但据国际人类工效学会（international ergonomics association，IEA）2009年数据统计，制造业能耗占全球能源消耗的33%，制造业二氧化碳排放占全球二氧化碳排放的38%，而我国制造业的能源消耗占国内能源消耗总量的60%左右，存在环境污染危害的排放物有70%以上来自制造业。

废水、废气、废渣是机械产品生产过程中产生的三类废弃物，传统工业文明的持续发展，使得世界排放的废弃物数量逐渐增长，对环境造成了巨大破坏。

废气是指人类在生产和生活过程中排出的有毒有害的气体，特别是化工厂、钢铁厂、制药厂、炼焦厂、炼油厂，以及人类生活所产生的生活废气，排放的废气气味大，严重污染环境、影响人体健康。废气中含有的污染物种类很多，其物理和化学性质非常复杂，毒性也不尽相同。燃料燃烧排出的废气中含有二氧化硫、氮氧化物、碳氢化合物等；因工业生产所用原料和工艺不同，会排放各种不同的有害气体和固体废物，如重金属、盐类、放射性物质；汽车排放的尾气含有铅、苯和酚等碳氢化合物。废气污染大气环境是世界最普遍最严重的环境问题之一。各类生产企业排放的工业废气是大气污染物的重要来源，大量工业废气未经处理达标后排入大气，必然使大气环境质量下降，给人体健康带来严重危害，给国民经济造成巨大损失。二氧化碳是动植物生命循环的基本要素，通常它不被看作大气污染物。就整个大气而言，长期以来二氧化碳浓度是保持平衡的。然而近几十年，由于人类使用矿物燃料的数量激增、森林资源遭到严重破坏，已超出自然界能“消化”的限度。其对人类环境的影响，尤其对气候的影响是不容忽视的，最主要的影响就是“温室效应”。

废水包括生产废水、生产污水及冷却水，工业生产过程中产生的废水和废液，其中含有随水流失的工业生产用料、中间产物、副产品以及生产过程中产生的污染物。工业废水的种类繁多，成分复杂。例如，电解盐工业废水中含有汞，重金属冶炼工业废水含铅、镉等金属，电镀工业废水中含氰化物和铬等重金属，石油炼制工业废水中含酚，农药制造工业废水中含各种农药等。由于工业废水中常含有多种有毒物质，不仅会污染环境，还会对人类健康产生危害，因此要对其进行开发，综合利用，化害为利，根据废水中污染物成分和浓度，采取相应的净化措施处理达标后，才可排放。

在工业生产中，会排放出有毒的、易燃的、有腐蚀性的、易传染疾病的、有化学反应性的，以及其他有害的工业废渣。工业废渣的固体废弃物长期堆存不仅会占用大量土地，而且会造成水系和大气的严重污染。工业废渣随意堆积，毁坏了大片的农田和森林地带。工业有害废渣经过雨雪淋溶，可溶成分随水从地表向下渗透，向土壤迁移转化，富集有害物质会使堆场附近土质酸化、碱化、硬化，甚至产生重金属型污染。因此，对于各种废弃物应采取相应的净化措施进行处置，达标之后才可排放。对于有回收价值的废弃物应制订合理的回收方案，废物回收再利用，变废为宝，避免浪费。

为应对全球气候变化和有效落实《巴黎协定》，推动经济社会绿色低碳转型，助推经济社会高质量发展，中国政府于 2020 年 9 月在第七十五届联合国大会上提出“二氧化碳排放力争于 2030 年前达到峰值，努力争取 2060 年前实现碳中和”。机械行业低碳工作是实现碳中和的当务之急和重中之重，可以从以下几个方面进行转型升级：第一，大力推进产业结构转型升级，建设绿色制造体系，推动新兴技术与绿色低碳产业深度融合，切实推动机械制造产业结构由高碳向低碳、由低端向高端转型升级。第二，有力有序调整能源结构，深化能源体制机制改革，稳妥有序推进能源生产和消费低碳转型，逐步提升非化石能源消费比重，加快构建清洁低碳安全高效能源体系；加快推进大型风电、光伏基地建设，鼓励就地就近开发利用；因地制宜开发水能，在确保安全的前提下有序发展核电。第三，加强绿色低碳科技创新和推广应用，开展低碳、零碳、负碳新材料、新技术、新装备攻关。

3.6.2 机械加工车间环境指标

(1) 机械加工车间环境质量属性分析

机械加工按照其工艺过程可以分为铸造、切削、冲压、装配等工艺过程。加工的过程，实质上是去除材料的过程，在这个过程中会产生大量的废弃物和污染物，会对车间环境造成污染，影响机械加工系统和机械加工产品质量的精度，对车间中作业工人的健康产生各种危害。图3.9是机械加工车间的资源环境过程。

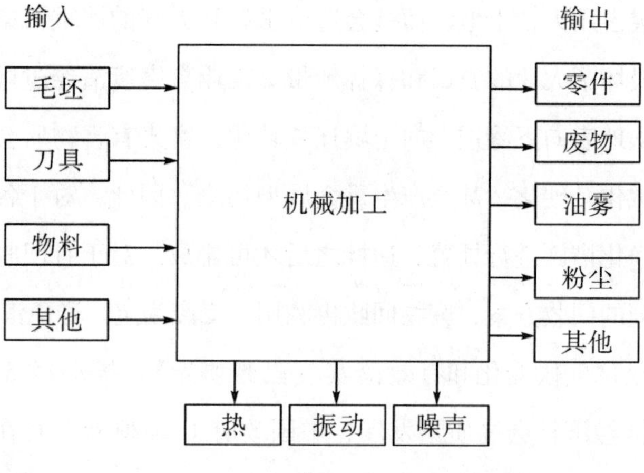


**图3.9 机械加工车间的资源环境过程**

研究机械加工车间环境质量问题的最终目的是控制车间的环境质量，降低对工人健康的伤害程度。因此，本书选取了机械加工车间的环境指标，通过对环境指标的实时监测，分析并评价车间的综合环境质量，并对职业健康损害进行评价，将监测的环境污染指标数据量化为对工人健康损害的影响，为绿色车间的建设提供有力的数据支撑。

(2) 环境质量指标体系

在对环境质量进行评价时，主要考虑环境污染指标和环境条件指标两个方面。针对机械加工车间的环境质量评价，以工人健康为准则，在环境污染指标选取的时候主要考虑空气环境和声环境，在环境条件指标选取的时候主要考虑工人的舒适度，同时要考虑环境指标的选取原则。

①环境污染指标。在机械加工车间中，粉尘是主要的污染物，粉尘主要是指固体微粒，能够长时间地飘浮在工作环境中。其主要的形成机理是在切削加工过程中工件与刀具碰撞时释放出来的固体微粒或在磨削加工过程中由于接触面温度过高挥发和冷凝时产生的固体微粒等。从粉尘的形成机理可以看出，机械加工车间中的工件和刀具材料、刀具的几何形状等都会对车间的粉尘量、粒径分布产生影响。在机械加工车间，以无机粉尘为主，常见的有铝、铜、铁、锡、铅、锰等金属及化合物粉尘等。

粉尘严重影响着人类身体健康和大气环境质量，不同颗粒的粉尘对人体的危害程度不同，粉尘的粒径越小在空气存留的时间会越长，对人体健康的影响也会越严重。目前，引起世界重视的颗粒物主要有粒径在 10 微米以下的颗粒物（PM10）和粒径在 2. 5 微米以下的颗粒物（PM2. 5）。因此，在对机械加工车间环境质量进行评价时，选取 PM10 和 PM2. 5 两大指标。

机械加工车间是噪声较大的工作地点，且机械加工车间的生产设备几乎都是噪声源。机械设备运转产生的噪声，会对工作人员的工作状态有干扰。按照噪声源的特性将其分为以下三种：第一种为空气动力性噪声，本质是气体振动，如高压机、通风机等；第二种为机械性噪声，是在机械摩擦、撞击及转动过程中产生的，如机械的轴承、齿轮、工件的摩擦等；第三种是电磁噪声，是磁场或电源频率脉动产生的电器部件振动，如电动机、继电器等。由于高强度的噪声会对车间工作人员造成生理和心理的双重危害，是工作人员产生职业病的主要原因，因此选取噪声作为机械加工车间声环境质量的评价指标。

②环境条件指标。人们在工作或生活时，对人体主观感受有影响的温

度、湿度、风速等气候条件不仅会影响机械加工精度，也会对人体健康和工作舒适度产生较大的影响。其中，温度和湿度是气候环境的主要影响因素，也会直接影响工作人员的情绪，因此选取温度和湿度作为机械加工车间环境条件的指标。

### 3.6.3 车间环境优化措施分析

（1）对于车间空气环境的优化

车间的空气净化程度要达到标准，可以通过两种方式实现。一种是在设计中合理确定进出风的布局方案，有效控制车间的压差和回风，维持车间内部空气的清新，实现车间内风的动态流动，同时通过调整进风量和排风量来调整车间内的压力。排风的方案可以是将车间内部的风统一排放到走廊尽头，并在走廊进行回风，这种形式容易在走廊尽头处发生交叉回风。为避免交叉回风，可以在车间和走廊两个区域，分别设计专属的回风系统，但是若车间的压差大于走廊的压差，仍然会出现在走廊尽头处发生交叉回风的情况；要保证车间的压差小于走廊的压差，这是目前一种较为科学的技术方案，这种方案可以保证车间内粉尘原地回风排走，有效避免了在走廊处出现交叉回风的情况，是目前车间空气环境优化的最佳手段。

另一种方式就是通过除尘系统来实现车间空气环境的优化，即在车间的一些产生粉尘较多的设备前，设计一个围挡装置，用吸尘罩集中处理含尘空气。尤其是在设计钢铁生产车间空气净化方案的时候，更要着重考虑除尘系统的设计。因为车间的气流较乱，粉尘会随着混乱的气流扩散到车间的任何地方。针对这种情况，一种方案是在除尘处理操作上可以将除尘后的空气经过过滤工序后送回到车间，且在远离尘源的地方回风。除尘设备停止工作时，除尘系统也停止工作，这种形式的优点是系统方式灵活，具有良好的节能效果，但缺点是风机的维护费用和运行成本较高，这种方案适合产尘量较大的车间使用。另一种方案是将车间除尘后的空气直接排放到室外，在除尘设备停止工作后，调节回风口，增加回风量，以保证车间内部的正常压力状态。这一方案的优点是系统简单，缺点是节能效果较差，适合产尘量较小的车间使用。企业还可以将除尘后的空气由集中排风系统排到室外，再利用转换式的换热器，将排风产生的热量进行回收。目前，这种方案的节能效果较好，能量回收率较高，但是投资较大，占地面积和使用空间较大。

（2）对于车间布局设计的优化

车间的区域布局类型有两种指标的划分：一种指标是将车间的区域布局分为生产区域、控制区域和洁净区域，生产区属非洁净区域。另一种指标要求车间的区域划分要严格实现员工与物品的分离，也就是要明确员工和物品的不同通道，划分出员工通道、物品通道和走廊，当非洁净区域的员工和物品进入控制区域或洁净区域的时候，务必要对员工或物品进行除尘和杀菌处理。例如，做除尘处理、更换员工衣帽等。由于员工与物品提升清洁等级的方法不同，因此要将员工与物品分开。可见，只有车间实现合理的布局设计，才能保证车间生产达到应有的整体效果。

（3）对于车间人员素质的优化

车间内部要严格控制人员的进出，尽可能减少人员的进出次数。车间要严格要求操作人员的着装，进入车间要更换工作服，佩戴鞋帽，确保车间内环境的卫生、清洁。另外，还要保证企业车间配备与生产相适应的一定数量的专业技术人员和管理人员；同时加强车间操作人员的培训工作，做到理论教育和实践教育相结合，明确车间的使用原理和环境要求，完善各项操作规章制度，严格规范员工的行为。员工只有考核通过后才能上岗。对从事特种加工的生产操作人员和检验人员，还要进行相应的技术培训工作。

（4）对于车间设备及使用过程的优化

企业车间在生产过程中会用到各种设备，使用车间中的设备会对环境产生影响。因此，要优先选择使用过程中所需原材料无污染的设备，要尽力选择使用过程中产生的污染少的设备，要优化设备使用过程，尽量少产生污染。

# 4 机械产品加工生产计划与调度

## 4.1 产品生产计划

### 4.1.1 生产计划概述

生产计划（production planning）是在有限产能的前提下，充分考虑市场、原材料、产能、资金、设备、工序、员工数量等各种资源，经过优化排序使生产计划合理化的过程。生产计划是动态改进的过程，根据已知的市场信息、物料情况、产能情况、员工情况等制订生产计划，但计划往往不能完全按照开始设定的流程进行，这就需要修正生产计划。生产计划的制订和实施是一个持续反馈和优化的闭环过程，由主生产计划和生产控制组成。生产计划涉及生产运作系统的整体方面，包括生产计划期间工厂内产品品种、总产量、物流采购和新产品开发等生产任务的计划和调度。综合生产计划（计划大纲）是生产计划员对生产计划期间工厂资源和需求预测之间实现平衡的总体设想。根据工厂现有的生产能力和需求预测，描述工厂生产内容、产量、库存投资和较长生产周期内的劳动力水平。

优化的生产计划必须具备以下三个特征：

第一，有利于充分利用销售机会，满足市场需求。

第二，有利于充分利用盈利机会，实现生产成本最小化。

第三，有利于充分利用生产资源，最大限度地避免生产资源的闲置和浪费。

我国自改革开放以来，逐渐淘汰传统依靠手工作坊和半机械加工的生产方式，流水线生产已经开始步入工业生产车间。在制造业的发展过程当中，我国工业化程度越来越高。随着经济全球化的全面发展，国内和国际资本在整个制造业间流动，传统制造业将会在经济全球化发展的背景下面临新的发展机遇，同时我国国内的制造业也将面临国内外的竞争压力。尤其是近些年来，虽然我国的制造业依然保持了较好的发展态势，但在国际竞争压力下，我国制造业不得不加快转型升级和全面自动化的改造步伐。我国制造业虽然在改革开放后取得了长足稳定的发展，但是我国制造业发展与其他发达国家依然具有较大的差距。

我国制造业目前主要的利润空间依然靠大批量的廉价劳动力获取，但是随着我国劳动力价格的不断攀升，制造业在市场经济中的利润空间越来越小，整个制造业的发展呈现出诸多方面的困境。在目前的形势之下，我国的制造业需要依靠转型升级，需要进一步优化产品结构，加快对生产线的管控，采用新的管理方式和生产线来赢得市场，从而获得更好的经济效益。信息技术的快速发展，给我国传统的制造业带来了新的挑战，同时也为我国制造业带来了新的发展机遇。

随着经济的快速发展，互联网的迅速崛起使得传统的机械制造业面临着转型升级，传统制造业原有的生产经营模式，已经不适合目前互联网飞速发展的需要。制造业需要进一步加强计算机网络等信息技术平台方面的建设，采用计算机网络辅助生产运营，这也是未来制造业长期发展过程当中新的发展趋势。目前，我国制造业在发展过程当中依然存在诸多方面的问题，这些问题包括了对整个市场预测的失灵、货物的供应和采购与实际生产计划不匹配、生产计划与作业计划不匹配、传统的生产技术与现代化工艺存在较大的成本差距、物流与信息方面的管理没有相通、传统工艺跟不上目前经济发展的需要等。

由此可见，制造业必须在目前的行业背景之下以及互联网高速发展的趋势之下，进一步调整自我发展步伐，对生产线和管理机制进行充分改善和升级，从而更好地适应新时代发展背景下的机遇和挑战。

### 4.1.2 机械企业生产计划管理

(1) 生产计划管理概述

生产计划是指制造企业生产活动的计划、组织、协调和控制等工作。狭义的生产计划是指以产品的基本生产过程为对象开展的管理，包括订单交期评估、生产过程的策划和组织、生产产能的核定和资源平衡、生产计划的制订及执行，以及生产过程的管控等工作。广义的生产计划是指对一个公司生产系统的管理，包括对所有与产品交付过程密切相关的各方面的工作的管理，包括订单交期评估、原料需求计算、采购、生产组织、产品入库、按时交付给客户整个过程的活动。生产计划管理者是整个活动的管理者。企业的生产计划管理一般是指企业针对其具体生产活动来制订相应的生产计划，并按照生产计划的相关内容实施的一套具体的管理方式。企业的生产计划管理主要是以产品生产作为其主要对象，包括主要生产线的管理和主要生产能力的管理，以及对生产计划执行的管理，还包括根据市场发展进行一定的生产调度方面的工作。

目前，企业的生产计划主要是以企业的整套生产系统作为企业管理对象，其管理主要包含了与企业生产密切相关的众多方面的管理，从订单需求开始再到原材料、设备、人力资源安排，然后再到资金输入，最后再到产品输出，一直到产品输出送到客户为止的一系列的相应管理工作。生产计划的管理，其主要任务就是企业能够按时地根据市场需求对现有的库存进行良好的控制，而且能够按照客户规定的时间及时生产出产品，避免遭受损失。虽然企业针对其销售的预测并不十分准确，但是企业的生产计划管理需要针对市场进行真实的预测，销售预测是制造企业在长期的市场发展过程当中重要能力的体现。企业生产计划管理流程如图 4.1 所示。

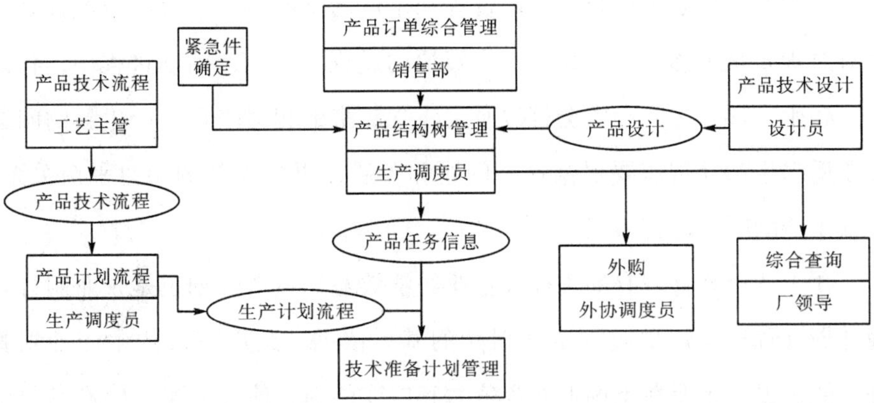


图 4.1 企业生产计划管理流程

(2) 生产计划管理的特点

生产计划管理，通常是指企业对生产活动的计划、组织和控制工作。狭义的生产计划管理，是指以产品的生产过程为对象所开展的生产管理工作，主要包括生产制造过程的组织、生产产能的核定、生产计划的制订、生产作业计划的执行以及与生产相关的调度工作。广义的生产计划管理进一步发展到以企业的整个生产系统为对象，涉及与产品的制造密切相关的各方面的管理工作，其管理内容包括从原材料、设施设备、人力资源、资金等的投入开始，经过生产制造系统的加工转换，直到产品产出为止的一系列相关管理工作。

生产计划管理对合理有效组织生产、提高企业经济效益有着至关重要的作用，具有以下几个特点：

①生产计划是企业日常生产活动的行动指导，是企业实现生产目标的基础。生产计划通过统一、协调生产各环节人员，对生产任务进行合理的统筹安排，提高生产人员和设备的利用率，使生产能够有组织地进行。

②生产计划是连接企业经营活动的重要纽带，经营活动包含产、供、销、运等日常供应链相关工作以及生产技术准备工作等，利用生产计划可以有效地组织和连接各项企业经营活动。

③生产计划是平衡企业生产资源和生产活动的重要手段。生产计划的制订过程就是平衡企业的相关生产资源的过程。在生产活动过程中，各部门、各生产环节之间经常会打破原来建立起来的相对平衡，产生新的问题和矛盾。生产计划需要根据这些问题和矛盾，再建立新的相对平衡关系，保证生产的顺利进行。

④生产计划管理有助于提升企业经济效益。生产计划也是企业制订其他计划（如产品规划或资金计划）的基本依据。运用有效的生产计划管理，能够提高企业在市场上的竞争力和应变能力，使企业生产的产品与市场需求快速匹配，促进新市场的开发，从而提升企业的经济效益。

（3）生产计划管理的方法

①需求预测理论与方法。需求预测是运用科学的方法，对产品进行充分的市场调研，分析产品的历史销售数据，综合分析市场需求以及影响产品市场需求变化的因素以后，对未来需求量和发展趋势做出预估和推测的过程。通过对产品未来某一时段市场需求的预测，企业可以提前采购原材料、安排生产活动，以应对市场的需求情况。因此，预测的准确性会直接影响企业的生产计划、库存水平和客户满意度，以及企业在市场上的竞争力。

需求预测有以下四个基本特征：预测一般是假设过去发生的某一事件的状态，在将来也一直存在；预测极少会准确无误，实际的情况总与预测的情况有所不同；相比于单个事件，对一组事件进行预测会更为准确；预测的时间跨度越长，预测的准确性会随之降低。

一般来说，预测大体上有以下几个步骤：确定预测目标→搜集预测资料→选择预测方法→进行预测→分析预测结果。

定性预测是主观判断，是依靠经验、直觉做出的预测。定性预测通常用于缺少历史数据的产品（如新产品），或是企业中长期的战略计划，或是作为定量预测的补充。由于定性预测受主观判断的影响，容易出现偏差，因此企业会通过市场调查、产品试销、研究类似产品或竞争对手的产品的市场需求等方式，提高定性预测的准确性。

定量预测是根据以往的历史销售数据，运用各种数学公式或模型对未来市场需求做出定量的计算，从而得到预测结果。常用的定量预测方法有因果分析法和时间序列分析法。因果分析法利用事物发展变化的因果关系来进行预测，外部因素和需求之间的关联被称为因果关系，因此因果分析法又称外部型预测方法。时间序列分析法主要使用企业内部数据来做预测，例如历史平均销售数量。其理论基础是，假设近期的历史数据可以引导近期的未来趋势。因此，时间序列分析法又称内部型预测方法。由于时间序列分析法计算方法简单、预测逻辑及结果易懂，相较于其他预测方法更为常用。想要需求预测更加准确，企业需要采用定量分析和定性分析相结合的方式：通过搜集分析历史数据以及未来趋势，做出需求预测；不断追踪预测准确性，并分析预测产生差异的根本原因，进而对预测方法进行调整；做到持续改进、不断优化，从而提高预测准确性，达到降低企业的成本和风险的目标。

②准时制生产理论。准时制生产方式（just in time，JIT）源于20世纪60年代的日本丰田汽车公司，因此又叫作丰田生产方式（Toyota production system，TPS）。这是一种以降低成本为目的的，高质量、低成本并富有柔性的新的生产方式。1990年，美国学者在全面研究JIT生产方式及实际应用的基础上，对JIT生产方式做出进一步的提炼和理论总结，提出了一种较完整的生产管理理论，即精益生产理论。

JIT生产方式的主要目的在于通过降本，也就是通过彻底消除过剩库存和过剩的劳动力来提高效益。它的主要思想是：消除一切形式的浪费。任何不产生附加价值的活动都认为是无效劳动，是生产的浪费。JIT生产方式运用整体优化的观点，合理地配置和利用企业的各项资源，从而消除生产过程中一切不产生附加价值的浪费，不断改进和完善企业现有的不合理管理制度，从而达到企业结构合理、生产规范的目的。企业可以通过不断提高适应和应变的能力，获得更高的经济效益。人是生产要素中最宝贵的资源。人是一切管理工作的基础，要充分调动人的积极性、创造性。在现场管理方面，准时制生产的基本原则是即时生产，在正确的时间生产正确数量的零件或产品。JIT 的生产方式主要将传统生产过程的“推式生产”改为“拉式生产”，从后道工序向前道工序领取零部件的生产方式，改为前道工序向后道工序送货的生产方式，由需求驱动生产。看板系统是实现准时制生产的一个重要管理工具，是 JIT 生产方式中现场控制技术的核心方法和最显著特点。

（4）生产计划管理的手段

企业需要满足市场需求，其重要的一个参照点就是按照订单交期进行交货。制造企业订单交期主要包含销售订单交期和采购订单交期两大类。如果企业采用的是销售订单交期，那么对一个制造型企业来说，应当通过系统科学的管理，能够使企业以最快的响应速度和最小的成本完成订单要求的生产制造，并将制造好的产品成功地按照要求送到客户手中。如果企业是按照采购订单交期生产，那么企业的库存管理应当是一个动态的过程，任何在采购期间的相应的计划和预测的变化，均需要第一时间调整生产计划，然后及时跟进落实。

生产计划编制。企业生产计划的编制是生产计划管理的重要内容，也是生产计划管理的主要内涵。制造企业在进行生产计划编制的过程中，需要尽快地对市场进行准确的预测，然后针对自我生产线的排查，确定整个产品的生产顺序，尽可能压缩生产时间，从而保证产品的交期。制造企业的生产计划还需要根据生产计划的周期进行一些灵活的改变，同时还要有一些响应机制，能够应对企业各种突发状况。企业在生产过程中需要进行最优化的资源配置，以减少不同产品和不同生产线的切换带来的时间上的浪费，从而促进企业以最佳的生产态势进行生产。

生产进度控制。生产计划制订之后，最重要的是根据生产计划落实对生产进度的控制。企业生产进度的控制，主要包含对其设备和人员投入的控制、生产工序的控制、产品出厂进度的控制、生产过程中异常情况的控制、生产效率的整体性、把控产品质量的全面管理等方面。企业生产控制涵盖了企业的生产全过程，也就是从生产技术投产开始，一直到产品生产活动完全结束。企业能否进行生产季度控制，主要在于产品是否能够按照生产计划的要求完工，使客户获得相对较为满意的产品。

企业根据订单进行生产负荷和产能的分析，然后进行生产。企业接下来需要对物料进行进一步的规划，及时联系上游的供应商发放物料，将物料投入生产，并跟踪进度，然后分析目前新产品的达成率，成功将货物交付给客户。

（5）企业生产计划管理现状

企业的发展和进步，一方面依靠自身的实力和基础，另一方面依靠外部环境。对企业影响最大的是外部环境。如果外部环境不能为企业提供更加适合发展的条件，则企业很难实现持续稳定的发展，自身的能力也就无从施展。因此，制造企业的发展重点在于了解外部市场，并根据市场的动态变化，调整自身的发展规划，使得一些生产管理方面的计划和策略能够应用于实际。由此可见，企业生产管理计划的科学制订和有效实施，能够帮助企业获得更加稳定的发展。当前，互联网和计算机技术不断发展并越发成熟，利用信息技术和网络辅助制订生产计划管理策略，也越来越成为制造企业实现科学管理的一种方法。基于此，对当前制造企业的生产计划管理现状进行分析后，我们发现突出的特点在于信息的搜索比重变大和数据化的应用生产。

①信息搜索比重变大。企业之所以执行生产计划，是因为其掌握了一定的市场信息。制造企业开展制造工作，首先要从市场当中明确消费者的基本需求，在获得市场订单之后，再进行相应的生产。这一过程就是制造

企业的生产计划管理。目前，制造企业所处的市场环境发生了极大的变化，信息技术和互联网发展迅速，无论是企业还是个人，信息获取和使用都需要借助互联网和计算机。与此同时，当前阶段的大数据技术发展迅速，更多制造企业借助大数据技术获取和处理市场信息，因为搜索和使用更全面的市场信息，能够为企业的生产计划制订和工作安排提供可靠的帮助和依据，所以制造企业的市场信息搜索比重就越来越大。制造企业的市场信息搜索和使用是企业形成自身生产计划管理的重要影响因素。

②数据化的应用生产。数据化指的是企业在提出和执行相应的生产计划的过程中，将数据作为重要的生产辅助手段。制造企业之前的生产方式和工作流程是基于企业的直线管理，即从上到下的管理和生产，相对来说不够高效。因此，当前阶段制造企业所进行的生产计划管理会使用更高效的数据化，即实现了网络化的调整，这样企业之间的信息流通就会更加高效。基于网络式的数据化管理，也会使制造企业的生产计划管理更加有效。

### 4.1.3 机械企业生产决策

(1) 生产决策定义

生产决策是指具体到产品何时生产、生产多少以及如何生产等问题的生产计划，也称为输出型生产计划。生产决策的制定是生产计划中最关键的环节，不仅影响需求的满足度，还会给库存成本带来影响。生产决策制定的基本前提是要满足生产系统的总目标。

(2) 生产决策方法

企业的生产计划在一定程度上指导了企业整个生产计划期内的所有生产性活动，是企业生产中的最重要的计划性方案，也是企业最重要的管理方案。企业的生产计划按照其成绩划分，主要分为主生产计划和作业生产计划两大部分。其中，主生产计划主要保证企业在整个生产过程当中的销售规划和生产规划，并且根据客户的需求相应地调整企业的生产资源和企业产能。企业的主生产计划以供需平衡为主要目的，在决策过程当中主要采用以下三大类别的策略：

①追赶策略。所谓追赶策略是根据目前市场性需求，通过改变目前的库存和产能来进一步满足市场新需求，并且预留其产能增量使之与未来市场需求的增量一致，以激发企业更大的产能。

②均衡策略。均衡策略主要根据企业具体的工序模式来调节企业已有的资源与现有的需求，使之达到一定的平衡。

③混合策略。混合策略就是根据前面的追赶策略和均衡策略进行进一步的策略性组合。制造企业在制订主生产计划的过程中，一般根据企业已经授权的生产计划进行进一步的分析，然后由企业制订生产计划。在企业制订生产计划的过程中，应当充分考量企业的资源约束是否满足企业的生产需求，如果满足则将进行计划批准，进一步编制具体的生产计划；如果不满足，则将会重新制订生产计划。

（3）生产计划与生产控制

新零部件、可再制造零部件等生产资源的获取、转换和分配是通过生产计划与决策来实现的。因此，生产决策的制定需要基于一定的生产计划和控制策略。

生产计划是制造企业综合考虑外部市场需求环境、上游原材料供应能力以及制造企业自身的生产能力等因素，在对市场需求进行分析并预测的基础上，利用可用资源合理安排生产，确定最佳的生产数量，使投入能以最经济的方式转换为产出，获取最大的利润，同时尽可能地满足市场的需求。而生产控制则是为保证生产计划顺利、准确的实施以实现预期生产目标而进行的监督、管理、协调活动，生产控制贯穿从原材料或零部件投入生产线进行生产到形成产成品的全部过程。

生产控制与生产计划是相辅相成的，采用有效的计划与控制策略，合理组织生产过程中的各种要素，尽可能地保证充足、准时的产出，在满足不确定的市场需求的同时，实现经济效益最大化。典型的生产计划与控制策略有三种。

①物料需求计划——计划推动式生产。物料需求计划源于 20 世纪 60 年代，其核心思想是在生产开始之前，先要根据市场对产品的需求以及产品组成结构，对生产所需零部件的种类、数量，生产所需要的时间以及最终输出的产品数量进行计划。开始生产后，各工序按照预先制订好的计划完成各自的加工任务并将完成件运送到下一道工序，同时等候来自上道工序的完成件。在这种生产方式下，零部件是从上道工序推进到下道工序，各道工序之间相互独立，每道工序都服从生产系统的集中指令进行生产，无论下一道工序是否需要、能否生产，总体的生产是一种上游工序推动下游工序生产的过程。企业资源计划将下游消费者的需求和上游供应商的供应能力与自身的生产计划和控制相结合，使企业对快速变化的消费者需求的适应能力得到加强。

由于生产过程按计划依靠集中控制来进行，因此，如果系统处于稳定的生产运作中，即生产能力稳定，具有生产率高的优点；但在生产系统运行不够稳定时，这种推动式的生产也会暴露出弊端，即容易造成各工序只按照自己的能力生产而不管下道工序是否需要，生产系统中经常出现大量一时并不需要的在制品，这直接增加了生产系统的成本。此外，为了应对市场需求的变化，推动式生产通过提高在制品的安全库存和产成品的数量来调节产需之间的平衡，但是库存成本巨大。在适用性方面，该方法更加适合进行大规模重复生产的企业，对于多品种小批量生产，除非生产系统足够稳定，如生产设备运行稳定、上游供应商供货准时且充分时，否则该方法无法发挥其作用。

②准时生产——需求拉动式生产。准时生产是精益生产典型的生产方式，最早起源于日本丰田汽车公司。其基本思想可概括为只在需要的时候，按照需要的数量，在恰当的时间生产出需要的产品。准时生产的目的

在于降低在制品以及产成品库存。准时生产的有效实施需要看板技术的支撑，采取拉动式的生产控制方法。

正是由于推动式生产存在缺陷，拉动式生产应运而生。所谓拉动式生产，是指一切生产以实际市场需求为依据，并作为拉动生产的总源头。当产品需求发生时，只需向末端工序发出生产需求，其余工序的生产都是按照其下道工序的需求而进行的，即每道工序的生产都是由其下游工序拉动进行的。同时，接受完拉动生产指令的工序，再作为源头拉动其上一道工序的生产，一直到始端工序。也就是说，下游工序需要在制品时，上游工序才进行生产，否则绝不生产。

采用拉动式生产的系统，由于生产是根据市场的需要进行的，因此系统具有较强的市场反应能力。此外，每道工序生产的品种和数量是由其下道工序的消耗决定的，不生产多余的物料，降低了在制品库存。然而，在按需生产环境中，为满足多种类产品的需求，准时生产往往需要大量不同类型的看板进行生产指令的传递，难以管理。因此，准时生产较适用于单产品种类重复式生产系统。

③约束理论。约束理论是一种最优生产技术，源于 20 世纪 80 年代。约束理论的主要思想是，在生产的所有工序中，如果非瓶颈工序提供的在制品超过瓶颈工序在制品数量，超出的在制品就形成了积压，不仅浪费了生产资源，还增加了在制品库存，导致生产成本增加。也就是说，流经瓶颈环节的在制品数量决定了其他工序在制品的数量，瓶颈环节的生产节奏决定了整个系统的生产节奏。因此，应用约束理论的关键在于找出瓶颈工序，在使瓶颈工序上的资源得到充分利用的同时，协调好其他环节的生产进度，使整个生产系统保持平稳的生产节奏，尽可能地将在制品积压成本降到最低。

以上几种生产计划与控制策略各有其侧重点，MRP 侧重于计划层面，而准时生产和约束理论侧重于控制层面。因此，在对典型生产计划与控制策略进行优缺点分析的基础上，根据产品自身特点及需求特点，选择适合的生产计划与控制策略。如产品的生命周期一般不尽相同，对于生命周期比较长的产品，我们可以选择按计划生产，对于生命周期比较短的产品，按计划生产显然容易造成过多的库存，因此倾向于采取按需求生产的模式；若按产品需求量的不同，需求量比较大，而且相对稳定的产品，选择按计划生产的模式，即推动式生产；对于一些需求量小、需求不稳定、单位价值又高的产品，采用按需求生产的方式，即拉动式生产。此外，企业选择生产计划与控制策略还需考虑实际生产环境和需求环境。

#### 4.1.4 提升机械企业生产计划管理水平对策

如何高效、快速地为客户提供个性化产品，是制造企业的首要任务。笔者认为，可从以下几个方面重点提升生产计划管理水平：

(1) 固化销售订单评审流程、评审时效和交期基准

企业固化销售订单审批流程、评审时效规则和交期原则，生产管理人员就有了工作指导纲领，销售人员就有了一个交期基准法宝，方便随时跟客户沟通交期。订单评审分两个维度：一是价格维度，由公司成本核算部门及相关领导审批，这个维度的管理相对简单；二是交付维度，这个维度涉及技术、工艺、设备、采购、企业剩余产能等各方面因素，需要一个熟悉公司生产运营的生产管理人员对产品技术资料的完整性、工艺情况、设备的匹配性、涉及生产所需的原材料的库存情况或所需的原材料的采购周期，进行一个初步的统筹评估，必要时需要组织各部门进行评审。为了降低订单交期沟通成本，企业可以按照不同的订单类型分成常规量产订单、已验证过的定制订单、特殊订单三个类型，梳理订单审批流程和时效。

①常规量产订单。这类订单主要是指企业的批量稳定的拳头产品，生产管理人员一般会结合历史销售数据、销售预测等因素提出适当的安全库存计划表，经企业高层领导审批后启动安全库存式生产计划。这类订单的交期最短，能快速响应客户订单交期的需求；这类订单的计划管理最简

单，生产管理人员根据当前的产、供、销、存的情况即可评审订单交期；这类订单的交期也最短。然而，这类订单有两个注意事项：一是安全库存被订单分配后，需要尽快安排新的生产计划补充安全库存；同时，安全库存补充计划在未锁定执行计划前，可作为可调节计划使用，方便其他紧急订单临时占用产能插单使用。二是需要多与市场部互动，了解市场变化情况及订单结构的变化情况，如果预判订单品种即将发生变化，则需要重新修订安全库存基准数据。

②已验证过的定制订单。这类订单已经有了标准的生产配件表及生产工艺，生产管理人员只要根据技术配件表所需清单评估材料齐全性、对应的产品线计划排程情况、结合订单的大概需求时间，就可以得出交期；这类订单评审相对简单，流程也最短。

③特殊订单又称客户新定制的订单。这类订单评审最复杂，生产管理人员在接到订单后需要组织技术部、工艺部、采购部进行评审。经过系列评审，生产管理人员会根据各过程因素所需的周期，评估一个相对保守可行的交期。

一般订单评审及交期基准表可以根据企业自身的产品生产周期、订单的饱和度、原材料的采购周期、客户对交期需求的可接受时间等因素制定。订单评审及交期基准表，可以作为管理制度指导企业生产运营，也可以作为企业对生产系统的考核指标之一。生产管理人员对这个基准表要有高度的敬畏之心，积极统筹协调生产运营系统各部门的资源，满足不同类型的订单交期。同时，交期的回复必须严谨，准时交付体现了企业对客户的责任感，展现了企业的服务品质，在满足交期基准表的前提下，生产管理人员回复客户交期要有一定的余量，正常需要预留三天左右的安全余量，作为异常储备时间。

（2）可视化的滚动计划排程

规模以上企业接收订单信息量很大，生产管理人员既要保证已评审的订单按交期完成，又要遵守新接的订单交期在交期基准内执行，必须每天更新销售订单跟踪表，根据销售订单跟踪表做滚动计划，同时把滚动计划做成可视化管理，这对生产计划管理的准确性和高效性有非常大的意义。

①做好滚动计划的前提条件。做好滚动计划的前提条件是生产管理人员要全局了解企业的生产产能和在手订单情况。生产产能主要是由生产组织形式、产品的生产特征、生产周期、设备与场地的情况、生产的人力资源配置情况、生产管理的水平、常规原材料的采购周期等因素组成的。生产管理人员的主要职能是充分协调各生产因素，以最低的成本最大化地发挥产能。在手订单情况可以通过待交付的销售订单跟踪表进行管理，订单跟踪表可以从库存、待产、待原料三个维度进行管理。

②明确锁定计划周期并运用企业资源计划系统管理。生产管理人员是企业生产系统的龙头和指挥官，需要组织好制造部门、工艺部门、仓储部门有序地开展工作。在计划阶段，要彻底克服计划可任意变更调整的观念，要深刻认识到计划是为了达成目标而制订的方案，计划要充分体现权威性和严肃性。由于新的销售订单每天都会更新，因此生产管理人员需要在多变的计划中制订一个不变的计划，即锁定计划。锁定计划的周期一般跟企业的生产特点有关。一般锁定计划可以定为 3~7 天。计划锁定后，是具有最高权威的，原则上任何人都不能随意变更，除非产品质量或订单突然发生重大变更，才能由生产管理人员紧急调整。

③通过可视化生产计划排程表快速制订生产计划和物料需求计划。制造企业的生产活动是一个涉及面广而复杂的系统，要使这个系统顺畅运作，需要不断地修正滚动生产计划。滚动生产计划从制订计划到实施计划，不断根据市场条件、客户需求、库存状况加以调整，提高了计划的便捷性和准确性。如果要把所有计划排程都通过企业资源计划系统编排，会产生“牵一发而动全身”的情况，系统变更的工作量会非常大，而且会产生大量无用的采购需求，影响物料需求计划运算的准确性。这个时候可以

通过可视化生产计划排程表（简称排程表）评估产能占用和剩余情况，统筹兼顾材料采购周期、仓储能力、设备能力等相关配套设施能力，形成系统的排程表，它是生产管理中的核心工作之一。排程表是以当前待生产的正式订单、安全库存补充为计划量，在满足交期的前提下按照最低生产成本预先编排生产计划的管理工具。排程表需要体现的内容包括以下几个方面：不同类别产品计划排产的线体，生产批量；同类产品不同型号产品间的衔接顺序、设备计划的检修时间、工人的休息时间等。排程表可以作为物料需求计划制订的依据，可以让生产系统各部门提前做好人员加班、休假规划、生产准备等工作。

通过排程表，生产管理人员能够很快地掌握已占用产能情况，预知剩余产能情况，在评审新接订单时就可以快速做出交期回应。当生产产能紧张时，生产管理人员可以提前规划制定生产能力不足的对策，具体对策如下：加班增加产能、调整计划停机（含休息和设备检修）时间、安全库存计划补充适当延后、启用外协支援计划等措施增加产能。生产管理人员要按期滚动计划，保持生产计划的衔接，使生产具有连续性和稳定性。

（3）严格执行、有效监管生产计划，确保计划的执行落地

虽然制订了锁定计划，编排了周密的排程表，但是如果任何一个相关执行部门没有严格执行锁定计划，延误任何一个订单，都将导致整个排程表无法按时实施，造成系列订单无法完成的严重后果。因此，生产管理人员的另一个核心工作就是加强监管，确保每个计划有效执行。监管工作主要包括以下几个方面：

①根据排程表制定系列的原料需求计划表，并根据原料需求计划表跟踪原材料到货情况，对有可能影响计划排程执行的物料提前做好物料预警追踪，物料预警表可以根据物料的紧急情况按 A、B、C 三个等级进行分类，让采购部门能快速识别重点预警物料，保证物料按时到货，为计划的准时执行奠定物质基础。

②做好生产系统的“指挥官”与“保姆”双重身份。生产管理人员在尊重各部门的前提下，必须大胆指挥、严格管理。企业生产计划管理指挥系统与战场上带领战士冲锋作战是相同的，战场上的机会稍纵即逝，一切行动必须听指挥，而且要令出即行、令行即止。企业的生产计划管理也是如此。生产管理人员与生产部门的关系，就生产计划来讲，生产管理人员是生产部门的管理者；就物料的供应和生产资源协调来讲，生产管理人员是生产部门的“保姆”。不做好保姆式的服务，只做管理是做不好生产计划管理的。生产管理人员通过高品质的服务，让生产系统各部门的人员充分信任和依赖生产管理人员，遇到异常情况主动汇报，从而使各部门都有生产管理人员的“雷达”。通过“雷达”，生产管理人员就能让人、机、料、法、环、测量各个环节处于受控状态。当出现异常情况时，生产管理人员才能快速调动相应的资源协助生产部门解决问题，或者做出计划指令的调整，从而减少产能损失。除了有各部门的“雷达”外，生产管理人员还需要每天参加生产部门的班组会，每天检讨前一天的生产达成情况，如有未达成情况，需要共同商讨如何追补计划。

③定期组织“产、供、销”协调会，只有“产、供、销”有效融合才能使企业生产经营高效运行。生产管理人员要定期组织“产、供、销”协调会，原则上“产、供、销”协调会需要组织销售部负责人、生产部负责人、技术部负责人、采购部负责人、对应的分管领导等相关人员，通过“产、供、销”协调会预测市场未来的趋势，讨论产能不足或过剩的应对策略，调整成品安全库存，确定原材料的战略储备方向，协调支持“产、供、销”平衡过程中需要的相关产能、制订人力资源等储备计划，促进企业“产、供、销”朝着更加和谐的方向发展。

（4）定期推动呆滞物料消耗

生产管理人员需要定期对库存原料、成品进行库龄分析，对库存量大或有可能呆滞的物料，需要重点关注，定期组织评审会，制订消耗方案并跟踪执行。只有把库存原料盘活，仓库才能用有限的空间更高效地运作，企业的资金效率才能更高，才能助力排程表中所需原材料按期到货。

（5）做好中长期产能规划

中长期计划主要是由销售部门、市场部门、企业高层领导等人员结合市场调研、企业发展定位而做出的销售预测。生产管理人员根据销售预测制订中长期产销存计划。通过中长期产销存计划，企业可以预测未来的材料、人员、设备、厂房等各类资源需求，财务部门可以提前做好资金预算，企业高层管理者可以提前规划经营管理重点。

## 4.2 生产计划与调度

### 4.2.1 生产计划的执行过程

生产计划是在既定的生产过程规划中及所选择的工艺和生产技术条件下，根据产品的市场需求，对计划期内生产的产品品种、数量、质量、进度等生产活动做出的预先规定。生产计划一般分为以下四个部分：

（1）产品生产大纲

依据企业当年生产经营指标、市场预测与订单合同制订产品生产大纲，规定企业在计划年度内应生产的产品的品种规格、质量、数量和交货期。方案出来之后，能力需求计划要与企业所拥有的资源（如设备能力、人员、加班能力、外协能力等）匹配，并与企业经营计划中其他各项专业计划进行协调与综合平衡。

（2）主生产计划和粗能力需求计划

制订主生产计划的目的是，把产品生产大纲中规定的任务在全年中进行合理搭配，并做好生产进度上的安排，即决定在什么时间生产什么产品以及生产多少，并尽可能实现均衡生产和均衡出产，以保证企业生产能力充分合理地利用和资金有效运转。主生产计划排出后核算计划期内的生产负荷，利用汇总的产品工时定额核算生产负荷，只有总量的概念而缺乏负荷量在时间上的分布，编制出的能力需求计划是粗略的，所以称为粗能力需求计划。将粗能力需求计划与计划期企业实有的生产能力进行对照，检查生产能力平衡性，若发现不平衡，则调整生产计划或负荷，进行负荷与能力的平衡。

（3）物料需求计划与细能力需求计划

编制物料需求计划的目的是，把主生产计划细化为自制零部件的生产进度计划和原材料、外购件的采购进度计划，编制过程参考有关文献。物料需求计划在编制零件的生产进度计划时采用无限能力计划法，编制计划时不考虑生产能力的约束，所以在编制好零件进度表以后要按进度计划的时间段分工种核算各产品的生产负荷并进行汇总，制订细能力需求计划，进行能力与负荷的平衡，发现不平衡时要回到主生产计划模块，通过调整生产计划来消除生产能力的冲突。

（4）车间作业计划

车间作业计划是最基层的计划环节，它确定在什么时间使用什么设备，加工完成什么零部件，以及加工的批量等。根据每周的零部件进度计划进一步制订周内的零件工序进度计划，把生产任务按天落实到生产设备和操作者。车间作业计划的主要任务是制订车间生产日程计划，并按其下达生产任务。车间生产日程计划用有限能力计划法编制，零件的工序加工进度和相应的设备负荷同时确定。

### 4.2.2 调度对生产计划执行的促进作用

（1）生产调度的定义

生产调度是计划指令与反馈信息间的接口，对企业日常生产活动进行控制和调节，对生产作业计划执行过程中已出现和可能出现的偏差及时了解、掌握、预防和处理，保证整个生产活动的协调运行。生产控制是指对企业生产过程中的作业活动和产品数量与进度等进行控制，在生产任务和生产实施两个职能间进行调整，通过对生产过程的实时监控，使生产计划的各项指标得到落实。生产控制包括生产进度控制、在制品控制、库存控制、生产成本控制、质量控制、生产率控制和设备控制等。

生产调度属于生产管理系统的短期计划的安排，即实施层次，主要解决资源的最优安排，优化计划安排，为计划的执行和控制提供指导。生产调度位于计划的最低层次，它直接控制生产的稳定和有序执行，良好的生产调度能够预先解决生产中的干扰、缩短产品在车间的流动时间、减少在制品库存，保证准时交货。

生产调度工作一般包括以下内容：

①实时监控生产各环节工作情况，了解场站运行状况，制定应急措施。

②根据生产需要合理调配劳动力，督促检查原材料、工具、动力等供应情况和厂站运输工作。

③检查各生产环节的零件、部件、毛坯、半成品的投入和产出进度，及时发现生产进度计划执行过程中的问题，并积极采取措施加以解决。

④对轮班、昼夜、周、旬或月计划完成情况的统计资料和其他生产信息（如由于各种原因造成的工时损失记录；机器损坏造成的损失记录；生产能力的变动记录等）进行分析研究。

⑤检查、督促和协助有关部门及时做好各项生产作业准备工作。

（2）调度要素

对生产调度工作的基本要求是快速和准确。所谓快速，是指对各种偏差发现快，采取措施处理快，向上级管理部门和有关单位反映情况快。所谓准确，是指对情况的判断准确，查找原因准确，采取对策准确。为此，企业必须建立健全生产调度机构，明确各级调度工作分工，建立一套切合实际和行之有效的调度工作制度，掌握一套能够迅速查明偏差产生的原因并采取有效对策的调度工作方法。对生产调度工作的其他要求如下所述：

①生产调度工作必须以生产进度计划为依据，这是生产调度工作的基

本原则。生产调度工作的灵活性必须服从计划的原则性，要围绕完成计划任务来开展调度业务；同时，调度人员还应不断地总结经验，协助计划人员提高生产进度计划的编制质量。

②生产调度工作必须高度集中和统一。现代化大生产中，生产者成千上万，生产情况千变万化，讲管理就必须讲统一意志，统一指挥。各级调度部门应根据同级领导人员的指示，按照作业计划和临时生产任务的要求，行使调度权力，发布调度命令。各级领导人员应充分发挥调度部门的作用，维护调度部门的权威。

③生产调度工作要以预防为主。调度人员的基本任务是预防生产活动中可能发生的一切脱节现象。贯彻预防为主的原则，就是要抓好生产前的准备工作，避免产生各种不协调的现象。在组织生产的过程中，不仅要抓配套保证装配需要，还要抓毛坯保证加工需要，防止只抓产出不抓投入，抓后不抓前的做法。只有做到“以前保后”，才能取得调度工作的主动权。

④生产调度工作要从实际出发，贯彻群众路线。为此，调度人员必须具有深入实际、扎实果断的工作作风和敢于负责的精神，要经常深入生产第一线，掌握第一手资料，及时了解和准确掌握生产活动中千变万化的情况，摸清客观规律，深入细致地分析研究所出现的问题，动员群众出主意想办法，自觉地克服和防止生产中的脱节现象，克服困难，积极完成生产任务。只有这样，才能防止出现瞎指挥的现象，使调度工作达到抓早、抓准、抓狠、抓关键、一抓到底的要求。

（3）工艺规划与生产调度

工艺规划与生产调度集成优化，一般而言是在生产计划已经确定的基础上单独进行车间调度的优化研究，此时已确定了机床和刀具的类型、机床上每个产品的加工特征和加工方法、可选的工序序列和工件、每道工序在机床上加工时的切削参数，工件各工序的加工时间以及每个工件、每道工序在机床上加工时耗能引起的碳排放也都是确定值。此时的调度只能通过改变工件在机床上的加工顺序来减少机床空闲状态下耗能产生的碳排放，或者通过对每个工件、每道工序分配能耗性能更低的可选加工机床来减少机床耗能产生的碳排放。

因此，在生产计划中工艺规划方案已确定的情况下，仅通过优化车间调度来减少制造过程中的碳排放效果非常有限，并不能获得碳排放的最优值。因此，研究中可以综合考虑加工特征的加工方法、加工资源、切削参数、工序序列、可选机床以及各工件在机床上的加工顺序之间复杂的关系对制造过程中碳排放的影响，对上述因素进行综合优化可以最大限度地减少制造过程中的碳排放。大数据下的工艺规划与生产调度如图 4.2 所示。

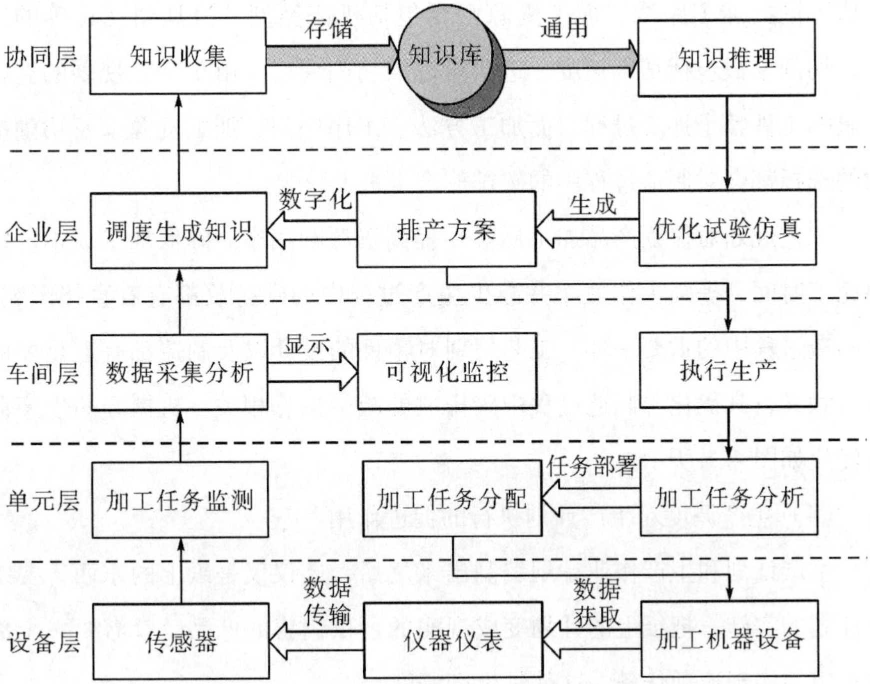


**图 4.2 大数据下的工艺规划与生产调度**

在工艺规划系统中，零件往往可以根据加工资源从多条可选工艺路线中选择完工时间和制造过程中碳排放均最优的一条合理的工艺路线，它可以进一步优化车间调度系统的完工时间以及碳排放。在车间调度系统中，资源的有效利用和任务的合理分配能降低工艺规划中的工艺路线约束的程度，进一步优化完工时间以及碳排放等目标。因此，工艺规划与调度的综合优化考虑了工艺规划系统中加工方法、加工源、切削参数的选择以及工艺路线的选择，优化对调度系统中机床的分配和工件在机床上的加工顺序产生的影响，能最大限度地提高生产过程的效率，减少制造过程中的碳排放，实现制造过程的节能减排。

工艺规划是确定机械设计和制造工艺的章程，是决定零件加工方法、加工路线、产品的加工资源、切削参数等多个方面的主要依据。常用加工方法包括车、铣、刨、磨等加工方式，可选工序序列的先后顺序不同则会形成不同的加工路线，加工资源主要包括机床类型、刀具和夹具等的选择，切削参数包括切削速度、进给量以及切削深度。由于工艺规划的选择会影响工件整个加工过程，而加工方法、工序序列、加工资源以及切削参数的选择都会对制造过程中的碳排放产生重大影响。

工艺规划对保证产品加工质量、提高资源利用率、降低加工成本、缩短完工时间、提高工作效率并减少生产过程中的碳排放都有着直接影响，是制造过程中的重要一环。工艺规划对零件的设计以及制造都有着重要的参考意义，其优化与制造过程中碳排放的减少息息相关。机械产品生产调度优化如图 4.3 所示。

（4）生产调度对生产计划执行的促进作用

生产计划和生产作业计划编制出来之后，还仅仅是纸上的东西，要组织计划的实施，把纸上的计划变成现实的可供销售的产品，就需要一个部门去组织实现这项任务，这就是生产调度。

①生产调度保证生产过程顺利运行。制订生产计划和生产作业计划，无论考虑多么周密，安排如何具体，都不可能预见到实际生产过程中的一切变化。实际生产过程中，情况十分复杂，问题千变万化，有局部的，也有整体的；有内部的，也有外部的；有工艺方面的，也有设备方面的；有

主观因素，也有客观因素。这些问题一旦出现，小则造成生产被动，大则造成生产过程中断、车间停工、计划难以完成。生产调度就是要及时了解掌握这些影响因素，组织有关部门、有关人员处理解决这些问题，消除隐患，以保证生产过程的安全运行，保证生产计划和生产作业计划按要求实现。如果没有生产调度夜以继日地指挥调度，要想及时解决生产过程中随时出现的矛盾，维持生产过程的正常运行，是不可能的。

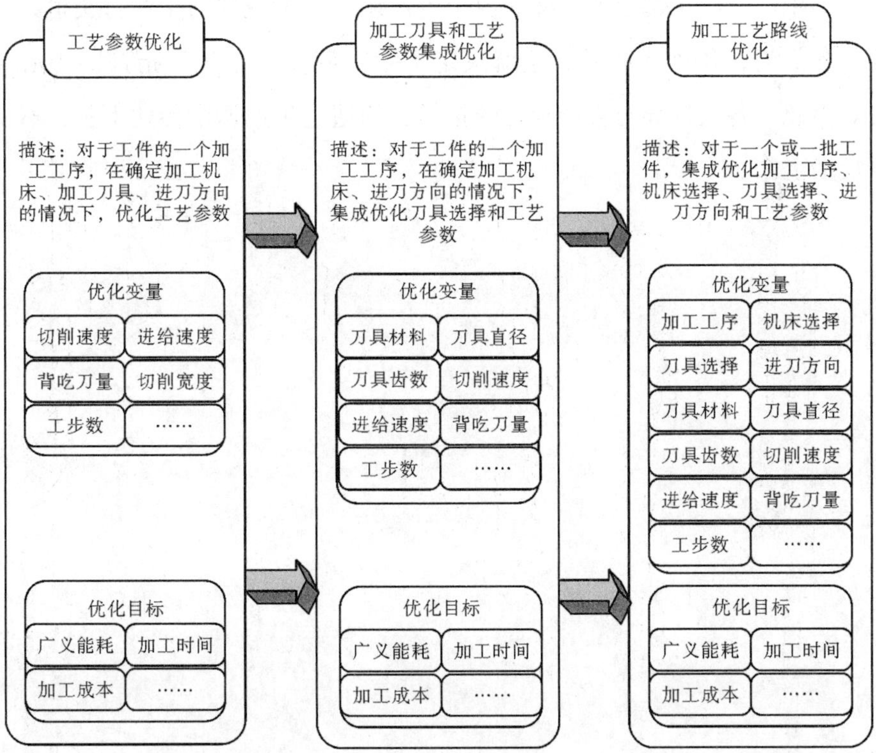


**图 4.3　机械产品生产调度优化**

②生产调度可以搜集生产动态和有关数据。生产调度不仅要组织实现生产计划，而且在组织生产过程中，有许多工艺、设备、环保、安全、质量、供应、销售、服务等方面的动态性情况和许多原始数据，需要及时、准确地记录下来，这是一项十分重要的基础工作。及时、准确地记录这些

数据和情况，就能为各级领导、各部门及时地了解生产、指挥生产提供真实可靠的依据，可作为有用的资料保存下来。

③生产调度可以协调关系、贯彻领导指示。现代企业生产逐步趋向深度加工、联合加工，领导管理多层次、宽幅度。因此，协调好各种关系，对保证生产过程的正常运行起着重要的作用。协调能力既是一种工作艺术性，又是调度作用进一步发挥的体现。同样一件事，由于每个人协调能力存在差距，其结果都会不一样。由于生产调度人员既要与生产打交道，又要与各部门、各种人联系，这就决定了生产调度处于生产指挥的中心位置。因此，各级领导对生产管理的指示，均通过生产调度传达下去，然后再反馈上来。

# 5 机械产品加工过程常用调度方法

## 5.1 机械产品加工过程调度问题概述

机械产品加工过程调度作为工厂生产管理中的重要内容，通过制订合理的生产计划来决定机械产品加工过程中生产资源的合理配置。随着多品种、小批量生产模式的兴起，为该生产模式制订符合生产实际的生产调度计划是企业面临的挑战，是市场竞争中优胜劣汰的关键因素。

在机械产品加工过程调度中，设备、人员和物料是最重要的三种资源，在当前的工业制造环境中，柔性车间调度问题中，允许一个过程有多个可选择的加工机器，打破了工艺选择加工机器的限制，允许每个工艺选择在多台机器上进行加工，且允许加工时间不相同。柔性车间调度问题由于其复杂性和不确定性而成为学术研究的焦点。目前，大型企业逐渐由侧重产品转向侧重客户需求，根据客户需求制造符合实际需要的产品，车间内会因用户的需求而临时加工新的工件，这就产生了动态柔性车间调度问题。当新工件突然插入时，为了减少最终完工时间，需要通过合理安排新工件与旧工件的加工顺序，以及工序与机器的对应关系来动态形成新的调度方案，提高经济效益和机器利用率。这是对柔性作业车间调度问题的进一步研究，通过研究新的算法，提高柔性车间调度的准确率，得到最优的调度方案。

设备是产品加工的工具，设备是机械加工过程最核心的资源之一。设备调度是根据生产需求让设备加工最急需加工的产品，要满足这一目标，需要监控、分析不同设备的加工能力、加工状态，及时调整加工任务，批量生产对生产调度与设备调度之间的协调管理能力提出了挑战。

随着人力成本的明显增加，企业越来越看重人力资源的配置问题。人力资源的合理配置，就是采用科学的理论方法，让每个岗位匹配到合适的人选，把每个人分配到适合的岗位上，充分调用企业的人员及其他资源来提升企业的生产经营效益。目前，在制造系统中，仅仅考虑工件、工序、设备等柔性车间调度问题显然已经不能满足企业快速发展的现状。在实际的生产中，实际的加工工时随着操作人员、加工设备的不同而不同。随着产品种类的增加，客户个性化需求的提升，产品的设计、制造过程变得更加复杂；并且生产对加工设备、生产过程的柔性化要求提高，对操作人员的加工能力要求越来越全面，对操作人员实际工时很难估算。因此，如何优化操作人员在机械产品加工过程的调度，是车间人力资源调度需要解决的核心问题之一。

物料调度是选择在正确的时间和位置交付合适数量的匹配需求的原材料、半成品和成品。在机械产品加工过程调度中，要满足这一目标，需要不同设备之间的更换，处理不同物料的补进，这对生产调度与物料调度之间的协调管理能力提出了挑战。

对于制造型企业，原材料的采购是生产物流运作的开始，要求将所有原材料采购到位；在工艺制造及产品装配过程中，物流活动更加频繁，并且贯穿整个生产过程。合理的物料调度，需要通过信息的搜集管理、科学规划与控制，以达到降低运输费用而降低成本、强化管理而提高物料配送效率的目的，从而有效提升企业竞争力。

## 5.2 调度方法研究现状

调度问题于20世纪70年代后期兴起并取得了重要进展，并且作为应用数学的一门学科已经基本成熟，最主要的解决方式以传统的经典数学方法为代表。然而，实际生产过程中解决的调度问题与理论研究中的调度问题之间还是有一定的差距的。实际生产过程中，其扰动因素及性能指标的多样性，导致现有的调度理论方法很难解决实际调度问题。因此，解决现有的实际调度问题，需要重新考虑和进一步扩展调度方法。

从20世纪80年代初开始，随着人们对技术与科技相结合的重视程度越来越高，同时也随着计算机的普及与应用，调度研究由理论研究转向应用研究阶段，解决实际调度问题的智能调度方法取代了传统的数学方法并应用于实际生产现场。在实验结果上，现在大多数算法效率的优劣主要靠仿真结果来判断，不能保证得到的解的质量，甚至有时已经找到了最优解，仍不能判断是否真是最优解。于是，人们提出了如何找出一个科学合理的解决方法，如何提高算法的收敛速度，如何提高搜索大规模问题全局最优解的能力，完善现有算法的理论及性能分析。许多智能算法，理论基础比较薄弱，还停留在仿真阶段，尚未能提出一个完善的理论分析，对它们的有效性也没有给出严格的数学解释。这也是未来在学术研究上和实际生产中亟待解决的问题。

学术界对调度算法的研究非常广泛，并且随着时代的发展日新月异。解决调度问题的方法主要包括：第一，确定性最优化方法（运筹学方法）；第二，基于启发式规则的调度方法；第三，基于知识的调度方法，即用专家系统自动产生调度或辅助人调度；它是将传统的调度方法与基于知识的调度评价相结合的方法；第四，仿真调度方法，即通过搜集仿真模型的运行数据，对实际系统进行性能、状态方面的分析，从而对系统采用合适的控制调度方法；第五，基于智能调度算法的调度优化包括模拟退火法、禁忌搜索法、遗传算法、蚁群算法、粒子群算法、免疫算法、文化算法等。

（1）基于运筹学算法的调度优化

基于运筹学算法的调度优化主要分为传统运筹学算法的调度优化和基于拉格朗日算法的调度优化。

①基于传统运筹学算法的调度优化。传统的运筹学算法在起初的调度优化中作用十分强大。运筹学的主要思路是将生产调度问题通过现场输入、输出的数据，以及已有的调度规则，再加上现场实际生产过程中的约束条件和性能指标建立数学模型，以枚举思想为基础的正向动态规划、反向动态规划等传统的数学方法由于数学逻辑严密，从理论的角度可获得一个全局优化调度方案。然而，调度过程是一个多阶段、多任务的复杂生产过程，由于该过程的复杂性导致其在数学建模的过程中需要涉及很多的约束条件，致使该问题属于传统的 NP 难题。针对现有的问题，传统的数学方法很难在短时间内通过迭代的方式得到一个优化的全局最优解，传统的数学算法很难满足实际工厂的生产要求。扰动情况下的生产过程对响应的要求十分高。

②基于拉格朗日算法的调度优化。基于拉格朗日算法的调度优化问题亦属于运筹学范畴的调度优化问题。一般来说，拉格朗日松弛框架对调度问题的设备能力和批次约束进行松弛，通过引入拉格朗日乘子将耦合约束条件进行解耦。在基于时间指数的算法中，时间 T 的设定对算法的求解速度影响十分大，已有的方法中提出了基于多代理的拉格朗日框架调度优化问题，但是没有很好地将时间控制在尽可能小的范围，同时在拉格朗日框架下所获得的子问题，其求解速度一般都很慢。传统的次梯度迭代法在获得拉格朗日松弛子问题后，在更新的过程中需要对每一个子问题进行求解，由于子问题求解的速度决定整个算法的求解速度，每个子问题的求解导致运算时间加长，从而导致该算法不能够满足实际调度生产对实时响应的需求。于是，基于插入次梯度迭代法应运而生。该方法乘子沿着次梯度迭代的方向更新，虽然能够相对快速地寻找到求优的方向，但是仍然不能

够保证所采用的方法能够收敛，导致所得的优化方案陷入局部最优解。基于捆绑包方法的调度优化过程算是收敛速度相对较快的方法，通过线性搜索方法获得对偶问题的过程需要大量的计算时间，同样不能够满足实际生产对调度快速相应的需要。针对此问题，在已经获得调度子问题的条件下，如何通过化简子问题的求解，同时针对子问题的迭代过程，快速地获得合适的步长和梯度是拉格朗日算法框架下亟须解决的问题。

（2）基于规则的启发式调度优化方法

最初的生产调度过程使用的方法就是调度员根据现场遇到的问题通过设备的选择和时间的调整保证生产的顺利进行。规则根据目标的不同可分为以最短加工时间为目标的规则、最少剩余加工时间的规则等，初期的调度研究仅仅是保证工厂能够顺利运行，能够平衡生产的节奏，所得的结果通过时刻表进行整理，建立一组或者几组时间为横轴、设备为纵轴的甘特图。相对来说，根据目标定义的规则没有那么多，获取调度方案相对容易一些，但是调度方案的优化程度和可行程度稍微低一些。同时，由于规则的不同，制定的优化结果千差万别，规则的不规范往往导致所获得的调度结果是一个局部最优解或者是无解，很难通过一套统一的规则来获取一个全局最优解。由于目标和约束条件的多样性，很难通过人工的经验制定出相对科学的规则来指导优化调度方案的定制。

（3）基于系统仿真建模的调度优化

基于传统数学方法的研究十分困难，很多学者提出了基于系统仿真建模的方法。该方法最早是为规则启发式设计的工具，后来逐步发展为一种针对柔性工业生产过程建模和优化的方法。这种方法的好处就在于，针对多阶段、多任务、多输入、多输出、大规模的多约束复杂调度过程难以通过合理的数学模型进行描述的特点，弱化了系统的数学建模，强化了对系统中每个工序与每个工序之间的、每个状态与每个状态之间的逻辑关系的描述，建立起调度优化方案设计方法。该方法的好处是能够根据仿真的状态对系统的动态性能进行评价，实时调整系统的动态结构参数来满足实际生产需求，以系统仿真方法为基础进行的开发首先要获取计划信息（设备检修计划、工艺相关标准等）和生产实际信息（设备状况和作业进度等），采用专家系统和优化模型两种方法，其各自并行生成出产计划，并通过方案评价模型，按照工位等待时间、设备负荷率、工位等待队列数指标进行模糊综合评价，并结合人机交互的方式选择可执行的满意方案送至动态编辑器，并由动态编辑器以指令的形式下发到各执行系统。同时该系统能够根据生产的情况针对已经制订的调度方案设置调度系统方案评价体系，通过综合模糊评价方法的研究和实现，使调度人员可以快速和科学地综合评价调度计划的优劣，并且快速地从多方案中选择较好的可行方案下发并执行。针对实际工厂的多扰动因素，该方法也能够通过实时参数的调整，对调度方案进行重新调度或者实时的动态调度。由于该方法过多地依赖现场的规则和逻辑，虽然对于某一个工厂的实际生产来说效果很好，但是很难将该方法提升到理论的高度来进行调度设计方法通用解析规划。再者，调度优化过程是一个十分复杂的过程，一点点的逻辑疏忽都会导致整个系统不能够正常运行。跟启发式算法一样，基于规则的总结往往都是从人工经验获取，然而人工经验的科学性往往不是十分准确，这导致基于系统仿真方法获得的调度优化最优解很容易陷入局部最优解而使方案设计失败。

（4）基于智能调度算法的调度优化

智能调度算法作为一个有效的解决调度优化的方法，早在 20 世纪 60 年代就被很多学者提出。因为初期工厂规模小，没有把调度问题作为主要应用问题来进行研究。随着管理决策系统、生产执行系统、过程控制系统三层优化架构的提出，人们对调度问题的重视程度逐渐提高，智能调度方法研究也取得了很大的进展。智能调度方法是利用传统数学方法的迭代思想，基于知识与调度系统的结合而产生的一种调度优化算法。近年来，随着计算机技术、模糊逻辑、神经网络、进化算法、信息科学等一系列新兴学科的发展，人工智能领域取得越来越丰硕的研究成果，应用人工智能技术解决动态调度问题也成为研究的一个热点。在调度问题的知识表示、知识的获取以及有效的调度算法上，基于人工智能的调度方法都得到了很好的应用。

近年来，随着计算机的飞速发展，一系列新的计算方法，如神经网络、模拟退火、遗传算法、演化算法和禁忌搜索算法等应运而生。一些算法是人们对自然过程和生物的生存竞争与变异等过程的模仿和简化。它们能较好地解决大规模复杂系统中出现的组合爆炸问题，不仅具有通用、稳健、简单、便于并行处理等优点，而且有望成为连接数值计算与语义表达、形象思维等高级智能行为的桥梁。因此，它们被认为是对21世纪的计算技术有重大影响的关键技术。

典型智能调度方法包括模拟退火算法、遗传算法、禁忌搜索算法、免疫算法、多元宇宙优化算法、人工鱼群算法、鲸鱼优化算法、微粒群算法、粒子群优化算法等，接下来具体介绍这几种智能调度方法。

目前，数学规划有很多方法，主要方法有线性规划、非线性规划、智能优化、动态规划、组合优化等，要根据实际问题选择不同类型的方法。线性规划主要针对线性约束数学规划问题，而对于非线性约束数学规划问题，通常使用非线性规划、智能优化或动态规划等。智能优化是指将智能算法用于优化，智能算法包括遗传算法、粒子群算法，等等。

## 5.3 模拟退火算法及其改进算法设计

### 5.3.1 模拟退火算法概念

1982年，Krikpatrick等模拟金属退火过程，采用Metropolis准则接受劣化解以逃离局部极值陷阱，用一组称为冷却进度表的参数控制算法进程，取得了很好的效果。这就是著名的模拟退火算法（simulated annealing algorithm，SA）。SA是一种基于蒙特卡罗迭代求解策略的通用随机寻优算法，其立足点是固体物质的退火过程与一般组合优化问题之间的相似性；模拟退火算法在某一初温下，伴随温度参数的不断下降，结合概率突跳性在解空间中随机寻找目标函数的全局最优解，即局部优解能概率性地跳出并最终趋于全局最优解。模拟退火算法的一般过程描述如下：

SA 解决调度问题需要考虑的因素有：调度方案的编码形式、邻域设计、参数设定等。以下分别论述这三个因素。

（1）编码形式

基于工序的编码直观、方便，成为最常采用的编码形式。

（2）邻域设计

邻域的定义：对每个解 icS，有一个解的集合 Scs，这些解在某种意义上与 $i$ 是邻近的。集合 S 称为 $i$ 的邻域，S 中每个解称为 $i$ 的邻近解。

已知初始解的情况下，SA 连续搜索新解构成 Markov 链；该链的最终结果作为下一个 Markov 链的初值进行下一轮的搜索，直至得到最终解。由于搜索过程中需要从当前解的邻域中寻找新建，因此邻域的设计是算法的关键，不同邻域对算法搜索能力的影响有巨大差异。

对基于工序的编码，常用的有 $k$ 变换邻域 16（$k$ 是大于 2 的自然数），即将编码首尾相接排成环形，从中任取 $k$ 条边去掉并用另外 $k$ 条边代替。变换的对象是“边”，即两基因的连接而非基因本身的位置，因此 2 变换邻域 N2（$p$，$q$）是将（首尾相接后的）解 $i$ 中的任意两点 $p$ 和 $q$ 间的路径反向后形成的解的集合；3 变换邻域 N3（$p$，$q$，$r$）是将（首尾相接后的）解 $i$ 中的任意两点 $p$ 和 $q$ 间的路径插入 $r$ 点后面。

（3）参数设定

SA 的参数设定又称为冷却进度表。一个冷却进度表应该规定下述参数：

①控制参数 $t$ 的初值 $t_o$。$t_o$ 的取值应使初始接受率 $x$（算法初始接受劣解的概率）接近 1，由转移概率公式可知：

$$exp\left(\frac{-\Delta f}{t_0}\right) = x_0 \approx 1$$

在已确定 $x_o$ 的情况下，可通过试算若干次目标函数 $f$ 值并计算其平均增量来代替 $\Delta f$，设试算得到 $n$ 个目标函数值，则：

$$t_0 = \frac{\Delta \bar{f}^+}{\log_{x_0} - 1}$$

其中

$$\Delta \bar{f}^+ = \frac{2\sum(f_1 - f_0)}{n(n+1)} i = 1,\ 2,\dots,\ n,\ \ \forall f_{i-1},\ f_i(f_{i-1} < f_i)$$

②$t$ 的衰减函数。衰减函数控制 $t$ 的减小速度，从而控制算法对劣解的接受程度。常见的衰减函数有两种：

$$1:\ t_{k+1} = \alpha t_k,\ k = 0,\ 1,\ 2,\dots$$

$$2:\ t_{k+1} = \frac{K - k}{K} = 1,\ 2,\dots,\ K$$

其中，$\alpha$、$K$ 为系数。为减少计算量常采用第一种。

③Markov 链的长度 L。理论上，确定 L 的方法是使搜索所得新解形成的 Markov 链中被拒绝接受的变换数至少达到某一固定值。由于变换的拒绝概率随 $t$ 值的递减而递增，因此这种方法导致随算法进程递减的 L 值；但这种确定方法难以实现，实际应用时常以常数代替。为使模拟退火算法最终解的质量有所保证，应建立 L 与 $n$ 之间的某种关系。若取 L 等于某一常量 z，则通常取为 $n$ 的一个多项式函数。

④$t$ 的终值 $tr$（停止准则）。$t$ 的终值 $tr$ 一般取 0，或某个充分小的正数。有时会出现 $t$ 衰减到 $tr$ 之前算法已处于停滞状态的情况，此时可采取另一停止准则：在若干个相邻的 Markov 链中，解无任何变化就终止算法。

### 5.3.2 两种改进模拟退火算法

作为一种出色的非数值算法，SA 已被广泛应用于解决各类车间调度问题。但 SA 在实际应用中也暴露出一些缺点，例如，运行时间过长，尤其是大规模的调度问题，使算法实用价值降低；运行中易陷入某个局部最优解，尤其是当参数选取不恰当时。

为提高模拟退火算法的应用价值，须对其加以改进。最终解的质量和算法运行时间是一对矛盾关系，在实际应用中只能根据需要对某一方面进行侧重。本节对 SA 在上述两方面进行了改进，提出有记忆的回火退火算法和快速模拟退火算法。

（1）回火退火算法

要提高最终解的质量，须避免算法过早陷入局部最优。模拟退火算法在运行前期，温度参数 $t$ 较大，接受率 $x$ 高，这使得程序可以接受劣解从而避免掉入“局部陷阱”；在运行后期，$t$ 值较小，接受率 $x$ 低，$t$ 趋近于零时程序基本退化为局部搜索算法。为使程序不停留在局部极值，可尝试重新提高 $t$ 值（加温），使得算法的接受率再次提高，从而有望跳出局部最优，接近全局最优。该过程与金属热处理中的回火过程相似，故称为回火退火算法。

回火温度可以与退火的初始温度 $t_o$ 相同或接近，因为 $t_o$ 对应高的接受率，而回火就是为了得到高接受率；考虑回火会导致计算过程的重复，回火次数一般不能太多，以不超过 10 次为宜。第一次回火以上次退火的最终解作为初始解，以后各次回火也都以前次退火的最终解为初始解。

模拟退火在搜索过程中可以接受部分劣解，带来的副作用是运算中可能抛弃出现过的最优解；为避免这种情况，给算法增加一个记忆器，记录搜索到的最好结果，当退火过程结束时，将所得最终解与记忆器中的解进行比较并取较优者作为输出，多数情况下可提高算法所得解的质量。算法描述如下：

算法名称：有记忆的回火退火算法

输入：JSP 各已知参数，初始解 So，初始温度 $t_o$，搜索链长 $L$，衰减系数 $\alpha$，回火次数 $k$，回火初温 $t_1^H$，…，$t_k^H$ 。

（2）快速模拟退火算法

当问题的规模扩大时，模拟退火算法的速度就会变慢，原因有二：一是每次搜索的 Markov 链必须足够长才能使搜索充分；二是必须进行足够多的搜索（内循环）才能达到终止条件（$s$ 个 Markov 链的最终解相同，或 $t$ 趋于零）。为了使算法在每个 $t$ 值上都能恢复（或接近）准平衡，Markov 链长度 $L$ 不能太小，假设编码长度为 $n$，常令 $L=100\sim300n$；对于一个 150×30调度例子，$len$ 为 4 500 时，$L$ 为 150×30×100＝450 000；要达到终止条件需进行 60 次以上的内循环，需邻域搜索操作 45 万×60＝2 700 万次。大量计算导致算法速度下降。

模拟退火算法的近亲：局部搜索算法（local search algorithm，LSA）具有搜索速度快的特点，可以尝试将其与 SA 算法相结合，形成互补型的混合算法。SA 的初始解是随机选择的，由初始解到某个较优解的搜索过程浪费了大量的时间，因此可用 LSA 代替。在 SA 的末段，$t$ 值衰减到一定值时，接受率趋于零，这时 SA 已基本退化为 LSA，速度却依然缓慢，这一部分运算也可用 LSA 代替。将改造后的 SA 称为快速模拟退火算法（quick-SA，QSA）

算法的关键在于合理设置 SA 部分的参数，使整个算法省时又保持收敛。算法中 SA 部分开始时的初值已是局部极值，因此搜索 Markov 链必须足够长以保证搜索能跳出“局部陷阱”，链长 L 不能减小（保持原值），程序的着眼点只能放在终止条件 $t_f$ 上，通过适当的终止条件来限制内循环的次数，从而使时间缩短。当 SA 部分的接受率 X 趋于零时，SA 部分可以结束，令对应 $t_f=t_o/k$，则有：

$$X_f = X(t_f) = exp(-\Delta f/ t_f)$$

$$= exp\left(\frac{-\Delta f}{t_0/k}\right) \approx (X_0)^{k}$$

此处虽然 $t_z$ 对应的 $f$ 不同于 $t_o$ 对应的 $\Delta f$，但两者来源相同，在估算 $t_f$ 的值时，可以视为相同。根据 $X$ 的取值不同，不同的 $k$ 值对应的 $X_f$ 见表 5.1。

表 5.1　不同 $k$ 值和 $X$ 值对应的 $X_f$ 值

| $k$ 值 | $X_0=0.95$ | $X_0=0.9$ | $X_0=0.8$ | $X_0=0.7$ |
|---|---|---|---|---|
| 10 | 0.598 7 | 0.348 7 | 0.107 4 | 0.028 2 |
| 15 | 0.463 3 | 0.205 9 | 0.035 2 | 0.004 7 |
| 20 | 0.358 5 | 0.121 6 | 0.011 5 | 0.000 8 |
| 25 | 0.277 4 | 0.071 8 | 0.003 8 | 0.000 1 |
| 30 | 0.214 6 | 0.042 4 | 0.001 2 | 0 |
| 35 | 0.166 1 | 0.025 | 0.000 4 | 0 |
| 40 | 0.128 5 | 0.014 8 | 0.000 1 | 0 |
| 45 | 0.099 4 | 0.008 7 | 0 | 0 |
| 50 | 0.076 9 | 0.005 2 | 0 | 0 |

由表 5.1 可见，如果 $X_0=0.95$，则当 $k=45$ 时，$X_f=0.95^{40}=0.128\,5$，接受率可视为足够小；如果 $X_0=0.9$，则当 $k=20$ 时，$X_f=0.90^{20}=0.121\,6$，接受率可视为足够小；对于其他的 $X_0$ 值，都可以得到相应的 $k$ 值，然后取对应的 $t_f$ 值作为终止条件。

确定合理的 $k$ 值，也就是初始温度与终止温度的比值后，内循环的次数有望减少，以 $X_0=0.9$ 为例，如果取 $t$ 的衰减系数为 0.9，则 $1/20=0.05\approx0.9^{28}$，只需进行 28 次内循环，$t$ 值就下降到使接受率足够小的程度，此时立即改用局部搜索算法能大大节省运算时间。

对于算法中的局部搜索部分，借鉴 SA 算法采用在当前解的邻域中随机搜索的方式。邻域可以是 2 变换邻域或 3 变换邻域，前者的规模为 $(n-1)\times(n-2)$，后者的规模为 $(n-1)\times(n-2)\times(n-3)$；2 变换邻域可以更快地得到邻近解。

（3）测试实例

为验证两种改进算法的效果，设置一个 5 工件 3 机器的简单实例，工序矩阵 OP 和工时矩阵 T 如表 5.2 所示。

表 5.2 一个 5×3 调度实例

| 工序矩阵 1 | | | 工时矩阵 2 | | |
|---|---|---|---|---|---|
| 3 | 2 | 1 | 27 | 8 | 10 |
| 1 | 3 | 2 | 6 | 10 | 5 |
| 2 | 3 | 0 | 14 | 10 | 0 |
| 1 | 2 | 3 | 25 | 20 | 16 |
| 3 | 1 | 2 | 5 | 12 | 28 |

三种算法取相同的参数，令初始接受率 X-0.9，求得初始温度 $t_o$ 为 171.772 5，选取衰减系数 $\alpha=0.9$，$L=100n=1\ 400$。所得结果见表 5.3。

表 5.3 三种算法性能参数比较

| 算法 | 普遍模拟退火算法（10 次平均值） | 有记忆的回火退火算法 | 快速模拟退火算法（10 次平均值） |
|---|---|---|---|
| 最优函数值 | 84.2 | 83 | 84.5 |
| 内循环次数 | 53.7 | 545 | 14.6 |
| 仿真历时 | 32.882 7 | 97.375 | 13.453 |

由表 5.3 可知，普遍模拟退火算法在与另外两种改进算法的比较中毫无优势，其最优值低于有记忆的回火退火算法，运算时间长于快速模拟退火算法，因此实际应用时应尽量使用改进算法。

图 5.1 是通过有记忆的回火退火算法获得最优解的甘特图。

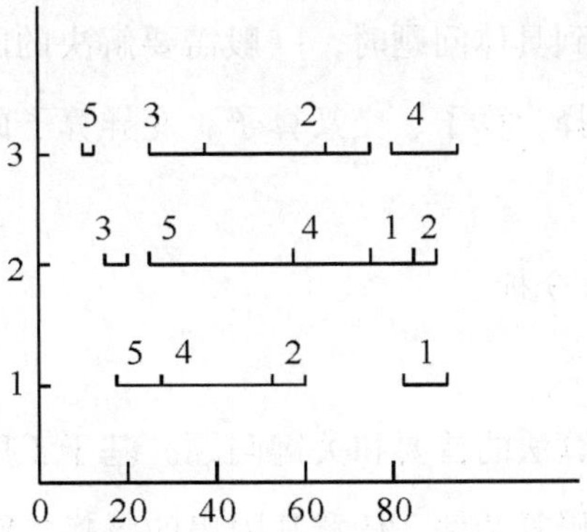


图 5.1 最优解的甘特图

有记忆的回火退火算法明显是以时间换精度的算法，一般都能获得较满意的结果，但耗时较长，不适于规模较大的调度问题。不过，对于单个工序耗时长而总工序不多的情况，使用有记忆的回火退火算法计算调度方案可以大大缩短加工时间，优势明显。

快速模拟退火算法的突出优势是需时少。从表 5.3 可以看出，其耗时是普通模拟退火算法的 40%，是有记忆的回火退火算法的 14%，适合大规模问题。若要进一步加快速度，只需稍微降低初始接受率 X 和适当加快 $t$ 的衰减速度；另外，其精度也不低，本例中很接近普通模拟退火算法，是很有前途的 SA 算法的改进方向。

## 5.4 遗传算法及启发式遗传算法设计

### 5.4.1 遗传算法的概念

遗传算法（GA）是 Holland 于 1975 年受生物进化论的启发而提出的。与自然界相似，遗传算法对求解问题的本身一无所知，它所需要的仅是对算法所产生的每个染色体进行评价，并基于适应值来选择染色体，使适应性好的染色体比适应性差的染色体有更多的繁殖机会。与传统搜索算法不同，遗传算法从一组随机常数的初始解，称为种群（population）开始搜索过程。种群是一个解的集合，每个解作为一个个体存在其中。

将遗传算法应用到具体问题时，一般需要解决的问题有：编码方式的选择，初始种群的选择，算子、交叉算子、变异算子的确定以及终止条件的确定。

### 5.4.2 遗传算法分析

（1）编码方式

编码问题是遗传算法的首要和关键问题。基于工序的编码由于具有半 Larmarkin 性，1 类解码复杂性，任意基因串的置换均能表示可行调度等优点，成为最常使用的编码。

（2）遗传算子

①选择。遗传算法的基本原则是达尔文的自然选择原理，选择是遗传算法的推动力。常见的选择方式有轮盘赌选择和排序选择，前者以表示个体的适应度的线性函数作为个体被选择的概率，后者先将个体排序，然后依序以等比级数或等差级数的方式赋予每个个体被选概率。一个基于等比级数的选择算子，在选择算子的选用上，最需要注意的是选择压力（群体中最佳个体被选中概率与平均选中概率的比值）。一般来说，算法的初始阶段宜采用低选择压力，有利于扩展搜索空间；在终止阶段宜采用较高选择压力，有利于找到最好的解域。

②交叉。由于交叉操作与编码方式直接相关，因此也与调度类型直接相关，不同调度类型的不同编码方式决定了具体的交叉方式。

如果使用单点交叉方式，则首先随机确定一个交叉位置，如图 5.2。对应图 5.2a 中下划线部分的数字需要互相交换，交换后得到的编码见 5.2b；上方的编码中“2”的数目多了一个，下方的编码中“1”的数目多了一个，因此将上方最后一个“2”和下方最后一个“1”取出，分别排在下方和上方编码的最末位，得到两个合法的新编码如图 5.2c。

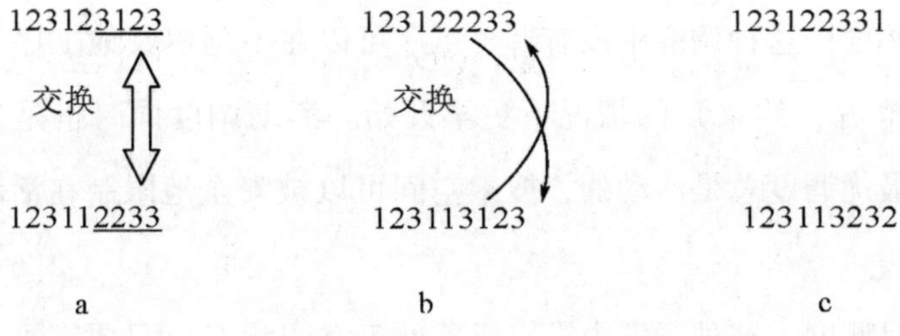


图 5.2　单点交叉

交叉位置如果设定为两个，则称为双位置次序交叉。其他的交叉方法还有很多，如部分映射交叉（partially mapped crossover，PMX）、循环交叉（cycle crossover，CX）等。其中，双位置次序交叉是常用的一种算子。

③变异。当交叉操作产生的后代适应度不再进化且没有达到最优时，

算法陷入早熟收敛。出现这种现象的原因在于有效基因的缺损，而变异操作在一定程度上破坏了这种情况，有利于增加种群的多样性。

置换编码染色体常用的变异有互换、逆序和插入变异。

互换：随机交换染色体中两个不同位置的基因。

逆序：将染色体中两个不同随机位置间的基因逆序。

插入：随机选择某个点插入串中不同随机位置。变异是对现有基因的一种破坏性操作，因此变异率不能太大。

### 5.4.3 启发式遗传算法及实例

遗传算法不适于邻域最优解的微调结构，因此把传统的启发式算法嵌入遗传算法中构造混合算法是很有价值的思考方向。本节构造了用于调度的启发式遗传算法（HGA），将传统启发式算子嵌入遗传算法，被嵌入的启发式算子包括激活算子、瓶颈修复算子、关键块邻域算子。

（1）算法步骤

①激活算子。不同的可行调度方案可以被划分为如下三种类型：

半活动调度：这种调度通过尽可能早的调度工序来得到。在一个半活动调度中，没有工序可在不改变调度序列的情况下更早开始。

活动调度：这种调度中没有哪个工序可以在不延迟其他工序（或不改变“不可抢占”约束）的情况下更早开始。活动调度同时也是半活动调度。由于最优调度总是活动的，搜索空间可以被安全地限制在活动调度集合内。

无延迟调度：这种调度中没有机器处于空闲状态（只要有可加工的工序）。无延迟调度必须是活动调度，当然也必须是半活动调度。无延迟调度一般来说不易获得，活动调度则可以通过 GT 算法得到，也可以通过插入式贪婪解码算法获得，后者步骤更简单，效率更高。将使用后者解码的过程称为“激活”，该算法被称为激活算子。

②瓶颈修复算子。瓶颈修复算子来自移动瓶颈法。移动瓶颈法通过不

断寻找调度过程中的瓶颈机器，并通过保证瓶颈机器的加工来优化最终调度目标。算法的构造相对复杂，但运行效率较高。其中，瓶颈机的调度加入调度方案后，对其他已调度机器进行重新调度的程序称为“瓶颈修复”。瓶颈修复采用了系统化的方法来检查调度方案的关键路径，以当前调度为出发点进行加强随机搜索。本书结合关键路径的概念将其单独提取出来作为一个启发式算子，详述如下：一次瓶颈修复就是对已有调度方案的深度修复过程。在遗传算法中引入瓶颈修复可以大大提高种群的质量，从而在较短时间内实现高效搜索。

③关键块及关键块邻域算子。相对于简单地随机交换工序排列位置的2变换、3变换邻域而言，关键块邻域是一种新颖的、与问题紧密相关的邻域定义。关键块及关键块邻域的概念：组成一个调度方案的关键路径的所有工序称为关键工序，关键工序的一个子集称为关键块，需满足下列条件：第一，子集中所有工序属于同一机器，且被连续地执行；第二，若有一个属于同一机器且与关键块邻接的工序，则该工序必非关键工序。

#### 5.4.4 测试研究

对8个算例分别运行20次普通遗传算法、移动瓶颈法和启发式遗传算法，所得结果如表5.4所示。

表5.4 启发式遗传算法与普通遗传算法的比较

| 算例 | 普通遗传算法 GA | | | | 启发式遗传算法 HGA | | |
|---|---|---|---|---|---|---|---|
| | 规模 | 最优 | 平均 | 均值 | 最优 | 平均 | 均值 |
| MT06 | 6×6 | 55 | 45s | 59.2 | s5 | s5s | 55.2 |
| MT10 | 10×10 | 979 | 10.5m | 1 090.4 | 930 | 10.3m | 950.2 |
| abz7 | 20×15 | 675 | 16.5m | 702.3 | 665 | 19m | 667.5 |
| abz8 | 20×15 | 677 | 18m | 692.1 | 676 | 14m | 679.8 |
| abz9 | 20×15 | 690 | 17m | 689.7 | 686 | 13m | 690 |

表5.4(续)

| 算例 | 普通遗传算法 GA | | | | 启发式遗传算法 HGA | | |
|---|---|---|---|---|---|---|---|
| | 规模 | 最优 | 平均 | 均值 | 最优 | 平均 | 均值 |
| LA21 | 15×10 | 1 076 | 14. 5m | 1 062. 9 | 1 046 | 8. 2m | 1 050 |
| LA24 | 15×10 | 935 | 13. 1m | 949. 1 | 935 | 8. 3m | 947. 7 |
| LA40 | 15×15 | 1 289 | 19. 5m | 1 230. 1 | 1 228 | 14m | 1 231 |

由表 5. 4 中的数据可知，启发式遗传算法的效能明显优于普通遗传算法，在最优值和均值上，HGA 都相对 GA 取得了较大进步。

图 5. 3 显示了 HGA 实例及 GA 实例在解决 MT10 问题时的一次运行过程。图中 GA 在到达局部最优点（980）之后再无进展，HGA 则可较快地到达全局最优点 930。

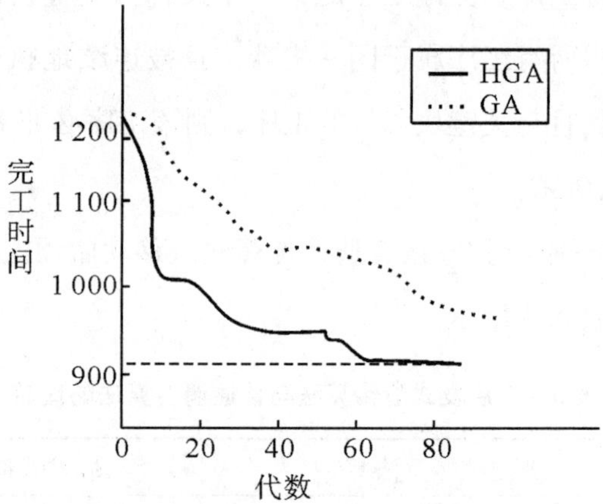


图 5. 3　启发式遗传算法与普通遗传算法的比较

## 5. 5　禁忌搜索及其应用

### 5. 5. 1　禁忌搜索算法的概念

禁忌搜索（tabu search，TS）是局部邻域搜索算法的推广，它是对局部邻域搜索进行扩展后的一种全局逐步寻优算法。目前，禁忌搜索算法仍然处于发展之中，而且其应用领域大也在拓宽。

禁忌搜索在运行中保持一个固定长度的禁忌队列，每次搜索都使被接受的新个体加入队列，同时删除最早进入队列的个体；在后续搜索中禁止接受已存在于禁忌队列中的个体，除非满足藐视准则。

### 5.5.2 算法关键技术分析

(1) 禁忌对象的选取

禁忌对象指的是禁忌队列中被禁止的是什么。一般有三种可选的被禁止对象。

第一，解的简单变化：从一个解变化到另一个解。

第二，解向量分量的变化：这种变化需要对解的内部结构进行分析。对于组合优化问题，分量的变化可以是编码中两元素的前后关系的变化；假设编码为“ABCD”，则变化“AB — BA”就表示 A 和 B 的位置互换，它可以令“ABCD”变成“BACD”或“ACBD”变成“BCAD”。

第三，目标值变化：一般用于目标值个数有限的情况。对于调度问题，一般采用前两种禁忌对象。第二种禁忌对象对应着解的多个邻居，因此禁忌效率高，但会使被禁范围过大。

(2) 禁忌长度的确定

禁忌长度就是队列的长度 $T$；每接受一个新解，禁忌队列中的元素就后移一位直至被删除。对 $T$ 的选择有以下几种方式：

①常数，例如 $T=\sqrt{n}$，其中 $n$ 为邻域规模。这种规则容易在算法中实现。

②限定变化范围：$T\in[T\min, T\max]$，此时 $T$ 是可变化的数，其变化依据是被禁对象的目标值和邻域的结构。

③动态选取 $T\min$ 和 $T\max$，其思想基本与②相同。

决定禁忌长度的同时也决定了计算的复杂性；禁忌长度过短容易造成解的循环出现，一旦陷入局部最优点，算法可能无法跳出；禁忌长度过长又会造成计算时间的浪费，因此需依赖试算和经验。

禁忌的表现形式也有两种：一种是禁忌队列，各对象在队列中依次下移直到出队，所有对象的被禁止次数相同；另一种采用禁忌表，表中储存各禁忌对象和它们的被禁次数，每迭代一次，被禁次数减 1，直至为 0 后排除出表。采用禁忌表可以分别控制各禁忌对象的被禁次数，使用更加灵活多变，但操作较为繁琐，也不易找到动态计算被禁次数的方法，因此多数禁忌搜索算法采用禁忌队列。

（3）藐视规则

藐视规则是指可以打破禁忌的条件。在 TS 的迭代过程中，会出现候选集中的全部对象都被禁，或有一对象被禁。但如果不解禁，当前目标函数值就会出现剧烈下降的情况，这时为了达到全局的最优，不得不让一些禁忌对象重新可选，称为“藐视”。常用的藐视规则有以下三个：

①基于评价值的规则。评价值可以是目标函数值，也可以是其他值，以小为优。如果搜索到的新解的评价值小于目前找到的最优解的评价值，当选择新解的行为存在于禁忌队列中时，打破禁忌选择新解，也就是选择了一个更优解。

②基于最小错误的规则。当候选集中所有对象都被禁，而①的规则又无法使程序继续，为了打破僵局，从候选集中选一个评价值最小的对象解禁。

③基于影响力的规则。有些对象的变化对目标值的影响很大，有些影响较小。影响力大的变化使算法趋优的可能性增大，因此若影响力大的变化成为被禁对象，应将其解禁。这一规则一般需要结合禁忌长度和评价函数值使用，例如候选集中目标都不及目前的最好解，而某禁忌对象的影响力很大且很快被解禁时，可提前解禁以期得到更好的解。

### 5.5.3 禁忌搜索算法应用设计

禁忌搜索算法广泛用于组合优化问题，除了作为独立算法外，禁忌搜索还可与其他算法结合形成互补。本节构建了一个基于关键块邻域的引入禁忌搜索的邻域搜索算子，对启发式遗传算法的性能改善起了关键作用。

在 CB 邻域算法的实际应用中，我们发现关键块邻域虽然搜索能力强，但存在不少缺点，较为突出的有如下两点：

①对已有调度运用 CB 邻域转换算子得到的新解中经常出现不可行解，这一问题可以通过对新解进行可行化判定解决。

②在邻域搜索过程中易出现“振荡”现象。“振荡”是指在搜索过程中两个可行解由于某种原因多次交替出现，使搜索无法取得进展，搜索中交替出现两个相同的解，搜索曲线呈现有规律的波浪形。出现振荡的可能原因：一是个别解的邻域过小，导致每次搜索都选中同一个邻居；二是邻域选择策略不合理，例如以“最近邻选择”为标准易导致振荡。对于关键块邻域搜索，出现振荡的原因多为第一种。以一个 6×6 为例，其关键块邻居数不超过 $m\times(n-2)\times2=48$ 个，与 2 变换邻域的规模（1 190）相比，悬殊较大，因此关键块邻域搜索中较易出现振荡。避免振荡的有效方法是引入禁忌搜索思想，禁止选取最近被选中的解；引入禁忌队列可在一定程度上避免陷入局部陷阱。

## 5.6　免疫算法及小生境免疫算法设计

### 5.6.1　免疫算法概述

免疫系统是生物，特别是脊椎动物必备的防御机理，它由具有免疫功能的器官、组织、细胞、免疫效应分子及有关的基因等组成，可以保护肌体抗御病原体、有害的异物及癌细胞等致病因子的侵害。这种系统具有免疫防护、免疫耐受、免疫记忆、免疫监视功能，尤其具有较强的自适应性、多样性、学习、识别和记忆等特点。具有这些功能和特点的结构给予研究人员较多的灵感，促成许多基于免疫机理的优化方法的建立。对免疫算法（immune algorithm，IA）的研究源于 20 世纪 90 年代初期，逐渐发展成多种类别的算法，包括免疫遗传算法、免疫规划算法、克隆选择算法、模式跟踪算法等。

由于免疫机理的复杂性，从免疫学原理出发的一般免疫算法框架尚未建立，免疫算法作用于抗体群，抗体群以抗体为对象进行进化。

### 5.6.2 算法流程

免疫算法基本流程如图 5.4 所示。

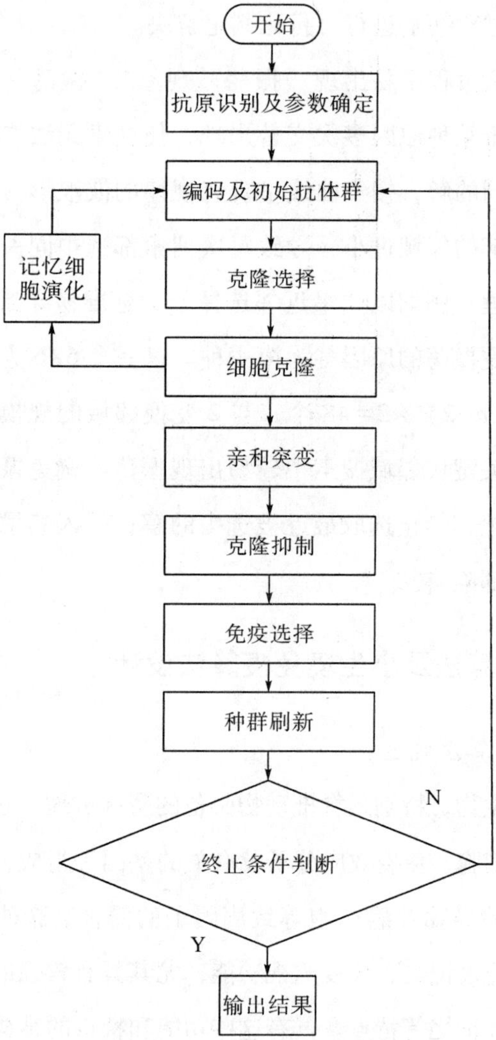


**图 5.4　免疫算法基本流程**

其中，克隆选择：进化群体中亲和力较高的抗体被选择。细胞克隆：被选择的抗体各繁殖一定的数目，为算法的局部搜索（亲和突变）做准备。记忆细胞演化：分化的部分细胞作为记忆系统更新记忆池。亲和突变：克隆细胞依据母体的亲和力进行突变。克隆抑制：对经过变异的克隆体进行再选择，抑制较差个体。浓度高及亲和力低的克隆被清除，不仅保存了克隆的多样化，而且为免疫选择算子选择存活抗体减轻选择压力。免疫选择：依据抗体浓度及亲和力按概率随机选择抗体种群刷新：随机产生新抗体加入种群。

### 5.6.3 算法特点

IA 与 GA 同属于仿生算法，有不少相似之处，但 IA 也有其他算法不具备的特点，包括：

①细胞克隆及亲和度突变的协作体现了邻域搜索及并行搜索特性。

②抗体的选择及突变受其亲和力制约，突变概率被动调节。

③搜索过程处于开采、探测、选择、自我调节的协调合作过程，体现了体液免疫应答中抗体学习抗原的行为特性。

④搜索过程处于开发的环境中，随时有新抗体加入种群，增强了种群多样性。

⑤算法的收敛对初始群体的分布无依赖性。

### 5.6.4 用于调度的小生境免疫算法

本节构造一个用于车间作业调度问题的免疫算法。算法除了对免疫算子进行了独特的设计外，还引入小生境的概念提高种群多样性，称为小生境免疫算法。

### 5.6.5 参数改进设计

参数设计对免疫算法具有极为重要的影响，主要包括：

（1）适应度

适应度也就是抗体与抗原之间的亲和度；为避免与抗体之间的亲和度混淆，以“适应度”代替。对于以最小化为优化目标的调度问题，其适应度需要对目标函数进行变形而获得。本节定义适应度为：

$$f(d_i) = \frac{\lambda \bar{F}}{F(d_i)}$$

其中，$di$：种群中第 $i$ 个抗体；

$f$（$di$）：抗体 $di$ 的适应度；

$F$（$di$）：抗体 $di$ 的目标函数值；

$\bar{F}$：初始种群的平均目标函数值；

$\lambda$：调节系数；$\lambda$ 越大，各抗体间的适应度差距越大。

（2）亲和度

亲和度是指抗体之间的相似程度，它是抗体浓度判定的基础。存在多种亲和度计算方法，令 $di$、$dj$ 分别表示两个抗体，各亲和度定义的描述如下：

①基于适应度（抗体—抗原亲和度）的亲和度 $aff^F$

$$aff^F(d_i,\ d_j) = \frac{1}{1 + |f(d_j) - f(d_i)|}$$

②基于欧式距离的亲和度 $aff^{EU}$

$$aff^F(d_i,\ d_j) = \sqrt{\sum_{k=1}^{L} (d_{ik} - d_{jk})^2}$$

式中，$d_{ik}$，$d_{jk}$ 分别为抗体 $d_i$，$d_j$ 的第 k 位编码；L 为编码长度。

③基于海明距离的亲和度 $aff^H$

海明距离显示了编码之间的差异

$$aff^H(d_i,\ d_j) = \sum_{k=1}^{L} \eta_k$$

其中

$$\eta_k = \begin{cases} 0,\ d_{ik} \neq d_{jk} \\ 1,\ d_{ik} = d_{jk} \end{cases}$$

④基于信息熵的亲和度 $aff^E$

设 N 个抗体构成种群 $P_N$，基因的取值空间为 $G = \{g_1, \dots, g_n\}$，则等

位基因 $g_q$ 在基因座 $k$ 上出现的概率为 $aff^E$ 。

$$P_{qk} = \frac{|\{d_j | d_j \in P_N \wedge d_{jk} = g_q\}|}{N}$$

## 5.7 多元宇宙优化算法

### 5.7.1 多元宇宙优化算法概念

Seyedali 受到天文学中多元宇宙的启发，于 2015 年提出启发式优化算法—多元宇宙优化算法（multi verse optimizer，MVO）。MVO 算法主要是模拟天体在受到黑洞、白洞以及虫洞等共同作用力下的运动行为。与绝大多数的智能优化算法类似，MOV 算法是通过探测和开采两大阶段进行优化和执行。MOV 算法主要是通过黑洞和白洞进行空间探测，利用虫洞理论对探测过的空间进行开采。实际上，MOV 算法中的天体位置都是假想出来的，天体的具体位置受其运动状态的影响而发生变化。在白洞、黑洞和虫洞的共同作用下，整个多元宇宙种群最终将达到一个稳定状态。另外，每个宇宙都有自己的膨胀率，膨胀率的变化影响着白洞、黑洞、虫洞的产生，对宇宙个体位置的更新和整个多元宇宙空间的平衡与稳定都具有重要的意义。MOV 算法的实际优化规则是，从宇宙的膨胀率角度出发，宇宙从膨胀率较高的白洞位置通过虫洞逐步向膨胀率较低的黑洞位置移动，最终达到宇宙的最佳位置。

MOV 算法具有结构简洁明了、参数少、算法执行效率高及便于初学者理解等优点，广泛应用于图像检测、问题优化、聚类分析和电力调度等问题中。在实际应用中，MOV 算法的基本执行步骤如下所示：

### 5.7.2 算法步骤

①设定问题最优解的目标函数 $f$（$U$），初始化宇宙种群。公式中，$N$ 表示宇宙（可行解）的数量，即种群规模，$d$ 表示变量的数量（空间搜索的维度）。

$$U = [U_1, \dots, U_N]^T = \begin{bmatrix} x_1^1 & \dots & x_1^d \\ \dots & \vdots & \dots \\ x_N^1 & \dots & x_N^d \end{bmatrix}$$

②定义最大虫洞概率 $WEP\max$，最小虫洞概率 $WEP\min$，开采度 $p$，最大迭代次数 L，初始化种群规模 $N$，当前迭代次数为 l，物体向最优宇宙移动所需步长 $TDR$，变量数量 $d$。

③计算个体适应度值，并通过判断来选取当前最优宇宙；

④进入主循环，并通过公式 $WEP = WEP_{\min} + 1 \times \left(\frac{WEP_{\max} - WEP_{\min}}{L}\right)$ 以及 $TDR = 1 - \frac{l^{l/p}}{L^{l/p}}$ 实时更新 WEP 以及 TDR；公式中，$l$ 是当前迭代次数，L 是最大迭代次数，$p$ 是开采度。

⑤执行轮盘赌机制，选择过程按照如下公式执行。式中，$NI(Ui)$ 表示第 $i$ 个宇宙的归一化膨胀率，$r_1$ 是［0，1］之间的随机数，$x_k^j$ 表示轮盘赌选择机制筛选出的第 $k$ 个宇宙中的第 $j$ 个物体。

$$x_i^j = \begin{cases} x_k^j \, r_1 < NI(Ui) \\ x_k^j \, r_1 \geqslant NI(Ui) \end{cases}$$

⑥宇宙个体激发内部物体向当前最优宇宙移动，以实现自身膨胀率的改进。这一过程按照如下公式执行。其中，$X_j$ 表示当前最优宇宙的第 $j$ 个物体，$l\,b_j$ 和 $u\,b_j$ 分别表示 $x_i^j$ 的上限和下限，$r_2$、$r_3$ 和 $r_4$ 是［0，1］之间的随机数。

$$x_i^j = \begin{cases} \left.\begin{matrix} X_j + TDR \times [(u\,b_j - l\,b_j) \times r_4 + l\,b_j],\ r_3 < 0.5 \\ X_j - TDR \times [(u\,b_j - l\,b_j) \times r_4 + l\,b_j],\ r_3 \geqslant 0.5 \end{matrix}\right\},\ r_2 < WEP \\ x_i^j,\ r_2 < WEP \end{cases}$$

⑦根据计算更新的最优宇宙，并通过判断决定是否更换当前最优宇宙。

⑧通过终止准则判断是否退出主循环，当宇宙种群迭代次数达到最大

迭代次数或输出最优宇宙精度，满足最小精度要求时，就退出循环，输出最优值和目标函数，否则返回步骤 3，继续循环。

MVO 算法流程如图 5.5 所示。

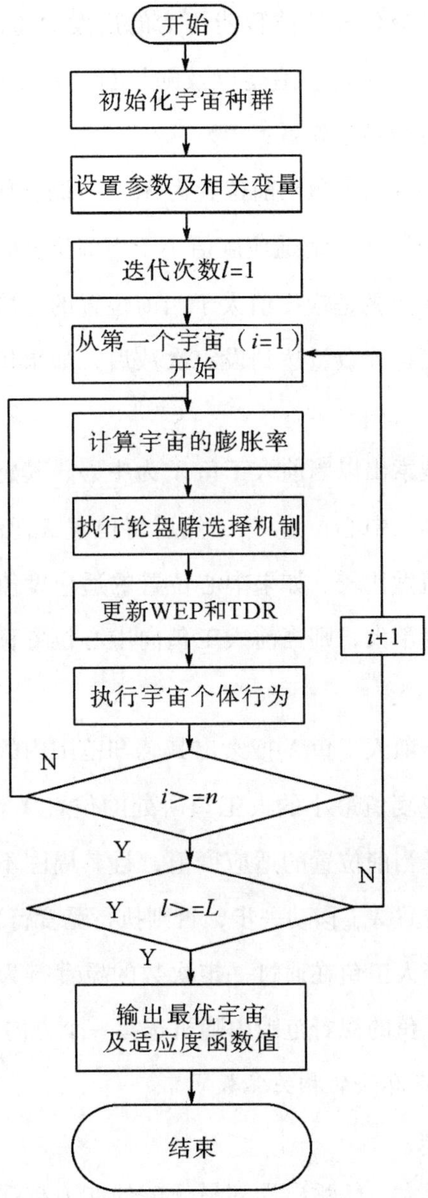


**图 5.5　MVO 算法流程**

## 5.8 人工鱼群算法

### 5.8.1 人工鱼群算法的基本思想

人工鱼群算法是受鱼群群体智能行为的启发而得出的一种优化算法，通过模拟鱼群的觅食、聚群、追尾以及随机行为，求解出问题的最优解。人工鱼群算法中的行为描述如下：

①觅食行为：设置人工鱼当前位置为 $X_i$，随机选择当前感知范围内的一个位置 $X_j$，如果位置 $X_j$ 上的适应度值小于当前位置的适应度值，则向 $X_j$ 位置移动；若位置 $X_j$ 上的适应度值大于当前位置的适应度值，则再次选择位置并进行判断，当选择数量达到设定次数后，如果仍然不满足条件，则随机移动。

②聚群行为：搜索出以当前人工鱼 $X_i$ 为中心、其感知范围内的人工鱼数量，并计算出鱼群的中心位置 $X_{ct}$，然后将位置 $X_{ct}$ 所对应的适应度值与当前位置的适应度值做比较。如果中心位置的适应度值小于当前位置的适应度值，且拥挤程度不大，则当前人工鱼向中心位置移动一步，否则执行觅食行为。

③追尾行为：当前人工鱼 $X_i$ 搜索出其感知范围内的所有人工鱼，在人工鱼群中寻找出适应度值最小的人工鱼所处的位置 $X_{\min}$。如果位置 $X_{\min}$ 所对应的适应度值小于当前位置的适应度值，且其周围不太拥挤，则当前位置的人工鱼向最优位置 $X_{\min}$ 移动一步，否则执行觅食行为。

④随机行为：当人工鱼在通过一定次数的觅食行为之后未发现较优的位置，则在当前人工鱼的视野范围内随机选择一个方向移动。

### 5.8.2 人工鱼群算法的相关参数

（1）人工鱼总数

人工鱼群规模越大，其跳出局部最优解的能力越强，同时，收敛速度也会得以提高，但其缺点在于算法每次迭代时的计算量会增加，从而会影响算法的整体运行效率。因此，人工鱼群算法在进行参数设置时，在满足稳定收敛的前提下，应尽可能减小鱼群的规模数。

（2）拥挤度因子

拥挤度因子表示人工鱼在视野范围内所能允许达到的拥挤程度，其作用就是为了防止鱼群过于集中。例如在求解极大值问题时，拥挤度因子 $d$ 越大，则表明其允许的拥挤度越小，这样有较大概率走出局部最优解，但其收敛速度会降低，原因在于人工鱼在逼近最优解时，会因避免过分拥挤而随机离开，因而不能到达全局最优解。拥挤度因子越小，其所能允许容纳的鱼群数量也就越少，这样就会有部分鱼去搜索其他食物，其有利于算法跳出局部最优进而搜索出高精度的全局最优解，但随着拥挤度因子变小，算法在进行最优全局求解时效率会降低。

（3）人工鱼视野

人工鱼视野对各个行为都有较大的影响，当视野范围较小时，人工鱼的觅食行为和随机行为较为突出，有利于局部寻优；而当视野范围较大时，聚群行为和追尾行为较为突出，搜索速度会有所提升，但算法的复杂度会有所提升。

（4）人工鱼步长

人工鱼步长固定，随着步长的增加，收敛速度会提高，但在超过一定范围之后，收敛速度会明显减慢，如果步长过大，其收敛速度会大幅降低；采取随机步长的方式可以有效防止上述现象的发生，但参数的敏感度会降低。因此，可以采用适合的固定步长来提高收敛速度。

（5）尝试次数

尝试次数设置得越多，人工鱼的觅食行为能力越强，收敛效率越高，但这样会降低算法的运行效率，因此人工鱼群算法可以采用合适的尝试次数。

通过上述对人工鱼的行为描述，每个人工鱼在其所在空间范围内进行搜索，对当前人工鱼所处的环境状态和其他鱼群所处的状态进行分析，选择对自己较为有利的状态，最终搜索出全局最优解。

### 5.8.3 人工鱼群算法的主要步骤

①对人工鱼参数进行设置，将鱼群规模设置为 N，并相对应设置每条人工鱼的初始位置、视野范围、移动步长、拥挤度因子等。

②计算初始鱼群各个体的适应值，取最优人工鱼状态及其值，并记录。

③对每个个体通过适应度函数进行评价，选择适合的行为。

④根据步骤③选择的行为，更新人工鱼的信息。

⑤评价所有个体，对最优的人工鱼个体进行更新。

⑥当达到满意最优解的误差内或达到迭代次数上限，算法结束，否则转到步骤③。

图 5.6 是该算法的基本流程。通过该流程图可以更加形象地描述人工鱼群算法的步骤。

### 5.8.4 人工鱼群算法的特点

①具有较快的收敛速度，可以用于解决有实时性要求的问题。

②不需要问题的严格机理模型，甚至不需要问题的精确描述。

③对参数设定的要求不高，容许范围大。

④对初始值的要求不高，随机产生或设置为固定值均可，鲁棒性强。

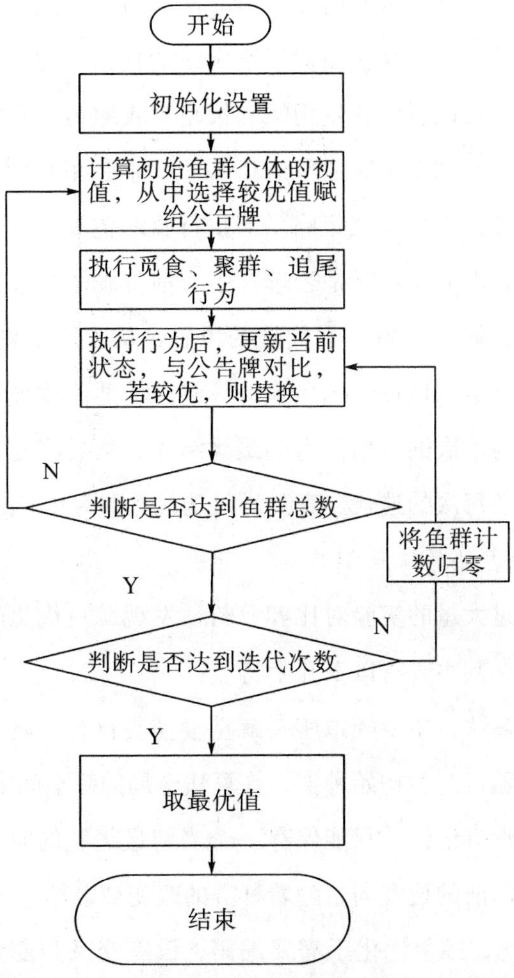


**图 5.6 人工鱼群算法流程**

## 5.9 鲸鱼算法

### 5.9.1 鲸鱼算法的概念

鲸鱼优化算法是解决问题的一种行之有效的方法。鲸鱼优化算法是 Seyedali Mirjalili 教授于 2016 年提出的启发式优化算法，用于模拟座头鲸的捕食行为。该算法原理简单，参数少，运行速度快。

鲸鱼优化算法是基于自然启发种群算法，通过模拟动物的社交行为获得的数学模型。鲸鱼优化算法模拟了座头鲸捕食猎物的整个过程。在鲸的捕食行为中，我们可以看到它使用螺旋策略来收缩包围猎物。为了模拟狩猎行为，我们利用了概率 $p$ 值。当 $p<0.5$ 时，将使用围绕猎物的公式策略；当 $p>0.5$ 时，将使用螺旋公式策略。当执行收缩包围策略时，有必要根据A的绝对值是否大于1来判断是否选择了当前位置的当前最优解。每当迭代次数增加1时，就会更新搜索代理的位置，从而不断更新鲸鱼的位置，然后根据更新要搜索的代理的鲸鱼来计算鲸鱼的适应度值。选取适应值最小的那个鲸鱼作为本次的目前获得的最优结果，然后将随机产生的 $p$ 值代入不同的公式更新每次的迭代，直到满足迭代次数为止。

### 5.9.2 鲸鱼算法的特点

研究学者经过大量的实验对比和分析，发现鲸鱼优化的收敛速度和优化精度较为出色。其主要有以下几个特点：

①属于仿生算法，主要模拟座头鲸觅食捕猎行为，属于一种全局优化方法，在空间内随机产生初始种群，在算法全局的解空间中进行搜索。

②鲸鱼优化没有记忆，只能保存一个当前最优解的向量，其余解位置向量都不保存，以前的位置向量随着种群的改变被破坏。

③与GA相比，鲸鱼优化不需要编码，没有交叉和变异操作，因此原理更简单、参数更少、更容易实现。

④鲸鱼优化中，由于鲸鱼个体的位置只是通过随机因素或根据种群内最优鲸鱼个体的位置进行计算和更新，整个搜索更新过程是跟随当前最优解的过程，因此，很大程度上这是一种单项信息共享机制。

### 5.9.3 鲸鱼算法的策略

(1) 包围猎物策略

在鲸鱼优化中，座头鲸识别猎物位置并包围它们。然而，鲸鱼不能预测猎物的位置。因此，当前鲸鱼群中最好的个体是领导者，而鲸鱼群中的其他个体向当前最优位置移动。

（2）泡泡攻击策略

在鲸鱼优化中，描述鲸鱼气泡攻击模型的方法有两种：一种是收缩包围机制，另一种是螺旋更新位置。

①收缩包围机制：这种行为是通过减少 $A=2ar_1-a$ 中的 $a$ 的值来实现的。需要注意的是，$A$ 的波动幅度是 $a$ 的大小。换句话说，$A$ 是［$-a$，$a$］范围内的随机值，其中 $a$ 在迭代过程中从 2 减小到 0。为［$-1$，1］中的 $A$ 设置随机值，可以在代理的原始位置和当前最佳代理的位置之间的任何位置定义搜索代理的新位置。螺旋更新位置：根据当前鲸鱼与当前最优位置之间的距离，鲸鱼以螺旋方式捕获猎物。

（3）搜寻猎物策略

座头鲸是根据每只鲸鱼的位置随机搜索的。这一阶段的重点是在搜索空间中寻找有希望的领域，并迫使搜索代理游离参考鲸鱼。因此，参数 $|A|>1$ 旨在强制搜索代理远离参考鲸鱼。与利用阶段不同，对猎物的搜索是基于随机代理的位置更新的，而不是根据目前发现的最佳代理。WOA 使用随机搜索猎物策略，它强调探索，代表了此时的全球搜索。

（4）自适应双种群策略

自适应储备种群是由 Taejin Park 博士和 Kwang Ryel Ryu 教授提出的，两个种群的适应度评价函数是不同的。主种群的适应度函数用于评估特定问题的目标函数。备用种群的适应度函数是对与主种群中的个体保持适当距离的个体给予高适应值的函数，从而向主种群提供多样性。这些个体总是与主种群保持适当的距离。

虽然鲸鱼优化已经不错了，但仍有一些缺陷。

（1）种群进化前期的种群多样性丰富，但后期多样性匮乏。鲸鱼优化在前期的随机勘探能够增加种群的多样性。但是，到了中后期，这种勘探能力大大减弱，所以后期算法容易陷入局部最优而无法跳出。

（2）种群之间的信息交流能力是弱的。从现有的算法来看，每一只鲸鱼更新位置信息的参考有三种情况：第一，随机勘探；第二，根据最优鲸鱼位置更新；第三，根据自身位置更新。种群之间的信息交流很少，然而我们认为在进化过程中，种群内的每个个体，以及过去几代的父代的个体都承载着重要的信息。

考虑以上缺陷，双种群鲸鱼优化在不影响主种群进化的同时，根据主种群提供的个体信息进行进化，为主种群提供具有勘探能力的优秀个体。鲸鱼优化可以很容易地解决低维单峰优化问题。然而，在处理高维和多模态优化问题时，鲸鱼优化得到的解是很普通的。

### 5.9.4 鲸鱼算法的步骤

鲸鱼优化算法的基本流程如下：

①初始化种群 $X_i$（$i=1, 2, 3, \cdots, n$），确定最大迭代数。

②计算出每个鲸鱼的适应度值，并找出当前最优解。

③更新变量 $a$，$A$，$C$，$L$ 和概率 $p$。

④如果 $p<0.5$ 并且 $|A|<1$，使用当前最优解的包围猎物公式策略更新鲸鱼搜索代理。

⑤如果 $p<0.5$ 并且 $|A|>1$，使用随机鲸鱼位置的包围猎物公式策略更新鲸鱼搜索代理。

⑥如果 $p>0.5$，使用螺旋公式策略更新鲸鱼位置。

⑦循环以上步骤，满足最大迭代数后停止并输出。

## 5.10 微粒群算法

### 5.10.1 微粒群算法的概念

微粒群算法（particle swarm optimization，PSO）是一种新兴的演化计算技术，它是由 Kennedy 和 Eberhart 受鸟群觅食行为的启发于 1995 年提出的。尽管最初的设想是仿真简单的社会系统，研究并解释复杂的社会行为，但后来发现 PSO 是解决复杂优化问题的有效技术。PSO 是基于群体智能理论的优化算法，通过群体中粒子间的合作与竞争产生的群体智能指导优化搜索。PSO 与人工生命，特别是进化算法有着极为特殊的联系。但相较于进化算法，PSO 保留了基于种群的全局搜索策略，采用简单的“速度-位移”模型，避免了复杂的遗传操作，同时它特有的记忆使其可以动态跟踪当前的搜索情况以调整其搜索策略，具有较强的全局收敛能力和鲁棒性，且不需要借助问题的特征信息。因此，PSO 作为一种更高效的并行搜索算法，非常适于求解复杂环境中的优化问题，对其进行理论和应用研究具有重要的学术意义和工程价值。目前，PSO 在调度领域的研究非常少，因此，如何将 PSO 有效地应用于调度问题是一个非常值得关注的课题。

PSO 是一种基于对自然界中生物捕食现象的模拟而提出的群体进化算法，它具有记忆微粒最佳位置的能力和微粒间信息共享的机制，即通过种群间个体的合作与竞争来实现优化问题的求解。算法首先在可行解空间和速度空间随机初始化微粒群，即确定微粒的初始位置和初始速度，其中位置用于表征问题解。例如，$d$ 维搜索空间中的第 $i$ 个微粒的位置和速度可分别表示为 $X_i = [x_{i,1},\cdots, x_{i,d}]$ 和 $V_i = [v_{i,1},\cdots, v_{i,d}]$。通过评价各微粒的目标函数，得出 $t$ 时刻各微粒所经过的最优位置 $P_i = [p_{i,1},\cdots, p_{i,d}]$，以及群体所发现的最优位置 Pg，再按如下公式分别更新微粒的速度和位置：

$$v_{i,j}(t+1) = wv_{i,j}(t) + c_1 r_1(p_{i,j} - x_{i,j}(t)) + c_2 r_2(p_{g,j} - x_{i,j}(t))$$

$$x_{i,j}(t+1) = x_{i,j}(t) + x_{i,j}(t+1)$$

其中，j=1，2，d，w 为惯性权因子，$c_1$ 和 $c_2$ 为正的加速常数，$R_1$ 和 $R_2$ 为在［0，1］上均匀分布的随机数。通过设置微粒的速度区间［$v_{\min}$，$v_{\max}$］和位置范围［$x_{\min}$，$x_{\max}$］还可以对微粒的移动进行适当的限制。

微粒速度更新公式由三部分组成：第一部分是微粒先前的速度，说明了微粒目前的状态，起到了平衡全局和局部搜索的作用；第二部分是认知部分，表示微粒本身的思考，使微粒有了足够强的全局搜索能力，避免局部极小；第三部分为社会部分，体现了微粒间的信息共享。在这三部分的共同作用下，微粒根据历史经验并利用信息共享机制，不断调整自己的位置，以期找到问题的最优解。

### 5.10.2 算法流程

步骤 1：随机初始化种群中各微粒的位置和速度。若搜索空间为 d 维，则每个微粒中包含 d 个变量。

步骤 2：评价种群中所有微粒，将当前各微粒的位置和目标值存储于各微粒的 pbest 中，将所有 pbest 中目标值最优的个体的位置和目标值存储于 gbest 中。

步骤 3：按式 pbest 和式 gbest 更新各个微粒的速度和位置。

步骤 4：评价种群中所有微粒。

步骤 5：比较种群中每个微粒当前目标值与其 pbest 的目标值，若当前目标值更优，用微粒的当前位置和目标值更新其 pbest。

步骤 6：比较当前所有 pbest 和 gbest 的目标值，更新 gbest。

步骤 7：若满足终止准则，输出 gbest 及其目标值，算法停止运行；否则，转向步骤 3。

PSO 算法的搜索性能取决于其探索和开发能力的平衡，这很大程度依赖于算法的控制参数，包括种群规模、最大速度、最大代数、惯性权因子、加速常数等。PSO 相对其他进化算法而言所需调节的参数较少。

归纳而言，PSO 算法具有如下优点：第一，算法通用，不依赖问题信息；第二，群体搜索，并具有记忆能力，保留局部个体和全局种群的最优信息；第三，原理简单，容易实现；第四，协同搜索，同时利用个体局部信息和群体全局信息指导算法下一步的搜索。

虽然 PSO 是针对单目标无约束连续优化问题提出的，但其在求解多目标问题上具有很大优势。首先，PSO 的高效搜索能力有利于得到多目标意义下的最优解；其次，PSO通过代表整个解集的种群按内在的并行方式同时搜索多个非劣解，因此容易搜索到多个帕累托最优解；再次，PSO的通用性使其适合于处理所有类型的目标函数和约束；最后，PSO很容易与传统方法相结合，进而提出解决特定问题的高效方法。就PSO本身而言，为了更好地解决多目标优化问题，必须解决全局最优粒子和个体最优粒子的选择问题。对于全局最优粒子的选择，一方面要求算法具有较好的收敛速度，另一方面要求所得解在帕累托边界上具有一定的分散性。对于个体最优粒子的选择，则要求较小的计算复杂性，即仅通过较少的比较次数达到非劣解的更新。

## 5.11 多目标粒子群优化算法

### 5.11.1 粒子群优化算法的概念

粒子群算法是一种智能优化算法，由James Kennedy和Russell Eberhart提出，用于优化连续非线性函数。该算法源自寻找食物的鸟群的动作，在优化算法中，粒子定义为变量空间中的任一个合法变量，因此，每个粒子都可以根据目标函数的表达式求解得到该粒子的质量，每个粒子均有其速度和位置，粒子在每次循环中按照速度更新位置，按照整个种群的学习进度和个体的学习进度来更新速度。

从数学的角度来说，假设在一个D维的目标搜索空间中，第$i$个粒子表示为D维空间的向量$X_i^t=(x_{i1}^t,\cdots,x_{id}^t)$，$X_i^t$可被视为搜索空间的一个潜在解。第$i$个粒子移动的速度表示为D维的向量$V_i^t=(v_{i1}^t,\cdots,v_{id}^t)$，第$i$个粒子在前$t$轮迭代中搜索到的最优位置称为个体极值$P_i^t=(p_{i1}^t,\cdots,p_{id}^t)$，整个粒子群在前$t$轮迭代中搜索到的最优位置为全局极值$P_g^t=(p_{g1}^t,\cdots,p_{gd}^t)$。

更新粒子的速度和位置：

$$v_{id}^t = w\,v_{id}^{t-1} + c_1 r_1(p_{id}^t - x_{id}^t) + c_2 r_2(p_{gd}^t - x_{gd}^t)$$

$$x_{id}^{t+1} = x_{id}^{t} + v_{id}^{t}$$

其中，$c_1$ 为认知学习因子，$c_2$ 为社会学习因子，$r_1$ 和 $r_2$ 为服从均匀分布 U（0，1）的随机数，$w$ 是惯性权重。

公式中的速度更新部分由以下三部分组成：$v_{id}^{t-1}$ 为该个体上次循环时的速度，该部分可以保证种群的多样性；$p_{id}^{t} - x_{id}^{t}$ 为该个体与其历史极值的差异，会引导粒子向个体极值靠近；$p_{gd}^{t} - x_{gd}^{t}$ 为该个体与全局极值的差异，会引导整个种群向可能的全局极值靠近。

5.11.2　粒子群优化算法的基本流程

标准粒子群算法流程如图 5.7 所示。

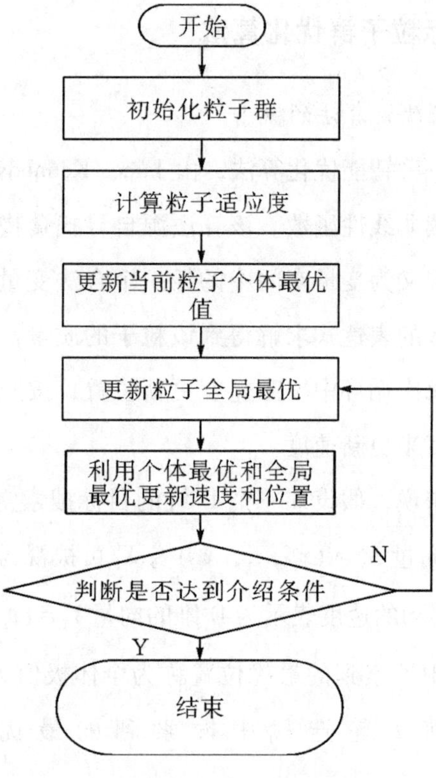


图 5.7　标准粒子群算法流程

①在搜索空间上创建具有随机位置和速度的粒子群。

②计算当前粒子的适应度值。

③更新当前粒子个体极值 tiP。

④更新种群全局极值 tgP。

⑤更新粒子速度和位置。

⑥当精度满足优化算法的需求或者系统循环次数达到上限时，退出算法，否则返回步骤（2）。

5.11.3 粒子群优化算法的问题及策略

多目标优化问题的定义如下：

$$f(x^*)=(f_1(x^*),\ f_2(x^*),\dots,\ f_m(x^*))$$

$$s.\ t.\ \begin{cases} g_i(x)\leqslant 0(i=1,\ 2,\dots,\ k) \\ h_i(x)=(i=1,\ 2,\dots,\ l) \end{cases}$$

式中，$X=[x_1,\dots,\ x_n]^T$ 为待优化变量，$g_i(x)$ 为不等式约束，$h_i(x)$ 为等式约束，$f_m(x^*)$ 为目标函数，$m$ 为待优化目标个数。

对于多目标优化问题来说，当满足一个目标函数的极值时，其他函数可能并不会达到极值，一个目标函数得到改进时，其他目标可能会变差，即多目标极值相互约束和制约。

在粒子群算法中，需要依靠个体极值和全局极值指导整个种群的前进方向，当粒子的适应度有差异时，通过以下两种策略判断需要保留哪个粒子。

（1）个体极值更新策略

个体极值的选择通过将当前值与历史最优值比较得到，在帕累托支配的基础上，若当前值被历史最优值支配，则舍弃当前值；若当前值支配历史最优值，则更新个体极值；若没有支配关系，则随机选择其中一个作为当前极值。

（2）全局极值更新策略

算法需要维持搜索到帕累托解集，当需要更新全局极值时，需要从帕累托解集中选择最优粒子，为了维持粒子群多样性，通过拥挤度来判断解集中粒子的质量，从而选择最优解。在每一轮迭代中，得到当前粒子的适应度值之后，判断当前粒子是否为帕累托解，若为帕累托解，则更新帕累托解集，选择具有最高拥挤度距离的粒子作为全局最优解，后续更新粒子群的位置和速度时使用。

多目标下的粒子群算法相对于标准粒子群算法，主要利用帕累托支配关系和帕累托解集，替换原始的个体最优更新和全局最优更新两个步骤，相对于单目标，最终得到的解集为一个帕累托解集，具体流程如图 5. 8 所示。

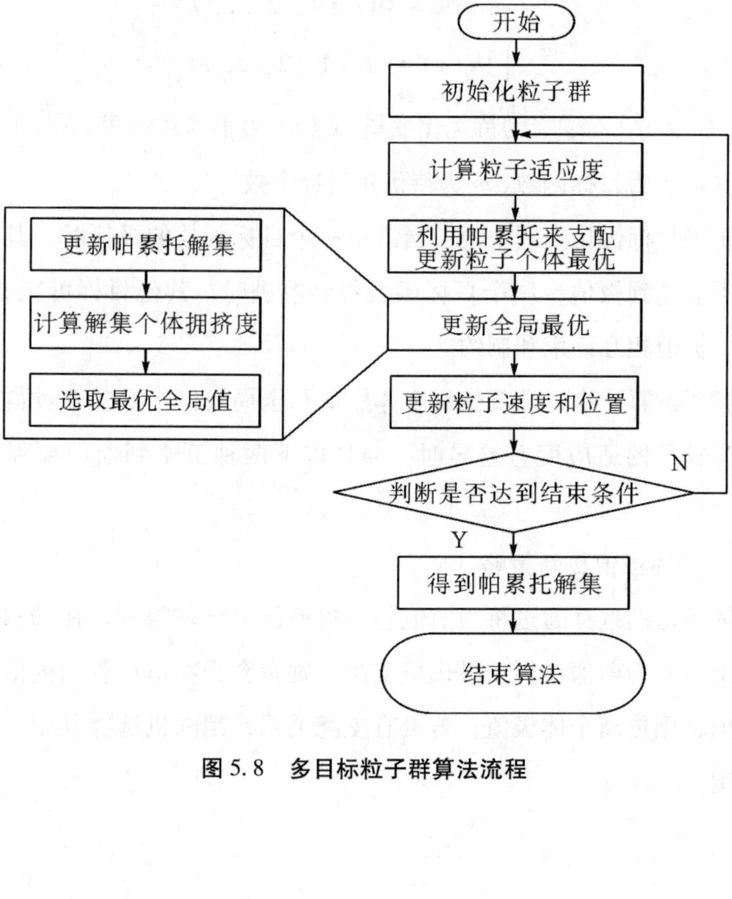


图 5. 8　多目标粒子群算法流程

# 6 基于大数据服务碳中和机械产品加工过程设备优化调度

进入21世纪以来，中国的生产制造业得到了迅速发展，制造企业的各种生产调度理论及其工程应用也越来越受到关注。制造企业的生产调度是指在固定资源情况下，满足某些约束条件，如作业的工序约束、最大完工时间最小等不同优化目标约束、最早开始时间、设备可用时间及其非可用时间约束等，在这些约束情况下对生产作业执行进行排序，按照排序的结果进行资源分配，使其在生产目标方面达到最优。

设备调度与制造企业的生产调度属于包含关系，设备调度是制造企业的生产调度的核心部分。在一些大型的制造型企业中，设备的优化调度可以延长设备的使用年限，缩短工件的完工时间等，提高企业竞争力。随着我国市场供求关系的日益紧张，制造行业的竞争越来越激烈，当前制造业正面向多品种、小批量的制造形式蓬勃发展。在此种形式下，企业的设备调度难度加大，依靠传统经验进行生产设备调度，可能会导致生产计划不能很好地执行，从而使零件的加工周期变长、设备利用率下降，极大地影响企业的生产效益和长期发展。

## 6.1 设备调度问题

### 6.1.1 设备调度问题的概念

设备调度主要是在确定的零件加工工艺路线和有限的制造资源数量的

条件下，对零件的加工顺序和加工机床进行安排，从而满足加工时间最短、车间能耗最小、生产周期最短等生产要求。同时，不同的车间应用场景，其生产方式不同，需要设计不同的调度模型对其进行求解，因此为了更有效地求解调度问题，需要对其进行分类。

根据加工机床数量的不同，可以将设备调度问题分为单机调度问题和多机调度问题。

根据工件工序对应的加工机床是否固定，生产车间可以分为流水车间和作业车间。流水车间的特点是在该加工系统中，有一组待加工的零件，且零件的加工工艺路线和加工机床是确定的，因此求解此类调度问题，只需要对这组零件的加工顺序进行安排；在作业车间中，除了要安排零件的加工顺序外，还要针对每个零件的每道工序选择相应的机床进行加工，即作业车间与流水车间最大的区别是所有工序的加工机床是否固定。由于作业车间调度问题在求解时比流水车间调度问题多了一个机床的维度，因此作业车间调度问题更符合车间实际，复杂度更高、求解难度更大，同时此类问题适用于目前大部分企业的制造车间。

根据车间加工状态是否稳定，又可以将车间调度问题分为静态调度问题和动态调度问题。静态调度问题是指整个车间生产过程的加工状态是稳定的，即零件加工、机床状态、工序任务等均处于正常状态，不会让异常状况对调度计划产生影响。动态调度问题，即重调度问题，与静态调度问题相反，由于在生产过程中会发生紧急插单、机床故障、工人离岗等各种异常扰动情况影响生产计划，因此需要对之前的调度结果进行动态调整，尽量减少车间异常扰动对生产计划的影响。目前，我们常常将静态调度和动态调度作为调度问题的两个阶段，即未开始加工，生成初始调度计划之前的问题都是静态调度问题，一旦开始加工，车间调度问题就成为动态调度问题。

根据调度模型的性能指标数量，车间调度又可以分为单目标调度和多目标调度。

### 6.1.2 设备调度的特点

车间的设备调度问题一般认为是 NP-hard 问题，是在所有调度模型中最具有难度和复杂度的问题之一。设备调度问题的特点主要如下：

（1）普遍性

在现代社会生活中不仅仅是制造型企业会用到设备调度，它在其他方面也常常会用到，如建筑业、医疗业等。

（2）复杂性

由于每次设备调度的机器数目不同、工序不同、求解的难度也不同，且随着机器数目增多、工序增多，设备调度的复杂性逐渐增加。

（3）不确定性

由于车间资源是有限的，同时也在不停地变化，会有很多不确定的因素，如供货时间的变更，材料的突然缺少，紧急派单等情况都会导致设备调度的不确定性。

（4）多约束性

设备调度的约束情况有很多种，如设备可用时间段和不可用时间段的约束、工序约束、完工时间约束、资源约束等。

（5）多目标性

调度人员在制订调度计划的时候会考虑许多优化目标，如同时满足加工时间短、制造成本低、生产拖期短等目标。这些目标大部分是互相矛盾的，即不能同时满足最优，设计调度计划的时候需要平衡这些优化目标，尽量满足车间生产的要求。

### 6.1.3 大数据与设备调度

随着数据采集技术、信息技术和网络技术的发展，大量智能传感器和数据采集装置被应用到制造车间当中，更多更准确的生产数据能够被获得。数字孪生技术通过在虚拟世界中构建物理实体模型，能够及时地模拟物理实体的特征、行为、性能等，能充分地利用积累的生产数据来提高生产效率，实现制造系统的智能化。制造数据是制造业的核心要素，是信息化工厂的重要资源，是科学分析和决策的关键因素。许多企业基于长期积累的制造数据建立企业级数据仓库系统。制造数据以不同的结构类型（如结构化关系表、非结构化平面文件等）广泛分布在异构系统平台上。针对多目标调度模型，不同的目标具有不同的物理意义、采集方法以及数据类型。因此，实现异构数据库之间数据的同步存储和共享成为制造领域的热点目标。

设备调度问题主要是对零件的加工顺序和加工机床进行安排，从而满足加工时间最短、车间能耗最小、生产周期最短等生产要求。车间是包含制造设备、人和生产活动等的客观存在的实体，借助传感器以及信息控制技术，可以实现车间数据（包括工人、机床、工装夹具、工件等）的采集上传以及生产指令的执行，以数据的形式反映车间的状态。将采集的数据进行预处理，预处理包括清理无效数据和过滤冗余数据，然后对预处理后的数据进行封装，获得有效的车间数据模型。设备调度决策关乎整个调度系统的功能实现，是针对不同状况的调度策略的集合，在大数据的驱动下对车间设备调度生产的全流程进行管控，大数据为设备调度提供数据基础。企业通过调度优化算法为车间安排生产计划并下放到物理车间，然后在生产过程中利用实时数据对整个生产流程进行监控，实现对车间动态变化的及时感知，并快速做出响应决策，实现车间设备的高效运行。

### 6.1.4 设备低碳优化调度

机械产品加工过程中设备的使用会产生包含 $CO_2$在内的多种温室气体。为了能够更好地评估制造车间在生产过程中产生的碳排放量，优化车间碳排放，企业需要对产品在车间的生产过程进行分析。根据碳排放的来源不同，本书将车间生产过程的碳排放分为直接碳排放和间接碳排放。图 6.1 为机械产品加工过程中的碳排放分类，其中直接碳排放主要是指生产过程直接消耗各类能源而产生的碳排放。间接碳排放是指虽然该阶段没有产生碳排放，但是该阶段的某些物品在生产和处理时会产生碳排放。在制造车间尤其是热处理和锻造加工过程中，会消耗大量的煤炭、石油、天然气等化石能源，产生各类温室气体。间接碳排放主要是指使用电能等二次能源产生的碳排放、各类物料中隐含的碳排放和处理加工废料时产生的碳排放。机械加工作为制造业中一种以电能驱动为主的能量密集型加工方式，设备运行、物料转移、工序流转以及车间各项辅助系统的正常运行都会消耗电能，电能的生产过程中本就伴随着大量碳排放。物料隐含的碳排放主要是指毛坯原材料以及刀具、切削液等辅助物料在制备过程中产生的碳排放，这些资源随着工件的加工被逐步消耗，根据消耗程度来计算调度过程中该部分资源产生的碳排放；加工过程中会产生多种废料，废料处理所消耗的能源以及所用的各类化工用品都会产生碳排放。

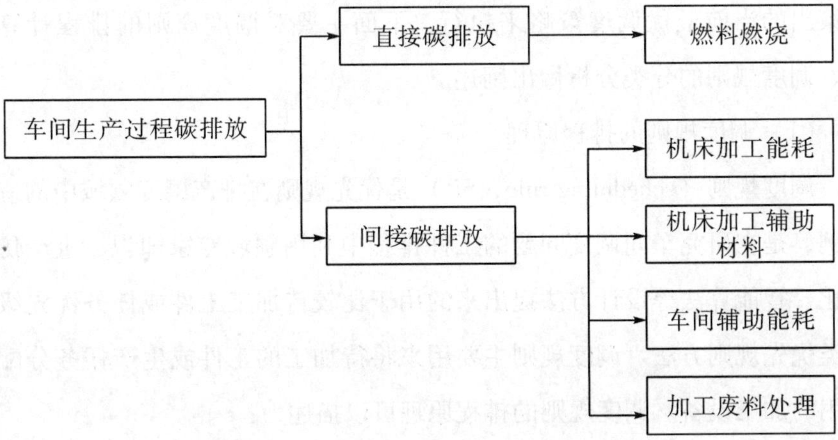


图 6.1 机械产品加工过程碳排放分类

在车间生产过程中，机床设备会有大量的能耗和碳排放，不仅需要考虑加工时的能耗和碳排放，也要考虑设备在不同状态下的不同能耗和碳排放。车间内的一些辅助设备也会造成能量消耗和碳排放，如一些工件在加工时会释放大量热量，这时便需要加入冷却液来保证设备继续运转。机床设备种类繁多，产品的同一加工过程往往可以由不同的机床来实现，机床设备与产品加工的形位精度、加工效率、生产成本以及其对环境的油液、噪声污染等有很大的关系。因此，合理地调度机床设备具有重要意义。设备节能低碳调度优化是智能制造中绿色制造方向的重要研究内容，通过合理优化资源配置、工序排序、操作模式，以实现提升效率、节能减排、提高效益的目标。因此，节能低碳调度优化是制造业提高效率、提升企业竞争力的关键技术方法。基于大数据服务碳中和机械产品加工过程设备优化调度是基于大数据，以减少机械产品加工过程碳排放等为目标对设备进行调度，调度过程考虑各类生产限制条件，设备调度结果可以为企业低碳生产提供建议。

### 6.1.5 设备调度规则

待调度工件（任务）与设备的排程计算使用生产数据驱动的调度系统决策出的当前最优调度策略来执行。下面主要对调度规则的排程计算原理、调度规则的分类分析做出阐述。

（1）调度规则的排程原理

调度规则（scheduling rule，SR）是优先规则在排产调度领域中的应用特例，是在研究车间调度问题的工件排程中利用领域专家知识、生产仿真优化、智能算法等设计方法提出来的用于比较待加工工件或任务优先级的一类优先规则方法。调度规则主要用来将待加工的工件或生产任务分配给可用的加工设备。调度规则的排程原理可以描述为：

在车间生产加工过程中，当某台加工设备有多个待加工工件或任务时，根据调度规则定义的分配策略对不同待加工工件或任务的优先次序进行排序；然后让设备选择优先值最高的工件或任务进行加工，直至完成所有的加工任务，工件或任务的优先值一般基于工件、设备、车间的生产特征等信息进行计算。

以实际生产中常见的柔性作业车间的排产调度（flexible job - shop

scheduling problem，FJSP）为例，具体说明一下使用调度规则对待加工工件和设备进行排程的基本操作过程。柔性作业车间由于增加了可用加工设备的柔性，在设备与工件的排程中存在着设备选择工件进行加工和工件的工序从多个设备中选择一个安排加工的两层分配问题，故一般使用双层调度规则进行排程计算：第一层规则用于待加工工件在同一台设备上的加工排序，第二层规则用于工件的工序所使用的加工机器的选择。首先定义如下几个概念：

①当前时间点 $t$：所有待加工工件中，最早可加工的那个时间点。

②待加工任务集：由待加工工件工序和工件可用时间两部分内容组成。

③待加工工序集：$t$ 时刻所有能加工的工序集合。

④可选设备集：由工序可选择的加工设备和设备可用时间两部分内容组成。

⑤可用设备集：$t$ 时刻某工序全部可使用的设备集合。

根据上述定义，调度规则的具体排程计算步骤如下：

步骤 1：建立待加工任务集和可选设备集。

步骤 2：依据待加工任务集，选择当前时间点 $t$ 全部可加工的工序组成待加工工序集。

步骤 3：依据第一层调度规则对所有待加工工序集中的工序进行排序，并选择排序优先值最高的工序作为待加工工序。若多个工序优先值相同，则从中随机选择一道工序进行加工。

步骤 4：依据待加工工序的可选设备集，更新 $t$ 时刻工序的可用设备集。

步骤 5：依据第二层调度规则对全部可用设备集进行排序，从中选出优先值最高的那台设备作为本工序的加工设备，若多个设备优先值相同，则从中随机选择一台设备作为加工设备。

步骤 6：更新待加工任务集和可选设备集。

步骤 7：判断是否完成所有工序的排程调度，如果是，则输出调度方案，如果不是，则返回步骤 1。

（2）调度规则的分类

不同的车间生产具有不同的调度规则，复杂调度规则大多是在基本调度规则的基础上对其进行组合或变形，一般按照工件、车间、设备三类特征信息可将调度规则划分为三大类。其中，依据工件特征信息的规则类型具体有基于交货期的规则、基于加工工时的规则、基于开工准备时间的规则、基于工序数的规则、基于松弛时间和允许时间的规则和基于达到时间的规则。依据车间信息的规则具体有基于达到时间的规则和基于车间信息的规则。依据设备信息的规则具体为基于设备信息的规则。

## 6.2 调度数据样本研究

### 6.2.1 数据样本来源

生产数据包括产品和机器设计的数据，制造过程的成本和操作数据，以及经营、设备调试和维护等过程中产生的数据，利用这些数据可以对生产对象的生产过程进行管理。企业在产品由原材料到成品的各个环节会产生大量的贸易和消费数据，通过数据挖掘和分析，可以帮助企业进行需求分析和成分控制。对于后期服务，分析生产数据可以将产品设计缺陷和生产加工过程的缺陷挖掘出来，从而更早地发现问题。

基于大数据服务碳中和机械产品加工过程设备优化调度实施自然离不开排产调度相关的车间生产系统数据，一般跟排产调度有关的生产系统数据包括：

①所有产品结构信息。

②所有产品的制造工艺信息。

③所有可用生产资源信息。

④描述车间生产系统状态的生产系统属性信息。

⑤其他信息，如订单、生产日历信息等。

上述数据信息中的①②③⑤均可在制造企业的 ERP、MES 等生产管理信息系统中获得。这些信息对企业级的生产计划的制订和车间级的排程计算（待加工工件或任务与可用设备的选择排序）是必要的。然而，对于动态作业车间环境下的调度策略决策问题，基于数据的调度策略决策模型主要还是依赖当前车间生产系统环境的实时状态信息进行生产系统状态的判断，进而做出最适合当前生产工况的调度策略。关于车间生产系统状态的有效描述，可由车间中的一些生产系统属性数据进行表征，这些生产系统属性数据在实际生产中可由车间级的生产管理信息系统（如 MES）和其他车间生产监控信息系统获取，在研究中则可以通过生产系统仿真软件进行车间生产仿真，从中获得车间生产系统属性的信息值。

### 6.2.2 数据采集

机械产品加工过程设备优化调度过程中产生的数据量十分庞大，且种类繁多，但部分企业缺乏科学有效的数据采集手段，仍然通过工人手工记录的方式对车间的数据进行采集。手工记录的方式不仅效率低，容易出错，而且采集的数据时效性较差，远远达不到实时数据的要求。目前常见的数据采集技术有：条形码技术、射频识别（radio frequency identification，RFID）技术和传感器技术等。其中，RFID 和传感器是物联网技术中的关键技术。

#### （1）条形码技术

条形码技术主要包括一维条形码和二维条形码。其中，二维条形码的容错能力强，且可存储的信息量更大。条形码具有可靠性高、制造成本极低的特点。但是，由于条形码标签容易损坏，读取距离较短，且无法满足多个目标同时识别，因此在复杂的车间环境下应用的范围较小，目前常应用在物料流转或者仓库管理中。

（2）RFID 技术

RFID 技术作为物联网技术中的核心，随着物联网的兴起，广泛应用于物体的标识。RFID 技术能够快速对范围内的大量物体进行自动识别，同时具有安全性高、读写距离长、标签内的信息不易被破坏且可以随意修改等优点，因此多用于采集车间内的人员、物料、刀具和夹具等制造资源的信息采集。

（3）传感器技术

传感器技术主要借助各类传感器实现对车间内的机床、刀具等难以直接通过测量或者测量起来较为麻烦的物体进行数据采集，主要应用于获取设备的运行状态参数、检测零件的加工质量以及采集车间内的环境信息等场景。

此外，随着数控机床的发展，目前许多设备都有可以直接进行数据采集的接口。接口的类型可以分为网口和串口。其中，带网口的设备可以利用 TCP/IP 协议实现机床通信，带串口的设备可以利用串口直接实现串行通信。

### 6.2.3 数据监测分析

虽然基于大数据服务碳中和机械产品加工过程设备优化调度中涉及许多对象，但并不是对所有的对象都要进行监控。为了能更有效地实现车间生产监控，更好地服务于生产调度，企业需要对车间生产过程进行分析，提炼出需要监控的对象。

对于这些对象的数据，可以根据数据的类型以及时间特点分为基础数据、实时数据和历史数据。其中，基础数据主要是指所有监控对象的基本属性信息，这些数据在车间生产加工开始之前就已经预先定义好，并且在车间生产加工的过程中不会发生改变，主要作用是对这些监控对象进行标识；实时数据是指所有监控对象在生产加工过程中产生的实时数据，如机床加工状态、工序完成情况、零件加工质量等，这些数据在车间生产加工过程中随时都在发生变化，且能反映车间的实时运行状态，因此实时数据是实现车间生产过程监控的主要数据来源；历史数据是指所有监控对象在完成之前的生产加工后所保留下来的重要数据，如机床故障时间、机床维修时间、工人加工零件的优良率等，主要作用是可以通过对这些数据进行分析，从而有效地指导当前制造车间的生产监控。

为实现制造基于大数据服务碳中和机械产品加工过程设备优化调度，本书构建如图6.2所示的实时数据驱动的车间状态监测框架，框架包括实时数据采集层、数据集成处理层和生产事件处理层。实时数据采集层针对车间制造资源（包括工人、机床、工装夹具、工件等），借助RFID设备或者直接使用机床自带的串口、网口实现数据采集。数据集成处理层将采集的数据进行预处理，包括清理无效数据和过滤冗余数据，获得有效的车间数据模型，然后对预处理后的数据进行封装。生产事件处理层利用异常事件知识库和复杂事件处理技术将封装后的数据模型转换成车间异常事件，并分析获取到的事件，将其转换成车间实时状态信息，上传至RFID数据库，同时输入车间调度系统。

### 6.2.4　数据处理

由于数据库的数据是庞杂的，容易受到噪声或缺失值的影响，异构数据源的情况更加不稳定，因此，数据预处理是数据分析的一个重要环节，通过预处理技术可以提高数据的可靠性、可解释性，使得后续的分析与挖掘更加准确和高效。

数据质量的三个重要指标分别是完整性、准确性和一致性。这三点统称为数据的可靠性。不完整的数据可能是因为采集不能被收入数据库中、人工输入时产生疏漏、网络延时或机器故障导致数据丢失。由于这些缺失的数据可能会让数据的整体特征发生偏移，因此要对这些丢失的数据进行补齐。数据不准确的原因可能是人工输入时产生错误、在数据传输中产生错误值、字符输入格式错误等。对于这类问题应指定对应的规则，校验相关数据，只有符合规则的数据才被认为是正确的。例如，订单的数量出现负数，这明显是不正常的，应当认定为是错误数据。数据出现不一致大多是因为网络或者服务器故障，导致部分副本读写失败或者更新的返回发生错误，从而使得数据内容产生冲突。这种情况可以采用分布式系统，将不同的副本存放在不同的机器中，或者通过一致性协议进行权衡。

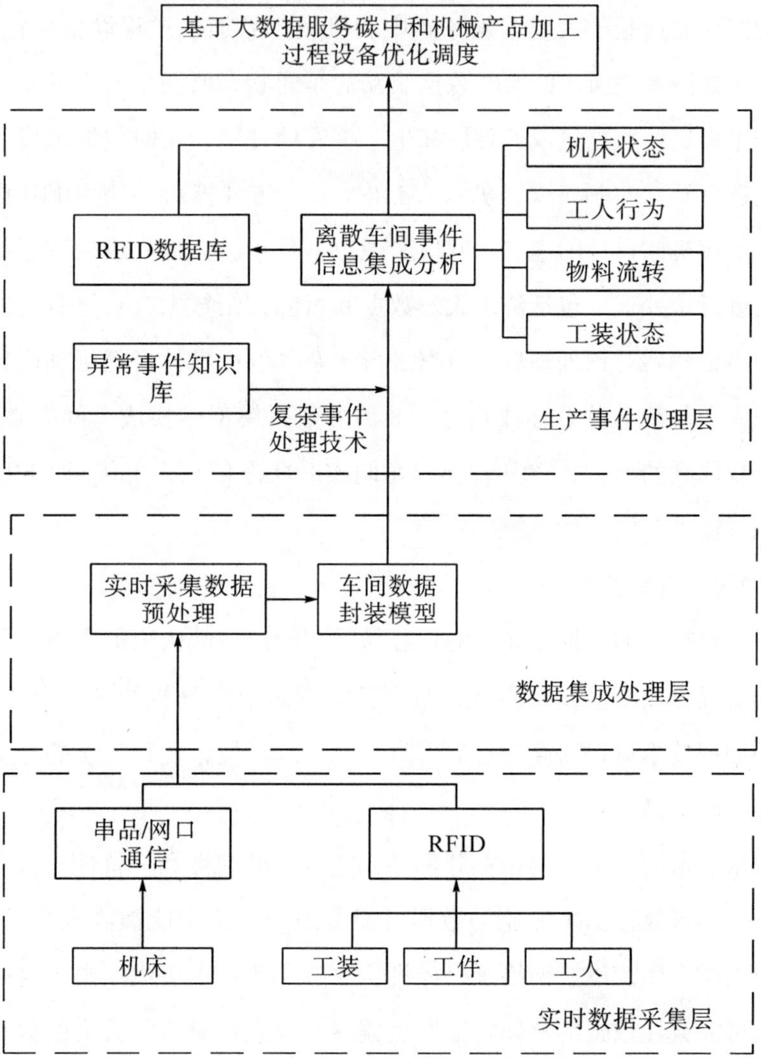


图 6.2　实时数据驱动的车间设备状态监测流程

数据处理的方法包括数据的清洗、修正、变换、归约等。其中，数据清洗指的是对数据进行校验和审查，去除重复的信息，补足缺失的内容，把所谓的数据中“脏”的部分去除掉。数据修正指的是对在采集或者试验中得到的具有偏差或误差的值进行修正，可采用线性回归等方式，设定偏差的阈值与自动调整的策略，对于超出阈值的数据进行修改，或者采用插值法（如线性插值、牛顿差值、拉格朗日插值等方法）将数据调整到合理的范围内。

## 6.3　案例分析

在实际生产加工过程中，满足同一加工特征的机床设备往往有多种，如何对满足加工要求的机床设备做出选择十分重要。专家针对机床选择问题提出了许多的方法，但大部分研究在进行评价模型求解时采用定性分析，定性分析虽然能够简化计算，但所构建的模型与实际情况的一致性存在脱节现象。本书系统地分析了零件加工过程的碳排放和加工时间，建立多设备统一的碳排放和高效生产的设备选择模型，利用天牛须搜索算法求解。本书通过车削加工实例验证了该方法，为企业生产设备选型提供参考（Xiao 等，2023）。

### 6.3.1　设备选择计算模型

在实际生产加工过程中，机床工艺参数的选取对加工效率、加工总成本、工件质量和向环境排放的二氧化碳量等有重要影响。选取合适的切削工艺参数对政府、企业及用户都具有重要意义。

（1）时间函数

一个工序加工过程的加工工时包括切削时间、换刀时间、工序辅助时间。最短加工工时的切削用量可使生产效率达到最高。加工过程时间函数的数学模型可表示为

$$T_P = t_m + t_{ct}\frac{t_m}{T} + t_{ot} \tag{6-1}$$

$$t_m = \frac{L_w\Delta}{nfa_{sp}} = \frac{\pi d_o L_w \Delta}{1\ 000 v_c f a_{sp}} \tag{6-2}$$

泰勒广义刀具的耐用度计算公式为

$$T = \frac{C_T}{v_c^x f^y a_{sp}^z} \tag{6-3}$$

式中，$t_m$ 是工序切削时间，$t_{ct}$ 是换刀一次所用时间，$t_{ot}$ 是除换刀外其他辅助时间，$T$ 是刀具寿命，$L_w$ 是加工长度，$\Delta$ 是加工余量，$n$ 是主轴转速，$d_0$ 是工件直径，$v_c$ 是切削速度，$f$ 是进给量，$a_{sp}$ 是切削深度，$C_T$ 是与切削条件有关的常数，$x$，$y$，$z$ 是刀具寿命系数。则加工过程时间函数为

$$T_P = \frac{\pi d_0 L_w \Delta}{1\ 000 v_c f a_{sp}} + \frac{t_{ct} \pi d_0 L_w \Delta v_c^{x-1} f^{y-1} a_{sp}^{z-1}}{1\ 000 C_T} + t_{ot} \tag{6-4}$$

（2）碳排放函数

机床在生产加工过程中碳排放的来源主要包括五部分：原材料消耗产生的碳排放 $C_m$ 、生产加工中的电能消耗产生的碳排放 $C_e$ 、刀具磨损产生的碳排放 $C_t$ 、机床切削液损耗产生的碳排放 $C_c$ ，以及对加工废料的废弃处理产生的碳排放 $C_s$ 。加工过程对原材料消耗和废屑处理碳排放的影响很小。因此，切削生产产生的碳排放为

$$C = C_e + C_t + C_c \tag{6-5}$$

①电能消耗产生的碳排放

消耗电能产生的碳排放 $C_e$ 可表示为

$$C_e = F_e E_e \tag{6-6}$$

式中，$F_e$，$E_e$ 分别为电能的碳排放因子和电能消耗量。

②刀具磨损产生的碳排放

机床切削生产中，刀具磨损产生的直接 $CO_2$ 排放较少，大多为间接 $CO_2$ 排放，即刀具生产产生的 $CO_2$ 排放在实际切削加工中的均摊。刀具磨损产生的 $CO_2$ 排放运算利用在刀具使用时间内按加工时间折合到生产过程的计算方法

$$C_t = \frac{t_m}{T_t} F_t W_t \tag{6-7}$$

$$T_t = (N + 1)T \tag{6-8}$$

式中，$F_t$，$W_t$ 别表示刀具的碳排放因子及刀具质量。$T_t$，$N$，$T$ 分别为刀具寿命、磨刀数、刀具耐用度。

③切削液消耗产生的碳排放

切削液消耗产生的 $CO_2$ 排放主要由两部分组成：矿物质油制造导致的 $CO_2$ 排放 $C_o$ 和切削液使用后的废液处置产生的 $CO_2$ 排放 $C_w$ 。切削液在生产中更替时间较长，针对实际生产中的具体工况，切削液消耗产生的 $CO_2$ 排放应用与刀具磨损产生的 $CO_2$ 排放同样的时间折算方法，即应用在切削液更替周期内按加工工时折合到生产总时间中的方式，则由切削液消耗产生的碳排放为

$$C_c = \frac{T_p}{T_c}(C_o + C_w) \tag{6-9}$$

$$C_o = F_o(C_C + A_C) \tag{6-10}$$

$$C_w = F_w[(C_C + A_C)/\delta] \tag{6-11}$$

式中，$F_o$，$F_w$ 分别是矿物质油碳排放因子、切削液废弃处理碳排放因子。$C_c$，$A_c$ 分别是切削液初始量、切削液附加量。$\delta$，$T_c$ 分别是切削液浓度及更替周期。

切削液消耗的碳排放因子主要由两类组成：一类为纯矿物质油生产加工的碳排放因子 $F_o$ ，另一类为切削液废弃处置的碳排放因子 $F_w$ 。关于纯矿物质油生产的碳排放因子 $F_o$ ，其表达式为

$$F_o = E_{Eo}E_{Co} \times \frac{44}{12} \tag{6-12}$$

式中，$E_{Eo}$，$E_{Co}$ 分别是矿物质油内含能值（GJ/L）及矿物质油碳含量（kgC/GL）。矿物油类的内含能值在 41 868～42 705 kJ/kg，本书优化时选取 42 287kJ/kg，$CO_2$ 排放因子取 20 kgC/GJ。室温下，矿物质油的密度一

般在 0.86~0.98g/cm$^3$，本书取 0.92，由上述参数可知矿物质油的 $CO_2$ 排放因子取 285kg$CO_2$/L。

（3）约束条件

切削加工生产中，工艺参数的选取主要受机床刚度、机床切削参数的限定范围、机床功率及被加工工件表面质量等要求的限制。

①机床功率约束

金属切削生产中，切削功率不能超过机床主轴电动机的最大功率 $P_{max}$，即

$$\frac{F_c v_c}{1\ 000\eta} \leqslant P_{max} \tag{6-13}$$

式中，$\eta$ 为机床效率。

②切削力约束

金属切削生产中，产生的切削力 $F_c$ 不能大于机床额定的切削力，即

$$F_c \leqslant F_{max} \tag{6-14}$$

③主轴转速约束

$$\frac{\pi d_0 n_{min}}{1\ 000} \leqslant v \leqslant \frac{\pi d_0 n_{max}}{1\ 000} \tag{6-15}$$

式中，$n_{min}$，$n_{max}$ 分别表示机床主轴极限转速。

④进给量约束

$$f_{min} \leqslant f \leqslant f_{max} \tag{6-16}$$

式中，$f_{min}$，$f_{max}$ 分别表示机床允许的极限值。

⑤工件加工质量约束

加工过程中，为了保证工件的加工质量，其表面粗糙度 $R$ 应满足加工要求，不能超过最大表面粗糙度 $R_{max}$。

$$R \leqslant R_{max} \tag{6-17}$$

### 6.3.2 天牛须搜索算法

天牛须搜索算法（beetle antennae search，BAS），是一种受到天牛觅食

原理启发而开发的新型生物性能智能寻优算法。天牛能够根据食物散发出来的气味强弱来觅食，BAS以此作为算法的仿生搜索原理。初期天牛不需要知道食物的具体位置，它通过两只触须来探寻食物气味的强度，如果左须接收到的食物气味强度大于右须接收到的食物气味强度，则天牛会向左侧移动一段距离并做下一次的食物气味探寻。如此循环进行，直至天牛找到食物气体最浓的位置完成觅食工作。根据天牛这一觅食原理，可以得到天牛须搜索算法，如图6.4所示，具体步骤如下：

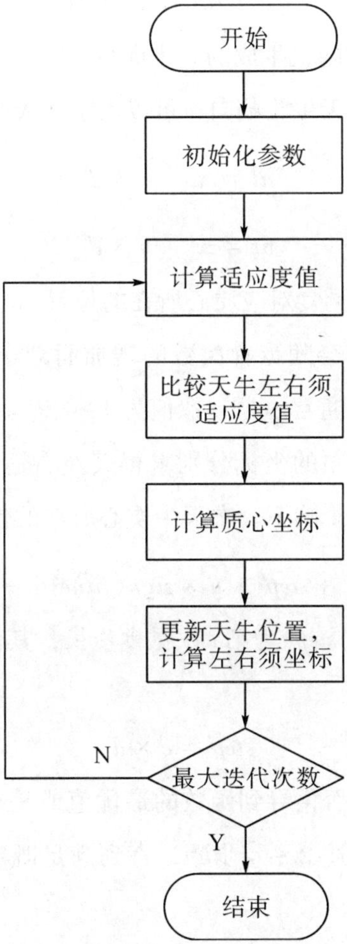


**图6.4 天牛须搜索算法流程**

①假定天牛在一个 $n$ 维空间中觅食，其质心设置为 $zx$ ，天牛的左须为 $al$ ，右须为 $ar$ ，两须之间的初始距离为 $d0$，两须间的距离与天牛一次步长 $step$ 之间的系数为 $c$ 。需要注意的是，两须之间的初始距离 $d0$ 以及天牛第一次步长 $step0$ 设定值要充分考虑能够跳出局部最优值以及保证天牛后期能够正常寻优。

②由于天牛每次觅食的方向是随机的，设天牛头朝向为 $\vec{b}$ ，即

$$\vec{b} = \frac{rand(n,\ 1)}{||\ rand(n,\ 1)\ ||} \tag{6-18}$$

式中，$rand(n,\ 1)$ 表示随机生成的 $n$ 维向量。

③根据上述建立的天牛头朝向，可以表示出天牛左右两须的坐标，即

$$al = zx^t - \vec{b} \times d^t \tag{6-19}$$

$$ar = zx^t + \vec{b} \times d^t \tag{6-20}$$

式中，$zx^t$ 为天牛第 $t$ 次觅食对应质心所在的位置，$d^t$ 为天牛第 $t$ 次觅食对应两须之间的距离，其值会随觅食次数的增加而减小，衰减系数为 eta_bc，即 $d^t = eta\_bc \times d^{t-1}$ ，通常 eta_bc 取值为 1～0.95。

④利用天牛左右两须的坐标分别求得其左右适应值 fitnessl 与 fitnessr，通过两值之间的差值来影响下一次天牛质心所在的位置，即

$$zx^t = zx^{t-1} + step^t \times \vec{b} \times sign(fitnessr - fitnessl) \tag{6-21}$$

式中，$sign$ 为符号函数，$step^t$ 为第 $t$ 次觅食步长，其值与天牛两须之间的距离有关，即

$$step^t = c \times d^t \tag{6-22}$$

⑤判断以上过程是否搜寻到函数的最优值或是否达到迭代次数，若不满足以上条件则重复上述②～④步骤，直到满足既定条件后跳出循环，结束寻优过程。

### 6.3.3 实验条件

待加工零件结构如图 6.5 所示。材质为 45#碳钢。车间有两种车床，

其参数如表 6.1 所示。在此优化中，车床使用的刀具参数以及刀具寿命和切削力系数分别如表 6.2 和表 6.3 所示，加工过程的相关系数的计算如表 6.4 和表 6.5 所示。

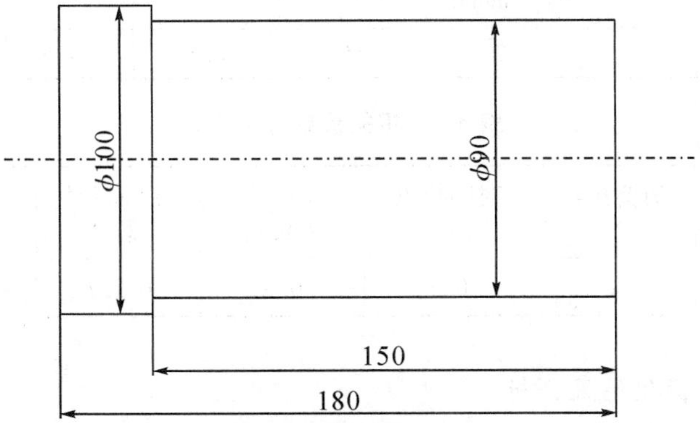


图 6.5 工件结构

表 6.1 机器参数

| 车床 | $n_{min}$ /r · min$^{-1}$ | $n_{max}$ /r · min$^{-1}$ | $f_{min}$ /mm · r$^{-1}$ | $f_{max}$ /mm · r$^{-1}$ | $F_{max}$ /N | $P_{max}$ /kW | $\eta$ |
|---|---|---|---|---|---|---|---|
| M1 | 100 | 1 400 | 0.1 | 2.5 | 1 700 | 8.0 | 0.85 |
| M2 | 80 | 1 400 | 0.1 | 3.5 | 9 000 | 15 | 0.8 |

表 6.2 刀具参数

| 刀具 | 材料 | 主偏角 /° | 副偏角 /° | 刃倾角 /° | 刀尖圆弧半径 $r_\theta$ /mm |
|---|---|---|---|---|---|
| K1 | 硬质合金 | 75° | 10° | -5° | 1 |
| K2 | 硬质合金 | 45° | 20° | 5° | 0.8 |

表 6.3 刀具寿命和切削力系数

| $x$ | $y$ | $z$ | $C_{Ff}$ | $K_{Ff}$ | $x_{Ff}$ | $y_{Ff}$ | $n_{Ff}$ |
|---|---|---|---|---|---|---|---|
| 5 | 1.75 | 0.75 | 2 880 | 1 | 1 | 0.5 | -0.4 |

表 6.4　相关系数的计算 1

| 换刀时间 $t_{ct}$ /min | 辅助时间 $t_{ot}$ /min | 切割更换周期 $T_c$ /month | 工具总重 $W_t$ /g | 初始切削油 $C_c$ /L | 额外切削油量 $A_c$ /L | 最小空载功率 $P_{u0}$ /kW |
|---|---|---|---|---|---|---|
| 0.5 | 0.8 | 2 | 15 | 8.5 | 4.5 | 40.6 |

表 6.5　相关系数的计算 2

| 切削液浓度 $\delta$ | 刃磨次数 $N$ | 时间权重 $w_1$ | 碳排放权重 $w_2$ | 主轴转速系数 $A_1$ | 主轴转速系数 $A_2$ |
|---|---|---|---|---|---|
| 0.05 | 1 | 0.5 | 0.5 | 0.227 | $-0.667\times10^{-6}$ |

### 6.3.4　优化结果分析

甲虫触角搜索算法参数设置为：维数 $n$ 为 3，甲虫数为 35，两须距离与步长之间的系数 c 为 5，每个甲虫步长的初始步长为 0.3，最大迭代次数为 100。机床 M1 和机床 M2 处理加工时间迭代过程分别如图 6.6 和图 6.7 所示。机床 M1 和机床 M2 碳排放迭代过程分别如图 6.8 和图 6.9 所示。

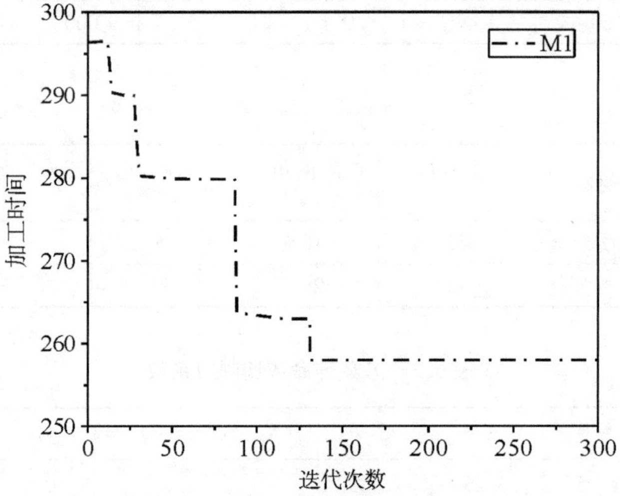


图 6.6　机床 M1 加工时间迭代

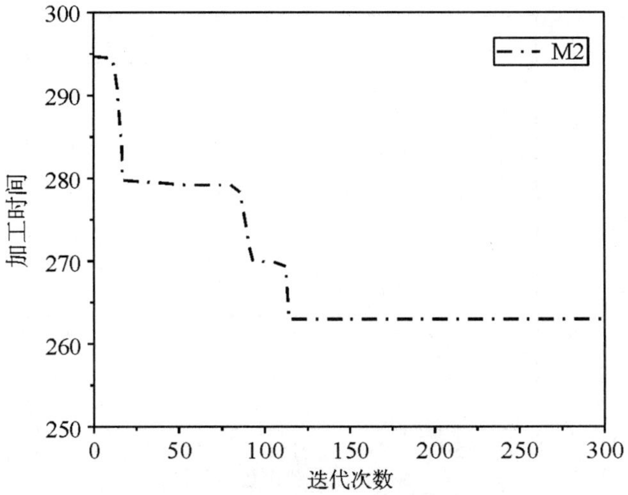


图 6.7 机床 M2 加工时间迭代

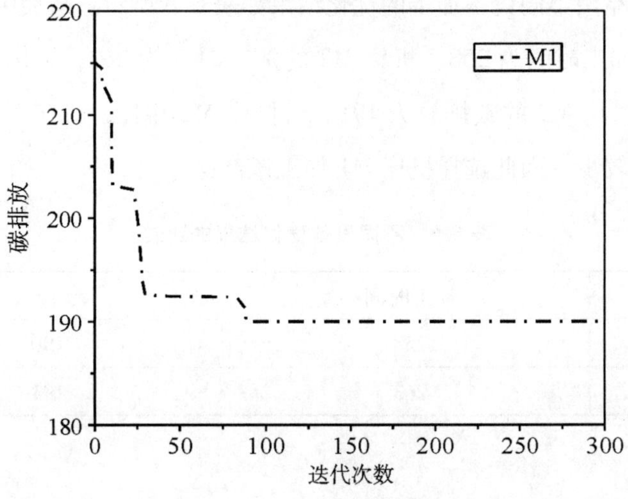


图 6.8 机床 M1 碳排放迭代

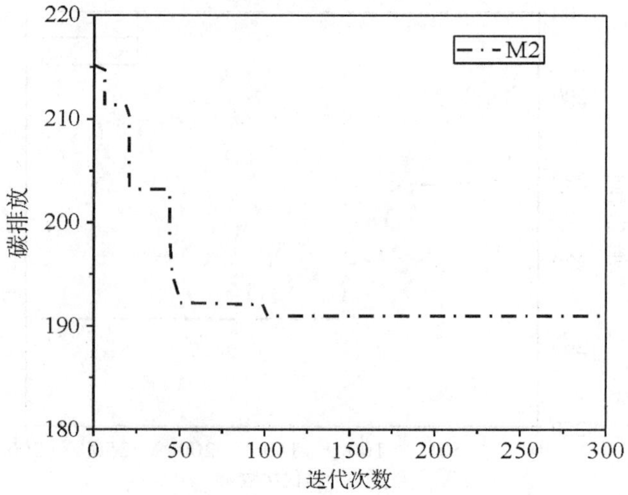


图 6.9 机床 M2 碳排放迭代

同一产品用不同设备加工的优化结果如表 6.6 所示。从表中可以看出，机床 M1 的加工时间为 258，机床 M2 的加工时间为 263，机床 M1 的碳排放为 190，机床 M2 的碳排放为 191。与机床 M2 相比，机床 M1 的加工时间和碳排放较少，因此选择机床 M1 加工该产品。

表 6.6 不同设备优化结果的比较

| 机床 | 加工时间 | 碳排放 |
| --- | --- | --- |
| M1 | 258 | 190 |
| M2 | 263 | 191 |

# 7 基于大数据服务碳中和机械产品加工过程物料优化调度

在企业生产过程中，物料被购入后，随着时间的推移，发生着物理形状和空间位置的改变。物料要么处于储存、配送状态，要么处于加工装配状态。将物料在正确的时间按照正确的量送达生产工位一直是制造企业车间物流研究的重点，车间生产物流思想就是对生产中所需物料进行合理组织、准时配送，并完成生产。车间的物流部门要做的就是根据生产计划对物料进行分拣、配货等操作，并将其配送至正确的工位段，对使用完毕的各种物料和容器进行回收入库。合理、及时的物料供应系统能够保障生产物流的顺畅，众多制造型企业一直在寻找与自身生产流程相匹配的配送模式。工业企业的发展拉动了社会经济发展，同时也带来了令人困扰的环境问题。因此，有必要在物流配送中考虑二氧化碳排放影响，实施低碳物流，这对节约能源、保护环境、抑制全球气候变暖具有重要的意义。

## 7.1 物料调度

### 7.1.1 物料调度概述

不同的制造型企业因各自生产流程的不同，会采取不同的生产管理方式，与之对应的物料配送方法也就不同。国外主流的生产管理方法——推动式的和拉动式的生产管理模式，分别根据 ERP 和 JIT 的管理理念进行物料配送。在这两种生产模式下，企业的物料配送仍然是领料式，仅仅是执行物料配送指令，不能够实现主动配送。在现代生产过程中，配送应该满足生产线上对物料的时间和量的需求，并能够按照计划组织好生产并完成任务。然而，在实际的车间中，低效冗杂的物料配送未能满足高效的生产需求，两者不能紧密有效地配合。这也大大制约着生产效率的提高，成为影响企业物流的最大瓶颈。如果未能获得物料需求实时情况，就无法将准确信息及时反馈给车间物流中心和零部件供应商。车间物料的配送要么是一次性配送过多造成生产线换线时物料积压，影响后续物料的配送，要么是配送不及时导致生产线缺料，停产现象时有发生。企业为满足不同的订单，生产计划时常更改，“领料式”的配送效率低，缺乏柔性和灵活性，不能实现 JIT 配送，即在正确的时间将正确的量配送至正确的地点。目前，如何根据生产节奏，对各个物流需求点进行满足目标需求的时需时配，合理地分配配送周期、数量，优化配送过程，还没有较好的解决方案。

国外物流发展状况各有不同，比较典型的是日本、美国和欧盟。美国的物流业从开始发展就获得了政府的大力支持，政府为企业营造了良好的物流环境。但总体来说，美国的物流行业很大程度上是依靠市场的力量发展起来的，这与美国的自由经济形式相吻合，大多数企业根据自身的发展情况进行物流战略规划。目前，美国的物流理念和研究技术一直处于世界领先地位，有着非常丰富的管理经验和现代化的物流体系。虽然美国物流费用在不断地攀升，但这笔费用占国内生产总值的比例却是逐年下降的。最近的调查报告指出，美国第三方物流企业的物流消耗费用在过去的两年中平均降低了 12%，订货所需的周期也由原来的 7 天下降到 4 天，库存总体数量也下降了 8%。第三方的物流企业的发展战略也从单方面降低客户的物流成本转移到为客户提供一体化的发展方案，致力于和客户建立长久双赢的合作关系。

欧盟各国在信息技术的驱动下，将计算机技术应用在了仓储和运输路径规划上，使欧洲的物流企业呈现出规模化、运作效率高和自动化程度高等特点，形成了以信息技术为核心的现代化物流技术格局，大大提高了生产与流通领域的效率。

日本从1992年开始发展现代物流，虽然起步比较晚，但是发展速度较快，发展水平一直居于国际领先地位。近些年，日本本土企业不断地改革创新，物流管理模式也在不断创新，使得企业的物流效率在得到很大提升的同时，物流成本也在不断下降。日本政府也通过颁布切实有效的法规来维持社会的物流秩序，保证物流行业持续健康发展。另外，政府又从政策上进行引导和扶持，完善物流基础设施，推进物流信息技术和管理技术的发展，培养出了一批批优秀的物流人才，营造了良好的宏观物流环境，从而使物流行业得到了飞速发展。从政府这种跨企业行为的方式足以看出，其在推动日本物流业发展方面起的作用非常显著。

自物流的概念传入我国以来，大量专家学者对物流的理论内容进行了较多的研究，主要侧重社会流通领域物流，对企业内部生产物流的研究没有形成完整的体系。因此，我国现代化物流发展的现状是：比较重视流通领域的社会化的宏观物流，不太关注生产领域的企业内部的微观物流。面向流通领域的物流几乎成了物流的代名词。生产物流这一研究薄弱环节，很容易成为生产效率提高的绊脚石，对企业发展形成制约性瓶颈，进而影响企业的盈利和持久发展。

随着市场需求的多样化和消费者要求的个性化，传统刚性生产线已经不能满足市场的需求。众多的企业都将生产线改造为适合小批量、多品种产品生产的柔性生产线，这就对企业内部的生产物流提出了较高的要求，企业需要建立起高效敏捷的物流供应系统，并与现代化的生产制造系统相匹配。尤其是对于汽车、电子等混流制造业而言，车间生产流水线上同时生产不同型号的产品，在物流配送过程中就会遇到很多问题。

车间作业调度是确定合理订单加工顺序，而物料调度是车间顺利生产的保证。企业在生产的过程中，纯粹用于产品加工的时间（机器加工、装配等）只占整个生产周期总时间的5%～10%，物料调度过程（物料存储、物料搬运等）占整个生产周期总时间的90%～95%，约有3/4的资金被过剩的原材料和半成品占据。因此，研究物料调度，对于生产顺利进行、减少原材料库存和资金积压、提高企业生产效率有着重要意义。车间物料配送环境如图7.1所示，每个加工车间有一个物料间，存放车间加工所需的原料。在每个工作区有一个物料存储区，存放工序加工所需原料和半成品产品。加工过程中，存储区原料既不能积压也不能缺料。

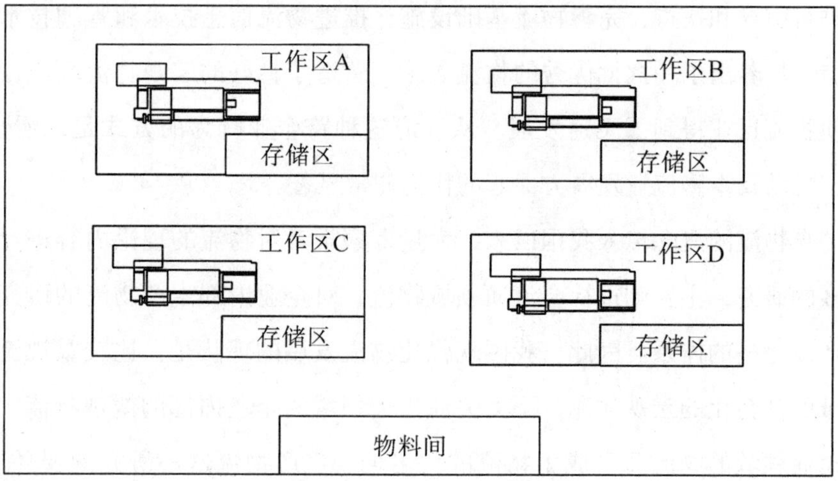


**图7.1　车间物料配送环境**

在多品种、大规模的共线生产过程中，车间物料需求的品种较多，需求量也较大，物料配送的效率较低，会造成管理混乱的场面。由于无法及时准确地掌握生产线边的物料消耗和需求情况，也就无法及时地将物料需求清单下达给上游零部件供应商，导致配送不及时而致停产现象时有发生。

在多品种共线生产的流水线上，如何根据生产计划和生产节拍，确定合理的物料配送频率或周期、数量、顺序，减少在制品积压，优化配送过程，目前还没有较好的解决方案。虽然国内外关于制造业的研究起步较早，但关于物料配送优化的研究仍处于发展阶段。

车间的物料配送是指根据工位段的需求，对物料进行分拣，装配入载具，然后将装配好的物料运至所需工位段的过程。车间物料配送的研究动机一直围绕配送中所耗的运输成本、时间和服务响应时间等展开。目前，国内外关于车辆物料配送问题的研究主要有以下五个方面：

（1）如何确定准确的需求时间和地点

在实际的配送过程中，如果生产线的生产节拍和生产计划已定，则需要确定物料配送的时间和地点。如果生产节拍和生产计划顺序均不清楚，那么需要判定物料配送的周期或者频率以及物料的需求节点。

（2）如何确定合适的配送量

物料的配送应该遵循两个原则：第一，不能出现因缺货而导致生产线停止的现象；第二，不能出现物料积压的现象，影响后续物料配送的同时，也造成资源的浪费。

（3）如何确定最优的运输调度路线

车辆的运输调度问题是物料的配送调度优化的核心内容，旨在选取合适的配送路线，使运输的路径、时间最短或其他的消耗成本最低。物料配送路径规划问题是一个典型的车辆路径规划问题。它是车间物料配送过程中最重要的问题，也是优化车辆调度的关键内容，目的是选择合适的配送车辆和路径，从而短时、高效地完成物料配送任务。

（4）如何合理化配送需求

在车间生产计划确定的情况下，车间生产线上的生产节拍是比较固定的，而车间物料的需求情况就是根据生产节拍上的生产计划确定的。但是，实际生产中车间的生产计划要跟随市场的变化而变化，车间的物料需求情况也随之改变。物料消耗的平准化目标是日本丰田公司提出来的。该目标适用于准时化生产的管理模式，是车间组织生产的关键。平准化目标所要做的就是对生产中产品品种、时间、数量、设备的负荷等进行合理的安排，使物料的消耗平稳，最终实现均衡生产。

（5）开发物料配送自动化管理工具

随着科技的进步，计算机集成制造系统等技术发展得越来越成熟，国内外涌现出很多物料配送自动化管理工具。Rockwell 自动化公司和 IBM 中国公司针对汽车生产过程中物料需求分别研发出了 Contrologix 控制平台和 ABI 汽车软件平台，解决了物料供应过程的自动化需求问题。上海通用汽车公司吸取了国际上先进的物流管理经验，根据本厂情况和车间的零部件消耗情况，建立了具有本土特色的物料拉动系统。神龙公司结合精益生产的理念，开发出了看板式的供应方式，一汽集团也建立了 JIT 生产下的物料看板拉动系统。

### 7.1.2 物料分类

（1）原材料

由于制造企业生产具有多阶段，物料通常带有高温连续运作、批生产模式、物流呈交叉网状结构等特点，这就决定了物料在各道工序上的生产调度、连接工序之间的物流调度以及生产和物流调度的衔接都有严格的要求。合理进行生产与物流优化，有利于生产工序之间的物料紧凑衔接、减少中间等待时间、提高在制品的流转效率、降低库存水平及能耗，从而提高大型装置的设备利用率，达到降低生产和物流的综合成本、提高产品质量和企业竞争力的目的。

在制造企业中，带有高温作业的原材料要立刻由汽车运送到下游生产线进行下一步加工，而这些原材料会随着运输以及等待时间的增加而发生温度下降，导致下游生产过程中处理时间的增加。制造型企业的批生产模式通过把具有某些相同或相似特征的订单组成合理大小的若干批，进而以这些批为生产对象安排组织生产。以批为生产对象的调度问题可以归约为带有批决策的生产调度问题。例如，钢铁企业高炉铁水运送到炼钢生产区，带有一定温度的钢锭在热炉中的再加热，加热后的钢锭在初轧车间的轧制；连铸车间内板坯的热送、热装、直接轧制等。铝加工过程中铝水的运送以及铝锭的轧制等深加工都属于带有高温作业的批决策的生产调度问题。这些带有高温作业的半成品的生产与运输衔接，对于节能降耗尤为重要。高温作业的工序中，温度的下降必然会造成热能的损失，导致下游工序上处理时间及能源消耗的增加，将直接影响后续生产的连续性。对于带有高温作业的在制品的生产与运输协调，合理进行生产和物流的整体优化，提高设备利用率，降低生产和物流成本，是提高企业效率的有效措施之一。

生产前运输和生产的协调调度问题，即存储区的原材料要由多个台车运输到批处理机上进一步加工的调度问题。这里不仅要考虑运输时间、运输能力、台车的数量，还要考虑批处理机的能力限制。问题来自钢铁生产的实际问题，在存储区的钢锭要由运锭台车运送到热炉进一步加热，以供初轧车间使用。热炉每加热一批钢锭都需要一定的启动费用，主要是燃料消耗费用。热炉可以同时加热多个钢锭，钢锭的数量不能超过热炉能力的限制，我们将它看成一个有能力限制的批处理机。因此，钢锭加热的有效调度能够减少库存，降低燃料消耗费用。

生产前运输和批处理机生产的协调调度问题描述如下：该问题由运输和生产两个阶段组成。在运输阶段，位于存储区域的工件要由 $m$ 个台车运输到下游进行生产；在生产阶段，有一个批处理机进行工件的加工。给定一个需要调度的 $n$ 个工件的集合 $N=\{1, 2, \cdots, n\}$，初始时刻所有工件都位于存储区域等待运输。下面分别从运输和生产两方面进行问题描述。在运输阶段，有 $m$ 个台车负责运输，每个台车一次只能运输一个工件。这些台车初始时刻位于存储区域，工件的运输时间是与工件相关的，即工件 $j$ 从存储区运送到批处理机需要的运输时间定义为 tj，$j=1, 2, \cdots, n$。假设台车从批处理机返回到存储区的时间为常数 t，并且假设工件的装载和卸载时间都包含在运输时间内，不再单独考虑。

在生产阶段，批处理机最多可以同时加工 c 个工件，称 c 为批处理机的能力。一个批次的产品一旦开始加工，就不能中断，也不能加进其他工件。批处理机上每一批的加工都需要一个启动费用，每一批的加工时间为一个常数 p，与批内的工件无关。定义 $B_l$ 为第 l 批加工的工件集合，bl 为 $B_l$ 中工件的数量。定义 $b$ 为批处理机上加工的批的数量，则批处理机的启动费用是一个关于 $b$ 的增函数，总的启动费用定义为 $\alpha(b)$ 。定义 C 为工件 $j$ 在批处理机上的完工时间。研究目标是找到一个生产前运输和生产的协调调度，以使得总完工时间和总启动费用之和最小化，目标函数表示为 $F = \sum C(j) + \alpha(b)$ 。将所研究的问题表示为 $Tm \rightarrow B|\mathrm{t_j}|\sum C_j + \alpha(b)$ 。

（2）半成品物料

在许多制造型企业的生产及装配车间，每个在制品都需要很多生产工序，不同的工序之间需要运输衔接半成品的转移。这种流水车间生产与半成品在生产间运输的协调在流程工业中比较普遍，在离散制造业中两阶段生产工序与工序间半成品的运输衔接更为重要。生产过程半成品物流的速度严重影响企业内部资本运作的流动速度，生产过程与物流环节的协调是制约企业资本流动的瓶颈之一。

针对制造业的这种典型的流水车间生产与两阶段生产之间的半成品运输的协调调度进行研究。工件在第一台机器上加工完成之后由一个运输机送到第二台机器上进一步加工。运输机可以成批地运输工件，运输能力有一定的限制，工件在运输的过程中可能占有相同的物理空间。问题的目标就是找到一个生产和运输的协调调度，使得工件的加工目标最优。

（3）成品物料

在供应链体系中，多机生产工艺与加工完成的产品成批配送的流程比较常见，物料和半成品的配送顺畅是保障生产顺利进行的前提。传统的生产调度将运输放在从属地位，目标函数多以生产的优化为主，而实际的生产运输以及物流配送中，运输资源受到限制、运输成本偏高等要求在生产调度问题中将运输与生产放在同等地位进行处理，以达到提高生产效率、降低生产和运输成本的目的。例如，钢铁企业初轧生产车间依据钢锭不同的锭型和成品规格进行轧制，轧制后的钢坯运输到下一道工序进行深加工，或者是配送给相应的客户。这种同类型机器生产后完成的产品成批配送到下游生产或者客户的情况也出现在热轧、冷轧车间。热轧、冷轧车间有多个同类型的轧制设备，生产出的板坯、板卷等使用汽车运输到相应的客户。如何平衡生产库存水平和配送费用之间的关系，提高生产效益与降低生产成本，是企业关心的重要问题之一。因此，在生产物流系统的整合中，生产调度和成品配送之间的协调是极为重要的。

## 7.2 物料数据

生产与运输是生产企业的两个主要运作环节。传统的生产调度研究往往将生产调度与运输调度分开独立研究，但在实际生产中，生产环节与运输环节往往存在着相互制约、相互影响的关系。一方面，运输工具的数量、运输能力以及原材料供应的限制会使工序之间的物料传递、半成品运输受到限制，如果一个生产调度不考虑运输情况，那么即使它是最优调度也很难有效执行；另一方面，生产计划对运输线路以及车辆分配的影响，使得不考虑生产的运输物流调度无法提供及时有效的服务。因此，单独考虑生产调度或运输调度都无法全面降低企业运行费用，企业需要考虑两者之间的协调调度问题，以便有效降低生产和运输的物流总费用。

根据运输所处的位置不同，可以将生产与运输的协调调度问题分为两个主要类型：一种是原材料和半成品在两个工序间的运输，即一个工件在一道工序完成之后需要运送到下一道工序进一步加工，称为待加工品生产间运输调度问题；另一种是成品到客户的运输，即工件所有工序完成之后需要运送到相应的客户，称为生产后成品运输调度问题。

### 7.2.1 物料数据来源

在工业生产和监控管理过程中无时无刻不在产生海量数据。企业信息系统、装备物联网和企业外部互联网是工业大数据的三大来源。车间物料数据主要来自企业信息系统、装备物联网。

物料数据是物料在使用过程产生的数据。在车间生产过程中，物料会经历原材料、工件和成品三个状态。原材料指加工产品的基本原料；工件是指从原材料开始加工到完成所有加工工序前的产品；成品是指完成所有工序并运输到成品库的产品。产品从原材料变为成品或半成品的过程通常由多道工序组成，每道工序包含了加工所需设备、工装、刀具等信息。

按照数据对象的不同，大数据下的车间物料数据来源可以划分为以下几类：

（1）物料数据

物料数据是离散制造车间物料配送系统的关键数据基础，是实现系统功能的重要依据。物料数据模型是将物料作为主要研究对象，构建物料数据类，并继承物料的属性和操作。物料类操作是指物料的加工与运输；物料属性包含编号、名称、类别、批号、单位和数量等。在制造过程中，物料的位置及数量不断发生变化，由车间仓库配送到工位缓存区，准备生产，在一个工位完成加工后，运输到下一个工位进入下一道工序，直至加工成成品。

（2）设备数据

设备是车间生产的重要工具，以设备数据为分析对象，创建设备类，包含设备属性和操作。设备类操作主要有获取生产任务、生产加工等；设备类属性主要有设备编号、型号、名称、所在工位、负责人、状态、运行参数等。由于每台设备有自身的加工任务和维护计划，因此需要将生产任务信息、状态信息及故障维护信息与设备数据模型关联起来。

（3）工具工装数据

工具工装是离散制造车间生产顺利进行的必要条件，包含刀具、量具、夹具和检具。工具工装数据建模是以工具工装为研究对象，创建工具工装数据类，并通过该类继承其属性和方法。工具工装方法包括使用和维修等；属性信息主要有工具工装编号、名称、类型、数量、规格等基本信息。由于工具工装是执行配送任务和质量检验任务等的必要工具，因此工具工装数据模型需要和生产计划、配送计划等信息进行关联。

（4）人员数据

人员是车间物料配送的操作者与管理者。人员数据建模是将人员作为研究对象，创建人员数据类，并通过该类继承其属性和方法。人员操作方法包括获取、执行生产计划任务以及上传配送任务执行情况等；人员属性信息主要有工号、姓名、角色、所属班组等基本数据，工作、休假、所属位置等状态数据以及出勤、旷工等绩效数据。生产任务信息是通过人员传递给各个工位具体执行的，因此需要将生产任务信息与该类进行绑定，包括任务编号、任务名称、任务详情等，在模型中构建它们的映射和关联关系，完善人员数据模型。

（5）物料配送车辆数据

物料配送车辆是车间物料配送的重要运输工具，合理使用车辆是确保车间生产稳定进行的关键。物料配送车辆数据建模是将配送车辆数据作为主要研究对象，构建物料配送车辆数据类，并通过该类继承其属性和方法。该类操作主要有工作、故障维修等；属性数据主要包括车辆编号、名称、类别、额定容载量等。

（6）配送任务执行数据

配送任务执行数据包括任务数据、进度数据和流转单数据，通过分析这些数据，创建配送任务数据类，并通过该类继承配送任务对象属性和配送任务类操作。其中，配送任务类属性有任务编号、任务序列、物料位置、配送工位等；该类操作主要指获取和执行配送任务等。由于配送任务执行数据和配送任务、配送车辆、生产任务等信息相互联系，因此需要将配送任务类与这些信息进行关联。

### 7.2.2 物料数据采集

实时、完整、准确的车间生产物流数据是实现车间物料配送系统的前提和基础。

（1）基于 RFID 技术的实时数据采集平台构建

RFID 技术是一项利用射频信号通过空间耦合（突变磁场或电磁场）实现无接触信息传输并通过所传递的信息达到识别目的的技术，具有抗干扰能力强、非接触自动识别、不受视距限制等特点，电子标签数据可加密，安全性高。典型的 RFID 系统通常由电子标签、天线、读写器和 RFID 中间件组成。读写器通过天线在识别范围内发射射频信号形成电磁场，当附着标签的标识物体到达天线覆盖范围内时，电子标签产生感应电流并获得能量，从而被激活，将自身携带的数据通过天线发送给读写器，天线接收到标签发送的载波信息，经天线协调器传输给读写器，再交由中间件进行处理和融合，最后将处理后的数据上传至应用系统软件，再由应用系统软件定制物料配送系统感兴趣的数据格式并存入数据库。

（2）基于超宽带技术的高精度定位平台构建

超宽带（ultra-wide-band，UWB）定位系统由两部分组成：定位标签和传感器。其中，传感器包含一个天线阵列和 UWB 信号接收器，定位标签由 UWB 脉冲发射器和控制信号接收器组成。传感器接收到 UWB 有源定位标签发出的超宽带脉冲信号传递到定位引擎平台，测定发射的 UWB 信号的到达角度，或到达两个传感器的时间差，通过到达角度法（angel of arrival，AOA）和到达时间差法（time difference of arrival，TDOA）相结合的定位技术，根据已知的传感器的位置坐标，完成对物料配送小车在车间内的三维坐标信息的计算，并把配送小车的实时精确位置信息提供给上层应用平台，通过在车间可视化界面的显示，实现对物料配送车辆的定位与跟踪，以此达到对车间物料配送过程实时监控的目的。

### 7.2.3　物料执行数据流

物料调度物流执行过程涉及很多数据流，可用数据流图表示数据在物流执行中流动和处理的过程。物流执行数据流图如图 7.2 所示，其外部实体包含库房、生产设备和物流设备。

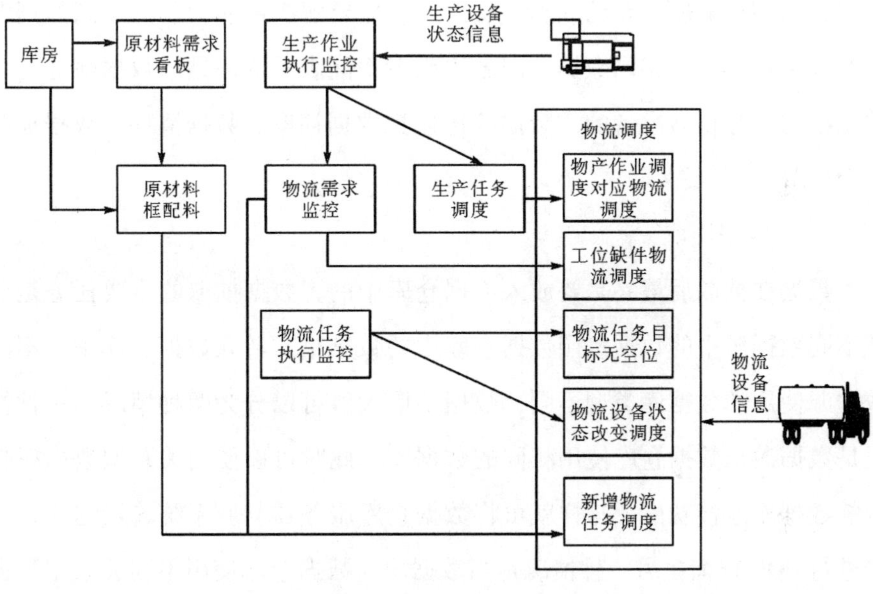


图 7.2　物流执行数据流

物料调度根据作业任务和产品工序信息实时更新原材料需求看板信息，库房查看原材料需求看板，根据原材料信息、载具信息和装载关系对原材料装框备料，备料完成后会得到原材料待转运队列。基于生产作业执行监控信息实时计算工位的待转运任务，并监控物料是否缺件，监控到扰动事件则使用第三章的物流调度优化算法进行物流调度。生产过程中 ERP 系统的紧急插单、撤单或生产设备故障会导致生产调度，从而使得物流任务也需按生产任务进行调度。通过实时采集物流设备状态信息对物流任务执行进行监控，若物流设备状态改变，则重新调度生成新的调度方案。

### 7.2.3 物料数据筛选

采集来的物料数据不能直接使用，需要对无关数据进行剔除，对有用数据进行筛选。数据筛选的目的是提高之前搜集存储的相关数据的可用性，更利于后期数据分析。数据的价值在于其所能够反映的信息。然而在搜集数据的时候，只是尽可能地搜集数据，并没有能够完全考虑到未来的用途。为了获得数据所包含的更多信息，可能需要将不同的数据源汇总在一起，从中提取所需要的数据，然而这就需要解决可能出现的不同数据源中数据结构相异、相同数据不同名称或者不同表示等问题。数据筛选是为数据挖掘、分析做准备的。数据筛选包括数据抽取、数据清理、数据加载三个部分。

（1）数据抽取

数据在抽取后最终是要放入数据仓库中的，数据抽取的主要任务是要把不同数据源中的数据按照数据仓库中的数据格式转入数据仓库中。不同数据源使用的数据库类型不同，数据抽取大致可以分为两种情况。一种情况是数据源与数据仓库使用相同的数据库，此时可以使用关系型数据库自带的数据库连接功能，这样就可将数据仓库服务器与原系统连接起来，直接进行 SQL 查询；另一种情况是当数据源与数据仓库使用不同关系型数据库时，就需要先将数据库中的数据文件导出为指定格式的文本文件或者其他格式的文件类型，再将得到的数据库文件导入指定的数据库，便于分析时候统一抽取需要的数据。

（2）数据清理

数据清洗包含缺失数据处理、重复数据处理、异常数据处理及不一致数据整理四部分。由于这部分是直接处理数据的第一步，直接影响后续处理的结果，因此十分重要。数据缺失是数据库中常有的情况，但是为了得到完备的信息表用于数据分析、挖掘，就必须解决数据缺失的问题，处理数据缺失通常利用以下三种方法：

第一种方法是删除有缺失信息的记录。当记录中主要信息缺失，尤其是丢失较多关键信息的时候，数据已经不能够反映其所能够代表的信息，这时就可以将该条记录删除。但这种情况仅适用于数据量较大的情况，也就是说，删除并不影响信息的完整性。当数据量较少或缺少数据的记录较多时，删除整条记录的方法并不可行，这可能会对数据质量造成重大影响，删除记录的方法有一定适用范围。

第二种方法是对信息进行人工补全，同样这种方法也有着自己的局限性。当数据量较大时，尤其在海量数据情况下，此种方法会耗费较多人力且效率极低。企业可以利用默认值来代替缺失的信息，将缺失属性值的属性视为特殊的属性，为缺失的信息值设置特殊的属性值，从而得到完备的信息。

第三种方法是利用数学公式将数据对已有信息的值进行统计分析，利用统计的值进行补全。企业可以使用平均值填补空缺值，或者使用同类型样本预测值补全空缺值，还可以使用贝叶斯公式和判定树这样的基于推断的方法进行填充，这样不会影响信息的质量。

（3）数据加载

在数据加载到数据库的过程中，数据加载分为全量加载和增量加载两种方式。全量加载是指全表删除后再进行数据加载的方式；增量加载是指目标表仅更新源表变化的数据。全量加载从技术角度上说，比增量加载要简单很多，一般只要在数据加载之前，清空目标表，再全量导入源表数据即可。但是，由于数据量、系统资源和数据的实时性的要求，很多情况下我们都需要使用增量加载机制。增量加载的难度在于必须设计正确有效的方法从数据源中抽取变化的数据，以及虽然没有变化但受到变化数据影响的源数据，同时将这些变化的和未变化但受影响的数据在完成相应的逻辑转换后更新到数据仓库中。优秀的增量抽取机制不但要求 ETL 能够按一定的频率准确地捕获到业务系统中的变化数据，同时不能对业务系统造成太大的压力，影响现有业务，而且要满足数据转换过程中的逻辑要求和加载后目标表的数据正确性，同时数据加载的性能和作业失败后的可恢复重启的易维护性也是非常重要的考量方面。

## 7.3 案例分析

### 7.3.1 成品运输

成品运输物流是对实现货物移动涉及的所有活动的综合管理，具体包括货物的运输、仓储和搬运等有关活动，以及对相关信息进行管理的过程。通过合理安排物流活动，以最小的成本为客户提供产品和服务，是物流业追求的目标。面对能源和环境压力及服务质量不佳造成的客户损失现状，企业必须更多地考虑降低能耗、减少碳排放，以及在以增加一定货币成本为代价的情况下提高物流服务质量。车辆路径问题是物流运作层面的重点和难点问题，综合考虑社会效益和企业效益对该问题进行研究具有重要的现实意义。

（1）问题描述

物料优化调度研究综合考虑车辆能耗、碳排放及物流成本的多车型带时间窗的配送车辆路径问题。问题的描述如下：

①物流运输网络中通常包含一个配送中心及多个需要服务的客户，配送中心有不同类型的车辆若干，车辆本身性能指标 $W$ 及车辆最大装载容量、固定使用成本、计算能耗和碳排放水平的相关参数都是可获取的。

②网络中的客户数量、客户时间窗、客户地理位置、客户需求等相关指标均可从客户订单资料中获取。

③在优化配送车辆径路前，将需要服务的客户根据其需求属性的不同分为若干组，每一组均有一辆配送车辆装载货物从配送中心出发，为组内的 $N$ 个客户提供送货服务，规定每个客户只能由一辆车一次性为其完成送货任务，车辆完成任务后均需要返回配送中心。

④车辆行驶过程中产生的能耗和碳排放是可测算的，以节能减排作为研究目标对车辆进行配送路径设计。通过合理调度不同类型车辆为每个客户组制定配送车辆路径方案，提高车辆利用率。在满足车辆载重、客户时间限制等约束下，使得车辆的固定成本、时间惩罚成本、燃油消耗成本和碳排放成本总和最小，实现节能减排和降低成本的综合优化目标。

（2）模型假设

在建立优化数学模型之前，需要做以下假设：

①货物的流向是单向的，只考虑送货。

②配送中心只有一个，所有车辆均从该配送中心出发完成配送任务后最终返回该配送中心。

③配送中心的车辆类型多样且车辆满足需求，每种车型的固定成本、车辆载重、耗油指数等是已知的。

④配送中心和各客户的地理位置、客户需求属性均可通过订单获取。

⑤运输网络是完全联通的，不存在不通行的客户点。

⑥每个客户只能被访问一次。

⑦每个客户对应一条配送路径，使用同一辆车提供运输服务，且车辆类型依据分组结果确定。

⑧忽略道路条件、天气状况、拥堵等因素对车辆行驶速度的影响。

⑨不考虑员工工资。

⑩每个客户都有一个指定的服务时间范围，货物最好在时间窗范围内送达。

（3）数学模型

基于大数据服务碳中和的机械产品加工过程物料优化调度所建立的模型结合了经典的 VRP 模型、有时间窗车辆路径问题（vehicle routing problems with time window，VRPTW）模型等。其优化目标不再只是单纯地考虑运输路径最短，而是以油耗成本和碳排放成本替代运距成本，实现能耗成本、碳排放成本、时间惩罚成本和固定成本四种成本之和最小的优化目标。本模型考虑到的成本包括下四个部分：

①车辆的固定使用成本。

②时间惩罚成本。

③油耗成本。

④碳排放成本。

模型相关参数的定义如下：

$M=(N, A)$，其中 $N$ 是需要进行配送服务的客户的集合；$N=\{0, 1, 2, \cdots, n\}$，0 表示配送中心；1，2，3，…，$n$ 表示物流网络中客户的编号；$A=\{(i, j): i, j \in N \cup \{n+1\}\}$ 表示各客户之间所有联通路径的集合。$T_R=\{(i, j) \in N\}$，其中 R 是客户组，$TR=\{1, 2, \cdots, zs\}$ 表示第 R 个客户组中若干客户，R 代表组数。

$L=\{1, 2, \cdots, l\}$ 代表车辆的类型。

$L^k$ 是 1 个 $k \times l$ 的矩阵，元素用 $l^k$ 表示 $l$ 类型车辆的第 $k$ 辆车。

$Q_e^l$ 代表的是 $l$ 类型车的额定载重量。

$N_0=N\backslash\{0\}$ 代表的是除配送中心之外的客户编号。

$i \in N_0$ 代表编号为 $i$ 的客户。

$\varphi_i^1$ 是客户 $i$ 的需求量。

$[a_i, b_i]$ 代表的是客户 $i$ 的时间窗。

$s_i^{lk}$ 代表的是 $l^k$ 到达客户 $i$ 的时间点。

$t^i$ 代表客户 $i$ 所需要的服务时间。

$d_{ij}$ 是客户 $i$ 和 $j$ 的距离。

$v_{ij}$ 是车辆行驶速度。

$q_{ij}^{lk}$ 是车辆在（$i, j$）路径上的载重量。

$Q_{F, ij}^{lk}$ 是车辆在（$i, j$）路径的燃油消耗量。

$Q_{车}^l$ 是 $l$ 类型车辆的自重。

$c_0$ 是燃油的单位成本。

$c_e$ 是单位质量的碳排放成本（碳税率）。

$\delta_c$ 是燃油的排放因子。

$c_l$ 是 $l$ 类型车辆使用的固定成本。

模型的决策变量表示如下：

当 $l$ 类型的第 $k$ 辆车从客户 $i$ 驶到客户 $j$，$x_{ij}^{lk}=1$；否则 $x_{ij}^{lk}=0$。

客户 $i$ 要 $l$ 类型的第 $k$ 辆车服务时，$z_i^{lk}=1$；否则 $z_i^{lk}=0$；

目标函数表示如下：

$$\begin{aligned}\min\mu_R = {} & c_1\sum_{i\in T_R}\max[(a_i-s_i),\ 0]+c_2\sum_{i\in T_R}\max[(s_i-b_i),\ 0]+\\ & \sum_{(i,\ j)\in T_R} c_o * O_{F,\ ij}(Q_{车}^{l}+q_{ij}^{lk},\ v_{ij},\ d_{ij})+\\ & \sum_{(i,\ j)\in T_R} c_e*\delta_c*O_{F,\ ij}(Q_{车}^{l}+q_{ij}^{lk},\ v_{ij},\ d_{ij})+c_l\end{aligned} \tag{7-1}$$

约束条件为

$$\sum_{l^k\in L^k}\sum_{j\in T_R}x_{oj}^{lk}=1 \tag{7-2}$$

$$\sum_{l^k\in L^k}\sum_{j\in T_R}x_{j0}^{lk}=1 \tag{7-3}$$

$$\sum_{l^k\in L^k}\sum_{j\in T_R}x_{ij}^{lk}=1,\ \forall i\in T_R \tag{7-4}$$

$$\sum_{l^k\in L^K}\sum_{j\in T_R}x_{ih}^{lk}-\sum_{l^k\in L^k}\sum_{j\in T_R}x_{hj}^{lk}=0,\ \forall h\in T_R \tag{7-5}$$

$$\sum_{i\in T_R}q_i\sum_{l^k\in L^K}\sum_{j\in T_R}x_{ij}^{lk}\leqslant Q_e \tag{7-6}$$

$$a_i\sum_{l^k\in L^K}\sum_{j\in T_R}x_{ij}^{lk}\leqslant s_i^{lk}\leqslant b_i\sum_{l^k\in L^K}\sum_{j\in T_R}x_{ij}^{lk},\ \forall i\in T_R \tag{7-7}$$

$$x_{ij}^{lk}(s_i^{lk}+t_i+d_{ij}/v_{ij})\leqslant s_j^{lk} \tag{7-8}$$

$$x_{i0}^{lk}=0 \tag{7-9}$$

$$x_{ij}^{lk}\in\{0,\ 1\} \tag{7-10}$$

$$y_i^{lk}\geqslant 0 \tag{7-11}$$

$$d_{ij}=\infty \tag{7-12}$$

其中：式（7-1）表示整个客户组的配送总成本，包括时间惩罚成本、油耗成本、碳排放成本及固定成本总和最小；式（7-2）表示任意一辆车只允许离开配送中心一次；式（7-3）表示任意一辆车只允许达配送中心一次；式（7-4）表示一个客户只允许有一辆车为其服务；式（7-5）表示到达和离开任意客户的车辆数相等，即流平衡；式（7-6）表示车辆的额定装载约束；式（7-7）表示车辆服务的时间窗约束；式（7-8）表示车辆行驶过程中的时间限制；式（7-9）表示在车辆结束配送任务前，不会逆向返回配送中心；式（7-10）表示变量的 0-1 约束；式（7-11）表示时间的非负性；式（7-12）表示客户和客户之间的道路不连通。

（4）算法设计

物料优化调度问题可以用很多算法来优化，如粒子群算法、遗传算法、模拟退火算法等。本书在第 5 章中对算法进行了介绍，这里不再赘述。本章以遗传算法为例介绍物料调度优化问题的算法设计。

本书运用遗传算法对模型进行求解，具体的算法流程如下：

①获取客户分组结果，确定基因编码对应的客户编号。

②使用自然编码方式，并确定染色体首末位基因为 0，对染色体进行编码。

③设定初始种群的数量、自适应交叉概率、变异概率、最大迭代数。

④标记进化代数 iter=0，产生初始种群，随机生成 $n$ 条染色体，每个个体代表一条配送路径。

⑤计算新种群的个体适应度、种群平均适应度、累计适应度等参数。

⑥使用轮盘赌的方式对种群个体进行选择，复制产生下一代种群个体。

⑦通过“两点交叉运算”及“基本位变异”产生新的种群。

⑧累加进化代数，iter=iter+1。

⑨若达到算法终止条件，则终止算法，否则返回步骤⑤，继续循环。

本书以某配送中心的实际配送订单为研究对象。整个配送区域面积约有 900 $km^2$，线路网为方格状结构，道路为双向四车道或者六车道，交通状况良好。选择以该地域配送实例为研究对象，配送情况相对明确，便于对考虑节能减排的多车型车辆路径问题模型进行求解。配送中心配有额定载重量分别为 2 吨和 3 吨的东风开普特厢式货车若干辆。该配送中心一天内需完成对 24 个客户订单的配送服务。车辆的行驶速度为 40km/h，各客户点与配送中心之间距离及各客户点之间的距离按实际距离测算，燃油单价为 5. 55 元/升；碳排放成本为 51. 52 元/吨，车辆产生的固定使用成本估计为每次 100 元。车辆参数见表 7. 1。

**表 7. 1　车辆参数**

| 车型 | 东风开普特 2t | 东风开普特 3t |
|---|---|---|
| 车辆自重 $w_z$ | 2t | 2. 5t |
| 车辆排量 $V_t$ | 3. 2 | 3. 8 |
| 燃料 $f$ | 柴油 | 柴油 |
| 载重 $w_e$ | 2 吨 | 3 吨 |
| 前表面积 $S_c$ | 2. 4$m^2$ | 3$m^2$ |

应用设计的遗传算法对组内配送车辆路径模型进行求解，因为分组后的组内客户只需一辆车就可以完成配送服务，组内路径求解就转换为了 TSP 问题。设置初始种群为 100，变异概率取 0. 09，设置最大迭代次数为 200 次，惩罚系数 c1 = 4，c2 = 5。经过多次实验，算法均在短时间内收敛得到最优配送车辆路径方案。

综合考虑以运输过程中的能耗、碳排放为目标函数，对配送车辆路径进行优化。遗传算法作为一种启发式算法，其求解结果一般不是最优解而是近似最优解，因此需要多次执行程序得到较好的近似最优解。

优化模型-数据结果见表 7. 2。

表 7.2　优化模型-数据结果

| 组号 | 最优路径 | 距离（km） | 能耗（L） | 碳排放（kg） |
|---|---|---|---|---|
| 1 | 0-21-11-4-6-22-8-5-2-17-14-0 | 107.04 | 14.64 | 39.96 |
| 2 | 0-1-24-18-15-7-19-0 | 101.21 | 15.53 | 34.21 |
| 3 | 0-13-20-16-10-23-3-12-9-0 | 105.76 | 14.47 | 39.50 |

### 7.3.2　半成品和原料运输

（1）在生产中，需要多种物料，要保证生产的顺利进行就要把正确的物料配送到正确的工位上。对于企业来说，必不可少的环节就是对物料进行合理有效的分类，并针对不同类的物料界定适合其需求特点的配送模式。生产线上涉及的物料根据一件产品中的消耗系统及配送线路分为以下几种：

①无库存物料。供应商与车间工作人员协商好供货时间直接进行物料配送。这类物料一般体积较大，而线边空间有限，不能够存放太多物料，需要及时补充。如此一来，厂商就把相应的库存成本转嫁给了供应商，从而降低了库存成本。无库存物料按实际需求又分为两类：排序物料和非排序物料。前者是按照生产计划的车型生产顺序和排序物料清单将物料送达物料架，如汽车的轮胎、座椅、保险杠等占据较大空间的物料；后者多为通用件，这类物料对配送顺序没有要求，只需在合适的时间送至即可。

②缓存区物料。如果零部件全部由供应商直接配送，很难保证生产的稳定性。为了避免发生配送混乱现象，往往先将物料送至企业的仓库，然后根据物料的用途不同进行打包，配送至工位旁的线边库存区。缓存区的物料分为标准件，捆扎打包件和关键件。标准件通用性强，价值低，需求数量大，比如螺母、螺钉等。这类物料的配送不纳入物料清单，采用控制最小库存法配送。对工位设定安全库存，当库存低于安全库存时，由物料操作员进行不定期补货。捆扎打包件是采用捆扎的方式将其悬挂在工位线

旁的料架上，如密封条、门饰条等软条状的零件都是捆扎打包件，这类物料通常根据看板信息进行配送。

（2）建立车间物料供应调度模型。

①能耗计算模型。本书采用综合排放模型从微观角度对车辆能耗 $O_F$ 进行测算。在一段长度为 $d$ 的路径（ $i$ , $j$ ）上，车辆行驶速度为 $V$ 的情况下，车辆在该道路上行驶时的能耗测算如公式（7-13）所示。

$$O_F(v) = \xi k N_z V_l d/v + \xi p_c \gamma d/v \tag{7-13}$$

式中，$\xi$ 表示燃料和空气的质量比值，k 表示的是发动机的摩擦系数，$N_z$ 代表的是车辆发动机的转速，$V_l$ 代表的是车辆排量，$\gamma$ 是常量。表示车辆单位行驶里程需要的总功率（ $kw = kgm^2/s^2/1\ 000$），在不考虑损失功率的情况下，其计算如公式（7-14）所示。

$$p_c = p_q/n_{tf} \tag{7-14}$$

式中，$p_q$ 是车辆单位行驶时间的总牵引功率（ $kw = kgm^2/s^2/1\ 000$），$n_{tf}$ 表示的是车辆传动系统的效率，简化，如公式（7-15）所示。

$$p_q = (Qv\alpha + \beta v^3)\ /1\ 000 \tag{7-15}$$

式中，$v$ 是车辆实际行驶速度（m/s），$Q$ 是当前车辆的总重（kg，自重加载重），在考虑道路角度为 0 的情况下，$\alpha = a + g\sin\theta + gCr\cos\theta$ ，其中 $a$ 是加速度（$m/s^2$），$\theta$ 是道路角度，A 是车辆前方表面积（$m^2$），g 是万有引力常数（ $9.8m/s^2$），$C_r$ 表示滚动阻力系数，$\beta = 50C_dA\rho$ ，$C_d$ 表示的是空气阻力系数。$\rho$ 是空气密度（$kg/m^3$）。得出车辆在路径（ $i$ , $j$ ）的能源消耗量（单位为 L），具体计算如公式（7-16）所示。

$$Q_{F,\ ij}(Q_c + q_{ij},\ v_{ij},\ d_{ij}) = \lambda[kN_zV_l + (Q_c + q_{ij})\gamma\alpha_{ij}v + \beta\gamma v^3]d_{ij}/v_{ij} \tag{7-16}$$

式中，$\lambda = \xi/\kappa\psi$，$\gamma = 1/1\ 000n_{tf}$，$\eta$ 都是常量，$\psi$ 表示能源从 g/s 到 1/s 的转换因子。$d_{ij}$ 为路径长度，$v_{ij}$ 为平均速度，车辆的载重为 $Q = Q_c + q_{ij}$ 。其中 $Q_c$ 是车辆的自重，$q_{ij}$ 是车辆在路径（ $i$ , $j$ ）上的载重量。

从公式（7-16）可以看出，车辆的能耗包括三部分：第一部分为气缸能耗；第二部分为质量能耗，受到行驶速度和载重的双重影响；第三部分为空气阻力能耗。第一、第三部分受到运行时间和速度的影响，而第二部分受到载重、运行时间的影响。本书引用的柴油发动机相关数据如表 7.3 所示。

**表 7.3　柴油动力车相关数据**

| 符号 | 描述 | 参考数值 |
| --- | --- | --- |
| $\xi$ | 燃料空气质量比 | 1 |
| $k$ | 发动机摩擦系数 | 0.2 |
| g | 重量常量 | 9.8 |
| $C_d$ | 空气的阻力系数 | 0.7 |
| $\rho$ | 空气密度 | 1.204 1 |
| $C_r$ | 滚动阻力系数 | 0.01 |
| $n_{tf}$ | 车辆传动系统效率 | 0.4 |
| $\eta$ | 柴油发动机效率参数 | 0.9 |
| $\theta$ | 道路角度 | 0 |
| $f_c$ | 单位燃料和 $CO_2$ 排放成本 | 7.99 |
| $\kappa$ | 柴油燃料热值 | 44 |
| $\psi$ | 转化系数 | 737 |

②碳排放函数。车辆的碳排放一般与车辆的能耗是直接相关的。温室气体中除了 $CO_2$对气候影响比较大外，甲烷（CH4）和氮氧化物也会对气候产生很大影响。为了准确测算车辆排放的温室气体量，需要将车辆运输过程中产生的所有温室气体按照一定的转换因子转换为 $CO_2$当量进行计算。

本书通过燃料的消耗量来计算排放，将燃料直接转换为 $CO_2$当量只需要将车辆消耗的燃料量与相对应的转换因子相乘即可。

$$E_c = \delta_c \cdot O_F \tag{7-17}$$

式中，$\delta_c$ 是燃料对应的排放因子，$O_F$ 是燃料的使用量。本书所用车辆均选用柴油动力车，碳排放是包括集中温室气体综合测算的 $CO_2$ 当量，参考 IPC2006 柴油的转化系数为 2. 73Kg$CO_2$/L。

③模型假设及约束条件

在建立多目标平衡模型时，首先需要列出使得该模型成立的一些假设条件：第一，只有 1 个物料配送中心；第二，物料配送中心和每个工作地的位置已知；第三，每个工作地物料的需求量已知；第四，车辆为 1 种车型，且装载量已知，车辆在对工作地进行配送时不得超过其装载量；第五，每个工作地的需求必须得到满足。

根据上述假设条件，物料配送路径多目标优化的决策变量设置如下：$x_{ijm}=1$，表示车辆（配送人员）$m$ 从需求工作地 $i$ 到达需求工作地 $j$；$x_{ijm}=0$，表示车辆（配送人员）$m$ 没有从需求工作地 $i$ 到达需求工作地 $j$。物料配送路径多目标优化的约束条件如下：

第一，每个需求工作地有且仅有 1 台车配送，即

$$\sum_{m=1}^{M} y_{im}=1 \tag{7-18}$$

式中，$i$ 为工作地数，$i=1$，2，…，$N$；$m$ 为配送车辆，（配送人员）数量，$m=1$，2，…，$M$；$M$ 为负责物料配送任务的作业者人数，每个工作地都可分配给任意 1 名作业者，每个配送人员都有 1 辆相同容量的物料车，向 $N$ 个工作地配送物料；$y_{im}$ 为每个需求工作地配送车辆数量（配送人员）。

第一，每条路径上的物料需求量不能超过车辆的载重量，即

$$\sum_{i=1}^{N} g_i y_{im} \leqslant Q \tag{7-19}$$

式中，$g_i$ 为每个需求工作地的需求量；$Q$ 为车辆的最大载重量。

第三，配送车辆（配送人员）从配送中心出发，即

$$\sum_{m=1}^{M} y_{0m}=1 \tag{7-20}$$

第四，配送车辆（配送人员）完成配送后返回配送中心，即

$$\sum_{m=1}^{N}\sum_{i=1}^{M}x_{i0m}=M \tag{7-21}$$

（3）蜣螂优化算法

蜣螂，又称屎壳郎，以动物的粪便为食。众所周知，屎壳郎有一个有趣的习惯，就是把粪便揉成球，滚动到可靠的地方藏起来，然后再慢慢吃掉。蜣螂可以滚一个比自身大得多的粪球，并且可以利用天体的线索（特别是太阳、月亮和偏振光）来导航，使粪球沿直线滚动；然而，如果完全没有光源（也就是说，完全黑暗），蜣螂的路径就不再是直线，而是弯曲的，有时甚至略圆。许多自然因素（如风和不平坦的地面）会导致蜣螂偏离原来的方向。此外，蜣螂在滚动过程中很可能会遇到障碍物，无法前进。为此，蜣螂通常会爬到粪球上面跳舞（包括一系列的旋转和停顿），这决定了它们的运动方向。

观察蜣螂的生活方式可以发现其获得粪球有两个主要目的：有些粪球是用来产卵和养育下一代的；其余的则用作食物。具体来说，蜣螂把粪球埋起来，雌性蜣螂在粪球里产卵。需要注意的是，粪球不仅是幼虫的生长场所，而且为幼虫提供了生存所必需的食物，粪球对蜣螂的生存起着不可替代的作用。此外，一些蜣螂会从其他蜣螂那里掠夺粪球，一些人也将它们称作小偷，这也是自然界中很常见的现象。

研究者主要就是基于蜣螂的生活习性，受其滚球、跳舞、觅食、偷窃和繁殖行为的启发，而提出了蜣螂优化算法（dung beetle optimizer, DBO），进行全局搜索和局部利用。

①蜣螂滚球。当蜣螂前行无障碍时，蜣螂在滚粪球过程中会利用太阳进行导航，假设光源的强度会影响蜣螂的位置，蜣螂在滚粪球过程中位置更新如下：

$$x_i(t+1)=x_i(t)+\alpha\times k\times x_i(t-1)+b\times\Delta x \tag{7-22}$$

其中，$\Delta x=|x_i(t)-X^w|$；$t$ 表示当前迭代次数，$x_i(t)$ 表示第 $i$ 次蜣螂在第 $t$ 次迭代中的位置信息，$k\in(0, 0.2]$ 为扰动系数，$b$ 为（0，1）之间的

随机数，$\alpha$ 取-1 或 1，$X^w$ 表示全局最差位置，$\Delta x$ 用于模拟光的强度变化。

当蜣螂遇到障碍物无法前进时，它需要通过跳舞来重新调整自己，以获得新的路线。使用切线函数来模仿跳舞行为，以此获得新的滚动方向，滚动方向仅考虑［0，π］。蜣螂一旦成功确定新的方向，它应该继续向后滚动粪球。蜣螂的位置更新如下：

$$x_i(t+1) = x_i(t) + \tan(\theta)\,|x_i(t) - x_i(t-1)| \quad (7\text{-}23)$$

其中，$\theta$ 为偏转角，其取值为［0，π］。

②蜣螂繁殖。雌性蜣螂将粪球滚到适合产卵的安全地方并将其隐藏起来，以此为后代提供一个安全的环境。受此启发，研究者提出了一种边界选择策略，以此模拟雌性蜣螂产卵的区域：

$$Lb^* = \max(X^* \times (1-R),\ Lb) \quad (7\text{-}24)$$

$$Ub^* = \min(X^* \times (1+R),\ Ub) \quad (7\text{-}25)$$

其中，$X^*$ 表示当前最优位置，$Lb^*$ 和 $Ub^*$ 分别表示产卵区的下限和上限，$R = 1 - t/T_{\max}$，$T_{\max}$ 表示最大迭代次数，$Lb$ 和 $Ub$ 分别表示优化问题的下限和上限。

雌性蜣螂一旦确定了产卵区，就会选择在该区域育雏球产卵。每只雌性蜣螂在每次迭代中只产生一个卵，可以看出，产卵区的边界范围是动态变化的，主要由 $R$ 值决定。因此，育雏球的位置在迭代过程中也是动态的，其定义如下：

$$B_i(t+1) = X^* + b_1 \times (B_i(t) - Lb^*) + b_2 \times (B_i(t) - Ub^*) \quad (7\text{-}26)$$

其中，$B_i(t)$ 表示第 $t$ 次迭代中第 $i$ 个育雏球的位置信息，$b1$ 和 $b2$ 均为 $1 \times D$ 的随机向量，$D$ 表示优化问题的维度。

③蜣螂觅食。雌性蜣螂所产的卵会逐渐长大，一些已经成熟的小蜣螂会从地下出来寻找食物，小蜣螂的最佳觅食区建模如下：

$$Lb^b = \max(X^b \times (1-R),\ Lb) \quad (7\text{-}27)$$

$$Ub^b = \min(X^b \times (1+R),\ Ub) \quad (7\text{-}28)$$

其中，$X^b$ 表示全局最优位置，$Lb^b$ 和 $Ub^b$ 分别表示最佳觅食区的下限和上限。

小蜣螂的位置更新如下：

$$x_i(t+1)=x_i(t)+C_1\times(x_i(t)-Lb^b)+C_2\times(x_i(t)-Ub^b) \quad (7\text{-}29)$$

其中，$x_i(t)$ 表示第 $t$ 次迭代中第 $i$ 只小蜣螂在的位置，$C_1$ 是服从正态分布的随机数，$C_2$ 为（0，1）的随机向量。

④蜣螂偷窃。一些蜣螂会从其他蜣螂那里偷粪球，盗贼蜣螂的位置更新如下：

$$x_i(t+1)=X^b+S\times g\times(|xi(t)-X^*|+|x_i(t)-X^b|) \quad (7\text{-}30)$$

其中，$x_i(t)$ 表示在第 $t$ 次迭代中第 $i$ 个盗贼蜣螂的位置，$g$ 为服从正态分布的 $1\times D$ 随机向量，S 为常数。种群按照 6∶6∶7∶11 的比例划分不同角色蜣螂，滚球蜣螂占比为 6，繁殖蜣螂占比为 6，小蜣螂占比为 7，小偷占比为 11。

DBO 算法也是基于子种群的，每个子种群执行不同的搜索方式。与蛇优化和蜉蝣算法不同的是，DBO 算法不是基于双种群的，而是基于多个子种群，本书划分了四个子种群。不同的区域搜索策略（包括产卵区域和最佳觅食区域）可以促进 DBO 算法的利用行为，追求更强的搜索能力，以避免陷入局部最优。

（4）案例

①车间物料配送情况。某企业是一家以发动机装配为主的生产制造企业。车间生产所需的物料都储存在一个仓库中心，共有 8 个工位负责生产。表 7.4 是该企业物料储存仓库到各个工位以及各个工位之间的距离，表 7.5是各工位物料需求清单，包括车辆在物料配送过程中在各工位的服务时间、等待装卸物料的时间和每个工位的时间窗限制。规定负责物料配送车辆的最大载重量为 70，速度最大不超过 50，用 MATLAB 进行编程，求解上述模型。

**表 7.4　工位之间及工位与物料储存仓库之间的距离**

| 工位编号 | 0 | 1 | 2 | 3 | 4 | 5 | 6 | 7 | 8 |
|---|---|---|---|---|---|---|---|---|---|
| 0 | 0 | 40 | 60 | 75 | 90 | 200 | 100 | 160 | 80 |
| 1 | 40 | 0 | 65 | 40 | 100 | 50 | 75 | 110 | 100 |
| 2 | 60 | 65 | 0 | 75 | 100 | 100 | 75 | 75 | 75 |
| 3 | 75 | 40 | 75 | 0 | 100 | 50 | 90 | 90 | 150 |
| 4 | 90 | 100 | 100 | 100 | 0 | 100 | 75 | 75 | 100 |
| 5 | 200 | 50 | 100 | 50 | 100 | 0 | 70 | 90 | 75 |
| 6 | 100 | 75 | 75 | 90 | 75 | 70 | 0 | 70 | 100 |
| 7 | 160 | 110 | 75 | 90 | 75 | 90 | 70 | 0 | 100 |
| 8 | 80 | 100 | 75 | 150 | 100 | 75 | 100 | 100 | 0 |

**表 7.5　工位物料需求清单**

| 配送要求 | 工位编号 | | | | | | | |
|---|---|---|---|---|---|---|---|---|
| | 1 | 2 | 3 | 4 | 5 | 6 | 7 | 8 |
| 物料需求量 | 20 | 25 | 15 | 23 | 16 | 32 | 20 | 10 |
| 服务时间 | 1 | 0.5 | 1 | 1 | 1 | 1.5 | 1 | 0.8 |
| 等待时间 | 0.8 | 0.9 | 1 | 0.5 | 0.5 | 1 | 0.8 | 0.9 |
| 时间窗 | [6, 7] | [5, 7] | [1, 3] | [4, 7] | [3, 5] | [2, 5] | [4, 6] | [1.5, 4] |

②优化结果与分析。本书以离散型制造企业车间为研究对象，以物料配送碳排放和能耗最低为优化目标，建立了制造企业车间物流配送路线优化模型。利用 DBO 对模型进行求解。算法参数设置如下：初始种群大小 $N$ 为 30，迭代次数 $T_{max}$ 为 300，控制参数 $K=0.1$，$b=0.3$，$S=0.5$。为了验证 DBO 的有效性，采用 DBO，非支配排序遗传算法（non-dominated sorting genetic algorithm-II，NSGA-II），遗传算法（genetic algorithm，GA）三种算法分别求解配送路线，对三种不同算法的求解结果进行对比分析。其中，GA 和 NSGA-II 的种群数量为 60，交叉率为 0.9，变异率为 0.1，算

法的迭代次数为300。图7.3至图7.5为三种算法能耗迭代过程，图7.6至图7.8为三种算法碳排放迭代过程。

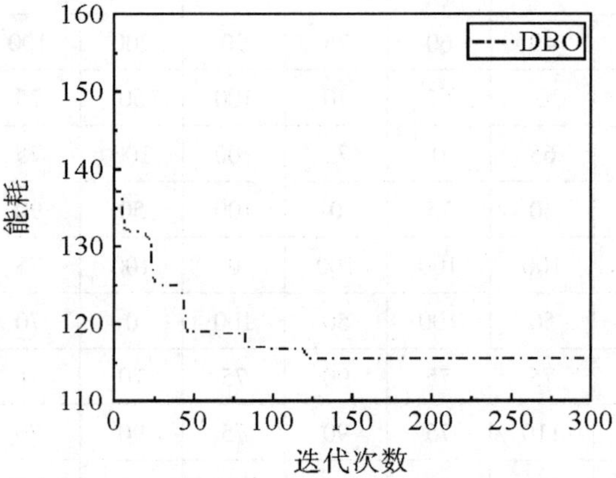


图 7.3　DBO 能耗迭代

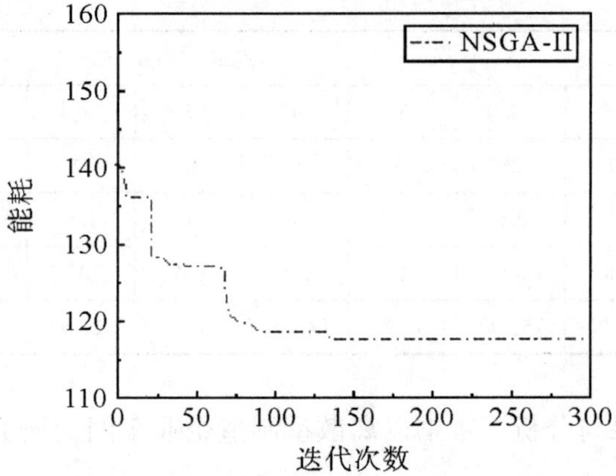


图 7.4　NSGA-II 能耗迭代

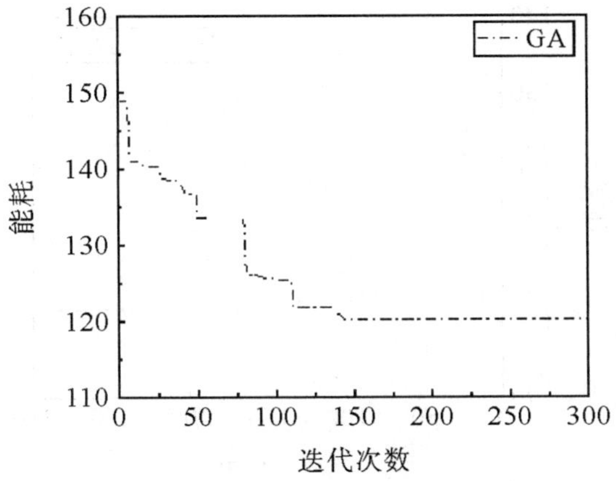


图 7.5 DBO 能耗迭代

从图 7.3 至图 7.5 中可以看出，使用 DBO 优化后的能耗为 115.32，NSGA-II 优化后的能耗为 117.78，GA 优化后的能耗为 119.86。迭代过程中，DBO 求解得到的目标函数值求解的能耗结果最低。DBO 算法达到最优能耗所需的迭代次数最少，这证明了本书提出的 DBO 算法的有效性，算法可以扩大解的搜索范围，提高解的寻优速度和精度。

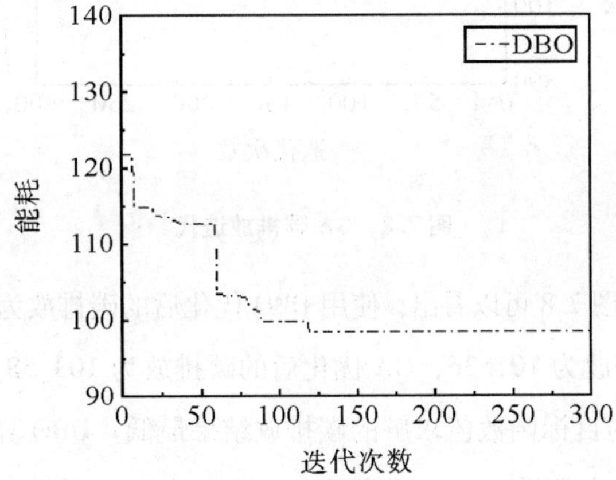


图 7.6 GA 碳排放迭代

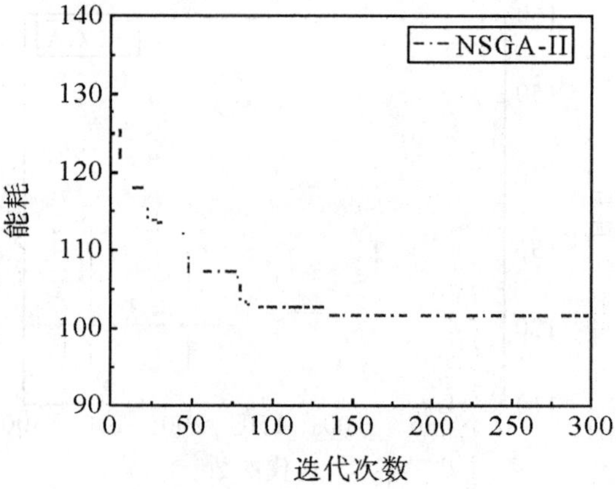


**图 7.7　NSGA-II 碳排放迭代**

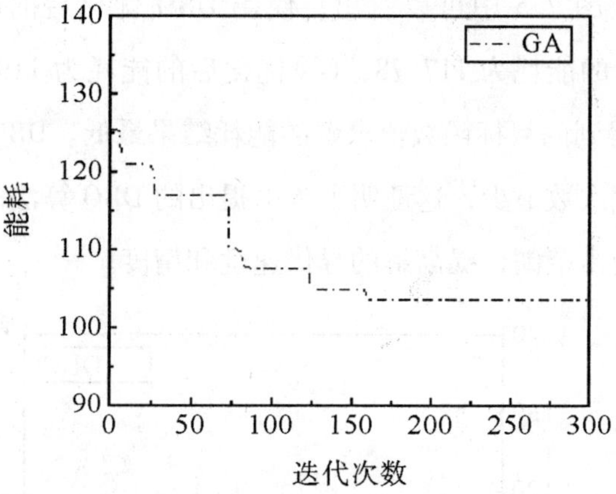


**图 7.8　GA 碳排放迭代**

从图 7.6 至图 7.8 可以看出，使用 DBO 优化后的碳排放为 98.62，NSGA-II 优化后的碳排放为 101.36，GA 优化后的碳排放为 103.58。迭代过程中，DBO 求解得到的目标函数值求解的碳排放结果最低。DBO 算法达到最优碳排放所需的迭代次数最少，这证明了本书提出的 DBO 算法的有效性，算法可以扩大解的搜索范围，提高解的寻优速度和精度。

**表 7.6　基于 DBO 的车辆路线规划结果**

| 车辆 | 路径 | 装载率/% | 距离/km | 满足时间窗 |
|---|---|---|---|---|
| 1 | 0-3-2-5-0 | 86 | 5.8 | 是 |
| 2 | 0-6-4-0 | 53 | 3.9 | 是 |
| 3 | 0-8-7-1-0 | 78 | 7.3 | 是 |

# 参考文献

[1] 白广利，赵欣悦，赵寒涛. 智能工厂物料配送系统中的无线调度控制装置［J］. 自动化技术与应用，2017，36（10）：151-153.

[2] 毕洁. 基于碳排放价值链的企业绩效评价体系研究［D］. 北京：首都经济贸易大学，2016.

[3] 蔡酉勇. 基于物联网的灌装设备制造车间生产监控与低碳调度研究［D］. 无锡：江南大学，2019.

[4] 蔡自兴，龚涛. 免疫算法研究的进展［J］. 控制与决策，2004（8）：841-846.

[5] 曾俊杰. 改进遗传算法求解基于 MPN 混流制造车间调度问题的研究［D］. 广州：广东工业大学，2021.

[6] 陈浩. 基于时间槽的多约束条件下设备调度研究［D］. 芜湖：安徽工程大学，2018.

[7] 陈家兴，王春玲，刘春明. 基于改进碳排放流理论的电力系统动态低碳调度方法研究［J］. 中国电力，2023，56（3）：11.

[8] 陈庆文，白广利. 智慧工厂物料调度系统模块化系列的研究［J］. 林业机械与木工设备，2017，45（12）：36-37.

[9] 陈伟达，陈政屹. 碳抵消机制下的制造/再制造生产决策优化研究［J］. 工业工程，2022，25（1）：11-18.

［10］陈艳阳. 基于碳排放的多目标车间生产调度研究［D］. 徐州：中国矿业大学，2020.

［11］戴鸿轶. 只有形成产业才能发挥大数据战略作用［J］. 中国战略新兴产业，2015（22）：34-37.

［12］邓大勇，卢克文，苗夺谦，等. 知识系统中全粒度粗糙集及概念漂移的研究［J］. 计算机学报，2019，42（1）：85-97.

［13］董宗然，周慧. 禁忌搜索算法评述［J］. 软件工程师，2010（1）：96-98.

［14］都海波，葛展展，张金锋，等. 基于改进天牛须算法的电力攀爬机器人运动学逆解算法［J］. 控制与决策，2022，37（9）：2217-2225.

［15］樊梁华. 机械加工车间现场人力资源优化配置研究［D］. 重庆：重庆大学，2020.

［16］付忠璋. 汽车制造业大批量定制的实施策略研究［D］. 武汉：华中科技大学，2004.

［17］高丽敏. 资源型城市循环经济发展的可持续性研究：以甘肃省嘉峪关市为例［D］. 兰州：兰州大学，2007.

［18］高尚. 中石油 SGZB 中心机械加工车间生产调度优化研究［D］. 石家庄：河北科技大学，2021.

［19］高雪琪. "碳中和" 视角下制造企业环境成本管理研究［J］. 长春工程学院学报（社会科学版），2021，22（2）：43-46.

［20］宫华. 制造型企业生产物流优化理论与方法［M］. 北京：国防工业出版社，2015.

［21］桂玲. 带有交货时间窗的提前/拖期调度问题研究［D］. 武汉：华中科技大学，2017.

［22］韩永滨，曹红梅. 我国化石能源与可再生能源协同发展的技术途径与政策建议［J］. 中国能源，2014，36（4）：25-29.

[23] 郝海青，毛建民.《巴黎协议》下中国“可监测、可报告、可核查”技术管理体系的构建 [J]. 科技管理研究，2016，36 (16)：262-266.

[24] 胡鑫铭，陆志强. 考虑物料配送的飞机移动生产线调度问题优化 [J]. 北京航空航天大学学报，2017，43 (12)：2573-2582.

[25] 黄春秋. 大规模数据并行处理应用中的弹性任务调度问题研究 [D]. 天津：天津工业大学，2019.

[26] 黄莉. 机械产品装配过程线上人员调度问题研究 [D]. 合肥：合肥工业大学，2013.

[27] 黄瑶. 汽车混流装配线多车物料准时化配送调度研究 [D]. 长沙：湖南大学，2020.

[28] 黄英杰，姚锡凡. 基于目标级联法和粒子群算法的柔性分布式车间调度 [J]. 中南大学学报，2012，43 (1)：151-158.

[29] 黄志刚，林凤涛. 车间配送路径优化的研究 [J]. 华东交通大学学报，2007 (4)：111-114.

[30] 纪玉俊，廉雨晴. 制造业集聚、城市特征与碳排放[J]. 中南大学学报（社会科学版），2021，27 (3)：73-87.

[31] 贾明，向翼，刘慧，等. 中国企业的碳中和战略：理论与实践 [J]. 外国经济与管理，2022，44 (2)：3-20.

[32] 姜一啸，吉卫喜，何鑫，等. 基于改进非支配排序遗传算法的多目标柔性作业车间低碳调度 [J]. 中国机械工程，2022，33 (21)：2564-2577.

[33] 蒋丽. 以工位为中心的生产物流配送优化研究 [D]. 合肥：中国科学技术大学，2011.

[34] 蒋天伦. 网络化协同制造系统的跨层生产优化调度 [D]. 无锡：江南大学，2021.

[35] 金磊. 设计生产力与设计革命的思考 [J]. 科技进步与对策, 1992, 9 (6): 14-16.

[36] 敬石开, 占红飞, 刘继红, 等. 面向模型重构的设计理性知识粒度评价方法 [J]. 计算机集成制造系统, 2015, 21 (1): 1-12.

[37] 靖富营, 薛凤, 陈威, 等. Batch 生产方式下动态批量决策及预测时阈 [J]. 系统工程, 2022, 40 (6): 76-84.

[38] 孔海花, 武志军, 于林青. 制造业现场管理体系的构建及其要点分析研究 [J]. 科技管理研究, 2014, 34 (12): 174-178, 184.

[39] 蓝建华, 王宇, 王裕航. 机械工程设备管理与维护策略探究 [J]. 中国设备工程, 2022 (21): 60-62.

[40] 李海宁, 孙树栋, 杨宏安. TS/MP 混合算法求解作业车间 JIT 调度问题 [J]. 计算机集成制造系统, 2012, 18 (6): 1176-1181.

[41] 李建辉. A 公司基于 SAP 系统的科研生产管理业务研究与实现 [D]. 哈尔滨: 哈尔滨工业大学, 2020.

[42] 李晋航. 混流制造车间物料配送调度优化研究 [D]. 武汉: 华中科技大学, 2012.

[43] 李凯, 周超, 马英. 考虑释放时间的单机 JIT 调度问题 [J]. 运筹与管理, 2016, 25 (3): 71-77.

[44] 李玲玲. 面向节能的机械加工工艺规划与车间调度集成优化模型与方法 [D]. 重庆: 重庆大学, 2017.

[45] 李帅. S 公司涂装车间精益生产管理改善研究 [D]. 扬州: 扬州大学, 2019.

[46] 李薇, 赵晓倩. 企业制药车间环境影响因素及优化措施分析 [J]. 环境与发展, 2019, 31 (12): 234-235.

[47] 李晓磊, 钱积新. 基于分解协调的人工鱼群优化算法研究 [J]. 电路与系统学报, 2003 (1): 1-6.

[48] 李晓亮. 中国碳交易体系构建及发展路径研究 [D]. 昆明：云南大学，2012.

[49] 李艺杰. 信息化视角下的中小企业成本优化研究 [D]. 哈尔滨：黑龙江大学，2009.

[50] 李翼成，赵钰婷，崔杨，等. 考虑充放电策略的换电站与风电-碳捕集虚拟电厂的低碳经济调度 [J]. 电力自动化设备，2023，43 (6)：27-36.

[51] 李昭阳. 车间物料搬运系统多载量小车配送调度问题研究综述 [J]. 科技风，2020 (31)：161-162.

[52] 李梓杨. 大数据流式计算环境下的弹性资源调度策略研究 [D]. 乌鲁木齐：新疆大学，2021.

[53] 梁建交. 工业大数据：制造企业数字化转型的重点方向[J]. 信息安全与通信保密，2020 (4)：72-81.

[54] 林凤涛. 蚁群算法在车间配送路径优化中的应用 [J]. 轴承，2007 (5)：8-10.

[55] 林凯. 信息化视角下的机械制造管理研究 [J]. 造纸装备及材料，2021，50 (11)：14-16.

[56] 林清国. 基于混合遗传算法的有时间窗车辆路径问题研究 [D]. 济南：山东大学，2007.

[57] 蔺增琪，郭烨，李文仲，等. 汽车整车制造企业制造过程碳中和实施路径研究 [J]. 中国汽车，2022 (7)：24-26，52.

[58] 刘闯，于忠清. 求解分布式混合流水线调度问题的改进双层嵌套式遗传算法 [J]. 现代制造工程，2020 (4)：27-35.

[59] 刘大铖. 数据驱动优化的车间节能调度方法研究 [D]. 贵阳：贵州大学，2020.

[60] 刘晶雨. 考虑自有品牌发展的J公司主生产计划研究 [D]. 上海：东华大学，2022.

[61] 刘磊. 生产数据驱动的动态作业车间调度规则决策研究 [D]. 重庆：重庆邮电大学，2019.

[62] 刘满星. 复杂产品机加 MES 调度优化问题的研究与实现 [D]. 沈阳：沈阳航空航天大学，2021.

[63] 刘敏. 制造物联主动感知事件驱动的加工作业调度问题研究 [D]. 广州：华南理工大学，2021.

[64] 刘明周，马靖，赵志彪，等. 物联网环境下的机械产品管控一体智能装配系统建模 [J]. 计算机集成制造系统，2015 (3)：669-679.

[65] 刘小龙. 改进多元宇宙算法求解大规模实值优化问题 [J]. 电子与信息学报，2019，41 (7)：1666-1673.

[66] 刘雪红，段程，王磊. 基于改进候鸟算法的柔性作业车间分批调度问题 [J]. 计算机集成制造系统，2021，27 (11)：3185-3195.

[67] 刘言哲. 浅谈制造企业提升生产计划管理有效性的措施探讨 [J]. 山东工业技术，2016 (6)：42.

[68] 柳冠中. 中国工业设计产业结构机制思考 [J]. 设计，2013 (10)：158-163.

[69] 龙志强. 基于哈里斯鹰算法的组合设备优化调度 [D]. 赣州：江西理工大学，2022.

[70] 卢斌，陆志强，张永峰. 基于物料交货期预测的飞机装配动态调度问题 [J]. 计算机集成制造系统，2022，28 (9)：2939-2952.

[71] 路东. 机械制造行业的数据采集与数据分析：基于统一信息模型的数字孪生与大数据优化智能工厂 [J]. 电气时代，2022 (8)：20-22.

[72] 罗浩嘉. 布谷鸟算法在柔性车间调度问题上的应用 [D]. 南充：西华师范大学，2022.

[73] 马彤彤. 区段式 AGV 机加车间调度优化及可视化推演研究 [D]. 哈尔滨：哈尔滨工程大学，2021.

[74] 马永杰，云文霞. 遗传算法研究进展 [J]. 计算机应用研究，2012，29 (4)：1201-1206，1210.

[75] 梅梦雨. 生活用纸制浆过程间歇性生产设备的优化调度模型研究 [D]. 广州：华南理工大学，2020.

[76] 梅偵. 面向低碳制造的工艺规划与车间调度集成优化 [D]. 武汉：华中科技大学，2016.

[77] 孟凡婷. 考虑节能减排的物流配送车辆路径优化问题研究 [D]. 北京：北京交通大学，2017.

[78] 孟磊磊，张超勇，肖华军，等. 面向加工时间可控的柔性作业车间节能调度问题建模 [J]. 计算机集成制造系统，2019，25 (5)：1062-1074.

[79] 聂黎，张国辉，王小刚，等. 基于博弈论的虚拟制造网络车间调度优化方法 [J]. 中国机械工程，2019，30 (12)：1492-1497.

[80] 聂玲. 不确定环境下的机器调度问题研究 [M]. 成都：西南财经大学出版社，2018.

[81] 牛培峰，吴志良，马云鹏，等. 基于鲸鱼优化算法的汽轮机热耗率模型预测 [J]. 化工学报，2017，68 (3)：1049-1057.

[82] 庞新富，刘炜，李海波，等. 炼钢—连铸生产过程运输设备天车调度方法 [J]. 信息与控制，2019，48 (6)：745-753，760.

[83] 裴利静. 带式输送机物料调度问题的能量效率优化 [J]. 矿业装备，2019 (6)：114-115.

[84] 曲晨瑶，李廉水，程中华. 中国制造业行业碳排放效率及其影响因素 [J]. 科技管理研究，2017，37 (8)：60-68.

[85] 曲建升，陈伟，曾静静，等. 国际碳中和战略行动与科技布局分析及对我国的启示建议 [J]. 中国科学院院刊，2022，37 (4)：444-458.

[86] 任凡. 机械加工车间环境影响分析及粉尘特性研究 [D]. 重庆：重庆大学，2010.

[87] 任凡琪. 基于“双积分”交易的汽车制造商生产决策研究 [D]. 南昌：南昌大学，2022.

[88] 宋昊举，吴立辉，王维豪. 浅析晶圆制造自动化物料运输系统调度研究现状 [J]. 装备制造技术，2017 (5)：47-49.

[89] 宋月强，罗宇洁. 碳排放约束下企业生产决策文献综述 [J]. 内蒙古科技与经济，2021 (20)：71-72.

[90] 孙博，俞武嘉，刘光宇. 面向远程实验设备的最优资源调度方法 [J]. 计算机应用与软件，2020，37 (11)：41-45.

[91] 孙凯. “人类世”时代的全球环境问题及其治理 [J]. 人民论坛·学术前沿，2020 (11)：43-49.

[92] 汤为. 基于4M1E方法的大批量生产型企业生产管理体系改进研究 [D]. 兰州：兰州大学，2010.

[93] 唐林，邹慧君. 机械产品方案的现代设计方法及发展趋势 [J]. 机械科学与技术，2000，19：192-196.

[94] 唐毅青. 人工智能在机械加工及其自动化过程中的运用 [J]. 造纸装备及材料，2022，51 (2)：18-20.

[95] 田春华，杨锐，崔鹏飞. 工业大数据的实践与认识 [J]. 软件和集成电路，2019 (9)：56-65.

[96] 涂建明，李晓玉，郭章翠. 低碳经济背景下嵌入全面预算体系的企业碳预算构想 [J]. 中国工业经济，2014 (3)：147-160.

[97] 万晓琴，严洪森. 面向航空发动机装配线的知识化制造系统重调度和自重构 [J]. 控制理论与应用，2017，34 (7)：903-911.

[98] 汪凯. 基于精益生产的“一个流”和生产线平衡的研究 [J]. 企业技术开发，2009，28 (8)：135-136.

[99] 王宝慧. S公司生产计划流程优化研究[D]. 济南：山东财经大学，2022.

[100] 王成龙，李诚，冯毅萍，等. 作业车间调度规则的挖掘方法研究[J]. 浙江大学学报（工学版），2015，49（3）：421-429.

[101] 王春梅. 提高制造企业生产计划管理效率浅析［J］. 企业科技与发展，2021（8）：144-146.

[102] 王芳. 面向碳效优化的柔性流水车间调度研究［D］. 武汉：华中科技大学，2017.

[103] 王飞. 大数据环境下基于 DAG 的任务调度研究［D］. 大连：大连理工大学，2018.

[104] 王红波. N 公司生产管理改进方案研究［D］. 长春：吉林大学，2022.

[105] 王际鹏. 晶圆制造组合设备调度策略研究［D］. 西安：西安电子科技大学，2021.

[106] 王家海，陈煜. 数据驱动的 JobShop 生产调度知识挖掘及优化[J]. 计算机工程与应用，2018，54（1）：264-270.

[107] 王进峰. 智能制造系统与智能车间［M］. 北京：化学工业出版社，2020.

[108] 王婧婵. 以物料管理为主线的项目管理应用研究［J］. 企业改革与管理，2017（12）：34.

[109] 王君. 单机生产排序问题的可持续性优化［J］. 工业工程与管理，2017，22（3）：55-61.

[110] 王君. 考虑碳排放的多机可持续调度问题［J］. 运筹与管理，2017，26（8）：187-192.

[111] 王磊，陈彦. 生产性服务业集聚与工业绿色竞争力［J］. 金融与经济，2021（11）：54-61，80.

[112] 王丽敏. 人工智能在机械加工及其自动化过程中的应用探究[J]. 农机使用与维修，2021（9）：29-30.

[113] 王美琼. 遗传算法在物流配送路径规划问题中的应用 [D]. 南京：南京理工大学，2006.

[114] 王霞，张丽君，秦耀辰，等. 中国制造业碳排放时空演变及驱动因素研究 [J]. 干旱区地理，2020，43 (2)：536-545.

[115] 王余烈，苏欣. 基于“低碳生活”方式的绿色设计新理念 [J]. 包装工程，2013，34 (12)：87-90.

[116] 王哲楠. 数字孪生车间物流设备调度优化研究 [D]. 武汉：武汉理工大学，2021.

[117] 王震亚，卜令国，刘彬彬. 低碳设计理念下的产品设计研究 [J]. 设计艺术研究，2011 (4)：27-30，22.

[118] 吴锐，郭顺生，李益兵，等. 改进人工蜂群算法求解分布式柔性作业车间调度问题 [J]. 控制与决策，2019，34 (12)：2527-2536.

[119] 吴秀丽，刘夏晶. 差分进化算法求解分布式柔性作业车间调度问题 [J]. 计算机集成制造系统，2019，25 (10)：2539-2558.

[120] 吴正佳，华露，白炜铖，等. 考虑机器非加工状态的作业车间节能调度 [J]. 三峡大学学报：自然科学版，2017，39 (5)：100-105.

[121] 肖蒙. 考虑物料搬运的离散制造车间多资源调度 [D]. 上海：东华大学，2022.

[122] 谢晓锋，张文俊，杨之廉. 微粒群算法综述 [J]. 控制与决策，2003 (2)：129-134.

[123] 邢轶斌，徐海滨，康永. 半导体封装阶段批加工设备调度 [J]. 电子技术与软件工程，2019 (16)：119-120.

[124] 徐宁. 基于强化学习的柔性作业车间调度算法研究 [D]. 上海：华东师范大学，2022.

[125] 薛惠锋. 全球视野下的中国资源环境问题 [J]. 环境经济，2008 (4)：40-44.

[126] 阎莉. 低碳时代的绿色设计理念研究 [J]. 包装工程, 2015, 36 (8): 108-111.

[127] 杨海东, 郑庆仁, 刘国胜, 等. 基于差分遗传算法的置换流水车间低碳调度模型 [J]. 中南大学学报: 自然科学版, 2013, 44 (11): 4554-4560.

[128] 杨海宴. 基于闭环反馈的机加工车间物流调度优化方法研究与实现 [D]. 成都: 西南交通大学, 2021.

[129] 杨江波, 陈友玲, 曹楠. 面向柔性作业分布式车间的分层调度模型研究 [J]. 计算机工程与应用, 2014, 50 (23): 239-244.

[130] 杨雷, 杨秀. 碳排放管理标准体系的构建研究 [J]. 气候变化研究进展, 2018, 14 (3): 281-286

[131] 杨柳. 信息化视角下的公司供应链成本控制优化研究 [J]. 质量与市场, 2022 (17): 76-78.

[132] 杨迁. 基于模拟退火算法的车间物料供应调度优化研究 [D]. 柳州: 广西科技大学, 2014.

[133] 杨清. 物联网环境下的车间动态物料配送方法研究 [D]. 合肥: 合肥工业大学, 2015.

[134] 杨秋侠, 孙雅楠. 低碳经济条件下企业物料运输方式定量选择 [J]. 物流科技, 2015, 38 (10): 24-27.

[135] 杨伟. 基于 Petri 网的蚁群算法在混流制造生产调度中的研究 [D]. 广州: 广东工业大学, 2014.

[136] 杨晓林, 胡蓉, 钱斌, 等. 增强分布估计算法求解低碳分布式流水线调度 [J]. 控制理论与应用, 2019, 36 (5): 803-815.

[137] 杨毅, 易文飞, 王晨清, 等. 基于碳排放流理论的园区综合能源系统低碳经济调度 [J]. 电力建设, 2022, 43 (11): 33-41.

[138] 杨泽宇. 基于不同学习范式的工业大数据建模与质量预报[D]. 杭州：浙江大学，2021.

[139] 杨重庆. 绿色偏好情形下闭环供应链生产决策研究 [D]. 南京：南京邮电大学，2022.

[140] 易立，赵海燕，张伟，等. 特征模型融合研究 [J]. 计算机学报，2013，36（1）：1-9

[141] 尹瑞雪. 基于碳排放评估的低碳制造工艺规划决策模型及应用研究 [D]. 重庆：重庆大学，2014.

[142] 尹杨坚. 基于低碳设计理念的商业展示设计课程教学研究 [J]. 装饰，2017（6）：138-139.

[143] 俞锴帅. 基于关键链的ETO型制造企业计划管理体系与方法设计[J]. 科技创新与应用，2017（17）：259.

[144] 翟万江. 实施“双碳”战略助力绿色发展：国内外碳达峰碳中和标准体系梳理 [J]. 中国科技产业，2022（6）：26-31.

[145] 张保元. 物料管理现状分析和优化建议 [J]. 大众标准化，2020（2）：180，182.

[146] 张驰枫. 资源环境问题与我国生态安全 [J]. 绿色环保建材，2018（6）：33-35.

[147] 张凡，王树众，李艳辉，等. 中国制造业碳排放问题分析与减排对策建议 [J]. 化工进展，2022，41（3）：1645-1653.

[148] 张国辉，党世杰. 考虑机器速度的低碳柔性作业车间调度问题研究 [J]. 计算机应用研究，2017，34（4）：1072-1075.

[149] 张国辉，党世杰. 数据驱动下的动态柔性作业车间调度研究[J]. 机械设计与制造，2017（6）：267-269.

[150] 张海滨. 试论制造企业生产计划管理 [J]. 科技创新导报，2018，15（11）：170-171.

[151] 张洁，汪俊亮，吕佑龙，等. 大数据驱动的智能制造 [J]. 中国机械工程，2019，30 (2)：127-133，158.

[152] 张瑾华，陈强远. 碳中和目标下中国制造业绿色转型路径分析 [J]. 企业经济，2021，40 (8)：36-43.

[153] 张瑾华，陈强远. 碳中和目标下中国制造业绿色转型路径分析 [J]. 企业经济，2021，40 (8)：36-43.

[154] 张景淘. 柔性作业车间智能调度优化算法研究 [D]. 泰安：山东农业大学，2022.

[155] 张炯. 面向分布式的任务调度方法及并行优化方法研究 [D]. 西安：西安理工大学，2021.

[156] 张丽爽. R 公司生产计划管理改善研究 [D]. 长春：吉林大学，2022.

[157] 张利彪，周春光，马铭，等. 基于粒子群算法求解多目标优化问题 [J]. 计算机研究与发展，2004，41 (7)：1286-1291.

[158] 张梦燃. 碳中和愿景下中国减排路径研究 [J]. 北方经济，2022，412 (3)：47-50.

[159] 张田会，张发平，阎艳，等. 基于本体和知识组件的夹具结构智能设计 [J]. 计算机集成制造系统，2016，22 (5)：1165-1178.

[160] 张晓辉. 分布式阻塞流水车间调度方法研究 [D]. 徐州：中国矿业大学，2020.

[161] 张亚连，张夙. 构建企业碳资产管理体系的思考 [J]. 环境保护，2013，41 (8)：46-47.

[162] 张妍. 中小型制造企业工艺与车间管理系统的研究与应用 [D]. 天津：天津职业技术师范大学，2015.

[163] 张漪. 面向高效低碳的工艺规划和生产调度综合优化研究 [D]. 武汉：华中科技大学，2018.

［164］张玉玮. 机械工程设备管理与维护策略研究［J］. 中国设备工程，2022（10）：43-45.

［165］赵安伟，侯月华. 涂装车间的人员管理［J］. 现代涂料与涂装，2013，16（4）：55-56.

［166］赵安新，张智晟. 考虑电-气综合需求响应的综合能源系统低碳经济调度［J］. 电气工程学报，2022，17（4）：226-232.

［167］赵广华. 产业集群供应链协同管理体系构建［J］. 科技进步与对策，2010，27（18）：53-56.

［168］赵健，刘磊，潘欣. 模糊语义下知识系统的结构及信息传播的研究［J］. 计算机学报，2014，037（8）：1669-1678.

［169］赵良辉，邓飞其. 用于作业车间调度的模拟退火算法［J］. 制造业自动化，2006（3）：10-12，23.

［170］赵良辉. 基于多 Agent 系统的制造业生产调度模型研究［M］. 广州：华南理工大学出版社，2019.

［171］赵腾飞. "双碳"目标与企业碳管理体系［J］. 中国质量，2021（12）：41-44.

［172］郑文. 机械加工制造系统的复杂性研究［D］. 长春：吉林大学，2020.

［173］周炳海，彭涛. 基于混合教-学算法的汽车装配线物料供应调度［J］. 浙江大学学报（工学版），2018，52（10）：1854-1863.

［174］周驰. 大数据在工业制造业的应用与研究［J］. 数字通信世界，2019（8）：224.

［175］周炫辰. 试论制造企业生产计划管理［J］. 中国市场，2021（36）：76-77.

［176］朱方柱. 信息化视角下的工程机械设备采购管理［J］. 建筑机械化，2010，31（10）：85-86.

[177] 朱剑锋，陈珉．语义异构环境下基于本体的供应链知识协同研究［J］．武汉大学学报（信息科学版），2014，39（1）：123-126.

[178] 潘子茜．大数据驱动的经编车间优化调度［D］．上海：东华大学，2022.

[179] AL-SALEMM，BEDOYAVL，RABADIG. Heuristic and exact algorithms for the two-machine just in time job shop scheduling problem［J］. Mathematical Problemsin Engineering，2016（11）：1-11.

[180] AMERF，GOLPARVARFM. Modeling dynamic construction work template from existing scheduling records via sequential machine learning［J］. Advanced Engineering Informatics，2021，47：101-198.

[181] AZRAMNAD，ATANR. Scientific experimental data representation standard through knowledge metadata representation model［J］. Journal of Information & Knowledge Management，2019，18：1-13.

[182] BABUKS，VEMURUS. Spectrum signals handoff in LTE cognitive radio networks using reinforcement learning［J］. Traitement du Signal，2019，36（1）：119-125.

[183] BAKERBM，AYECHEWMA. A genetic algorithm for the vehicle routing problem［J］. Computers & Operations Research，2003，30（5）：787-800.

[184] BAPTISTEP，FLAMINIM，SOURDF. Lagrangian bounds for just-in-time job-shop scheduling［J］. Computers and Operations Research，2008，35（3）：906-915.

[185] BECKJC，REFALOP. A hybrid approach to scheduling with earliness and tardiness costs［J］. Annals of Operations Research，2003，118（1-4）：49-71.

[186] BEKARET, NYQVISTP, SKOOGHA. An intelligent approach for data pre-processing and analysis in predictive maintenance with an industrial case study [J]. Advances in Mechanical Engineering, 2020, 12 (5): 1-14.

[187] BEZERRA, AGUINAIDO. Enabling interactive visualizations in industrial big data [J]. IFAC Papers On Line, 2020, 53 (2): 11162-11167.

[188] BURDACKJ, HORSTF, GIESSELBACHS, et al. Systematic comparison of the influence of different data preprocessing methods on the performance of gaitclassification susing machine learning [J]. Frontiersin Bioengineering and Biotechnology, 2020, 8: 1-12.

[189] CANASH, MULAJ, CAMPUZANO-BOLARINF, et al. A conceptual framework for smart production planning and controlin Industry4.0 [J]. Computers & Industrial Engineering, 2022, 173: 1-12.

[190] CAO N, MIAO X M, ZHANG J. Spatial intelligent decision system based on multidimensional net work theory [J]. Journal of Intelligent & Fuzzy Systems, 2021, 40 (4): 6137-6149.

[191] CHANFTS, CHUNGSH, CHANLY, et al. Solving distributed FMS scheduling problems subject to maintenance: genetical gorithms approach [J]. Robotics and Computer-Integrated Manufacturing, 2006, 22 (5): 493-504.

[192] CHANFTS, CHUNGSH, CHANPLY. Application of genetic algorithms with dominant genes in a distributed scheduling problem inflexible manufacturing systems [J]. International Journal of Production Research, 2006, 44 (3): 523-543.

[193] CHANG H, LIU T. Optimisation of distributed manufacturing flexible job shop scheduling by using hybrid genetic algorithms [J]. Journal of Intelligent Manufacturing, 2017, 28 (8): 1973-1986.

[194] CHAOUCHI, DRISSOB, GHEDIRAK. A modified ant colony optimization algorithm for the distributed job shop scheduling problem [J]. Procedia Computer Science, 2017, 112: 296-305.

[195] CHAOUCHI, DRISSOB, GHEDIRAK. A novel dynamic assignment rule for the distributed job shop scheduling problem using a hybrid ant-based algorithm [J]. Applied Intelligence, 2019, 49 (5): 1903-1924.

[196] CHATTERJEEK, ZHANGJ, DIXITUS. Estimation of surface roughness in a turning operation using industrial big data [J]. International Journal of Machining and Machinability of Materials, 2021, 23 (3): 209-240.

[197] CHATTOPADHYAYS, SANYALSK, CHANDRAA. Systematic determination of discrepanciesacrosstransientst ability soft ware packages [J]. IEEE Transactions on Power Systems, 2016, 31 (1): 432-441.

[198] CHE A, ZENG Y. An efficient greedy insertion heuristic for energy: conscious single machine scheduling problem under time-of-use electricity tarifs [J]. Journal of Cleaner Production, 2016, 129: 565-577.

[199] CHEN S, PAN Q K, HU X L, et al. An iterated greedy algorithm for distributed blocking flow shop problems with makespan minimization [C] // Proc of 39th Chinese Control Conference (CCC), Shenyang: IEEE, 2020: 1536-1541.

[200] CHENG J, CHU F, LIU M, et al. Bi-criteria single-machine batch scheduling with machine on/off switching under time-of-use tariffs [J]. Computers &Industrial Engineering, 2017, 112: 721-734.

[201] CHHIMP, CHINNAMRB, SADAWIN. Product design and manufacturing process based on to logy for manufacturing knowledge reuse [J]. Journal of Intelligent Manufacturing, 2019, 30 (2): 905-916.

[202] CHOUDHURYBB, BISWALBB, MISHRAD, et al. Appropriate evolutionary algorithm for scheduling in FMS [J]. International Journal of Applied Evolutionary Computation, 2011, 2 (3): 15-26.

[203] CHRISTM, KEMPA-LIEHRAW, FEINDTM. Distributed and parallel time series feature extraction for industrial big data applications [J]. Computer Science, 2016 (10): 3.

[204] COLORNIA, DORIGOM, MANIEZZOV, et al. Ant system for job-shop scheduling [J]. JORBEL: Belgian Journal of Operations Research, Statistics, and Computer Science, 1994, 34 (1): 39-53.

[205] CUI Y J, ZHANG Y H. Linux system dual threshold scheduling algorithm based on characteristic scale equilibrium [J]. Computer Science, 2015, 42 (6): 181-184.

[206] DAI W B, WAN G P, SUN W Q, et al. Semantic integration of plug-and-play soft ware components for industrial edges based on microservices [J]. IEEE Access, 2019, 7 (125): 882-892.

[207] DANTZIGGB. Programming in a linear structure [J]. Report of the September Meetingin Madison, 1949, 17: 73-74.

[208] DEGIOVANNIL, PEZZELLAF. An improved genetical gorithm for the distributed and flexible job-shop scheduling problem [J]. European Journal of Operational Research, 2010, 200 (2): 395-408.

[209] DEBK, PRATAPA, AGARWALS, et al. A fast and elitist multiobjective genetical gorithm: NSGA—II [J]. IEEE Transon Evolutionary Computation, 2002, 6 (2): 182-197.

[210] DOMINIKFLICK. Ascertainment of energy consumption information in the age of industrial big data [J]. Procedia CIRP, 2018, 72: 202-208.

[211] DORIGOM, MANIEZZOV, COLORNIA. Antsystem: optimization by acolony of cooperating agents [J]. IEEE Transactions on Systems, Manand-Cybemetics: Part B (Cybemetics), 1996, 26 (1): 29-41.

[212] DOULABISHH, AVAZBEIGIM, ARABS, et al. An effective hybrid simulated annealing and two mixed integer linear formulations for just-in-time openshopschedulingproblem [J]. International Journal of Advanced Manufacturing Technology, 2012, 59 (9-12): 1143-1155.

[213] DUAN J, WANG J. Energy-efficient scheduling for a flexible job shop with machine breakdowns considering machine idle time arrangement and machine speed level selection [J]. Computers & Industrial Engineering, 2021, 161: 107677.

[214] FEMMAMM, KAZARO, KAHLOULLAID, et al. Labelled evolutionary petrinets/genetic algorithm based approach for workflow scheduling incloud computing [J]. International Journal of Gridand Utility Computing, 2018, 9 (2): 157-169.

[215] FRIGERIO, CORNAGGIACF, MATTA A. An adaptive policy for on-line energy-efficient control of machine tool sunder through put constraint [J]. Journal of Cleaner Production, 2020, 287 (10): 1-16.

[216] GAO K Z, YANG F J, LI J Q, et al. Improved jaya algorithm for flexible job shop rescheduling problem [J]. IEEE Access, 2020, 8 (86): 915-922.

[217] GUO S, LI H J, AN H Z, et al. Steel product price stransmission activities in the midstream industrial chain and global markets [J]. Resources Policy, 2019, 60: 56-71.

[218] HDORKSEN, UMONKS, LOHWEGV. Fast classification in industrial big data environments [C] //Proceedings of the 2014 IEEE Emerging Technology and Factory Automation (ETFA). IEEE, 2014.

[219] HAKANENE, RAJALAR. Material intelligence as adriver for value creation in IoT-enabled business eco systems [J]. Journal of Business & Industrial Marketing, 2018, 33 (6): 857-867.

[220] HAN Y, CHANG L, GENG Z, et al. Carbon emission analysis and evaluation of industrial departments in China: an improved environmental DEA cross model based on information entropy [J]. Journal of Environmental Management, 2017, 205: 298-307.

[221] HAO X, LI X, LIANG G. A hybrid genetical gorithm with variable neighborhood search for dynamic integrated process planning and scheduling [J]. Computers & Industrial Engineering, 2016, 102: 99-112.

[222] HUANG C X, CAI H M, XU LD, et al. Data-driven on tology generation and evolution towards intelligent service in manufacturing systems [J]. Future Generation Computer Systems - The International Journal of Escience, 2019, 101: 197-207

[223] HUANG J, Zhou M, SABRI M, et al. A novel neural computing model applied to estimate the dynamic modulus (DM) of as phaltmixtures by the improved beetle antennae search [J]. Sustainability, 2022, 14, 1-17.

[224] JAY LEE. Industrial big data analytics and cyber-physical systems for future maintenance & service innovation [J]. Procedia CIRP, 2015, 38: 3-7.

[225] JIANG D, ZHOU J, ZHAO Y, et al. Initiative scheduling method triggered by production trend prediction [J]. Mechanical Science and Technology for Aerospace Engineering, 2019, 38 (1): 80-89.

[226] JIANG E D, WANG L, WANG J J. Decomposition based multi-objective optimization for energy-aware distributed hybrid flow shop scheduling with multi processor tasks [J]. Tsing hua Science Technology, 2021, 26: 646-663.

[227] JIANG J C, ZHU A X, QIN C Z, et al. A knowledge-based method for the automatic determination of hydrological model structures [J]. Journal of Hydro Informatics, 2019, 21 (6): 1163-1178.

[228] JIANG Q, YAN S, CHENG H, et al. Local-global modeling and distributed computing framework for nonlinear plant-wide process monitoring with industrial big data [J]. IEEE Transactions on Neural Networks and Learning Systems, 2020, 3, 3355-3365.

[229] JIANG S L, ZHENG Z, LIU M. A preference-inspired multi-objective soft scheduling algorithm for the practical steelmaking-continuous casting production [J]. Computers & Industrial Engineering, 2017, 115: 582-594.

[230] JIAO Z, ZHANG B, GONG W, et al. A virtual queue-based back-pressure scheduling algorithm for wireless sensor networks [J]. EURASIP Journal on Wireless Communications and Networking, 2015 (1): 1-9.

[231] JOO C, LIN X, SHROFF N B. Understanding the capacity region of the greedy maximal scheduling algorithm in multihop wireless networks [J]. IEEE/ACM Transactions on Networking, 2015, 17 (4): 1132-1145.

[232] JUN K G. A study on semantic web for multi-dimensional data [J]. The Journal of The Institute of Internet, Broadcasting and Communication, 2017, 17 (3): 121-127.

[233] KOURTIS G, KAVAKLI E, SAKELLARIOU R. A rule-based approach founded on description logics for Industry 4.0 smart factories [J]. IEEE Transactions on Industrial Informatics, 2019, 15 (9): 4888-4899.

[234] KUHN H W, TUCKER A W. Nonlinear programming proceedings of 2nd berkeley symposium [M]. Berkeley University of California Press, 1951.

[235] KUMAR K, HARDING J A. Description logic-based knowledge merging for concrete-and fuzzy-domain on to logies [J]. Proceedings of the Institution of Mechanical Engineers Part B-Journal of Engineering Manufacture, 2016, 230 (5): 954-971.

[236] LEE C Y, CHOI J Y. A genetic algorithm for job sequencing problems with distinct due dates and general early-tardy penalty weights [J]. Computers & Operations Research, 1995, 22 (8): 857-869.

[237] LEI D M, LIU M Y. An artificial bee colony with division for distributed unrelated parallel machine scheduling with preventive maintenance [J]. Computers and Industrial Engineering, 2020, 141: 106320.

[238] LEI D M, YUAN Y, CAI J C, et al. An imperialist competitive algorithm with memory for distributed unrelated parallel machines scheduling [J]. International Journal of Production Research, 2020, 58 (2): 597-614.

[239] LEI D M, YUAN Y, CAI J C. An improved artificial bee colony for multi-objective distributed unrelated parallel machine scheduling [J]. International Journal of Production Research, 2021, 59 (17): 5259-5271.

[240] LI C, YING T, CUI L, et al. A quantitative approach to analyze carbon emissions of CNC-based machining systems [J]. Journal of Intelligent Manufacturing, 2015, 26 (5): 911-922.

[241] LI C B, SHEN H, LI L L, et al. A batch splitting flexible job shop scheduling model for energy saving under alternative process plans [J]. Journal of Mechanical Engineering, 2017, 53 (5): 12-23.

[242] LI J Q, BAI S C, DUAN P Y, et al. An improved arti ficial bee colony algorithm for addressing distributed flowshop with distance coefficient in a prefabricated system [J]. International Journal of Production Research, 2019, 57 (22): 6922-6942.

[243] LI X B, ZHUANG P J, YIN C. A metadata based manufacturing resource ontology modeling in cloud manufacturing systems [J]. Journal of Ambient Intelligence and Humanized Computing, 2019, 10 (3): 1039-1047

[244] LI Y Y, CARABELLI S, FADDAE, et al. Machine learning and optimization for production rescheduling in Industry4. 0 [J]. International Journal of Advanced Manufacturing Technology, 2020, 110 (9): 2445-2463.

[245] LIN C, LEE I, WU M. Merits of using chromosome representations and shadow chromosomes in genetic algorithms for solving scheduling problems [J]. Robotics and Computer-Integrated Manufacturing, 2019, 58: 196-207.

[246] LIN J, ZHU L, GAO K Z. A genetic programming hyper-heuristic approach for the multi-skill resource constrained project scheduling problem [J]. Expert Systems with Applications, 2020, 140: 1-14.

[247] LIU C Y, ZOU C M, WU P. A task scheduling algorithm based on genetic algorithm and ant colony optimization incloud computing [C] //2014 13th International Symposium on Distributed Computing and Applications to Business, Engineering and Science (DCABES). IEEE, 2015.

[248] LIU L, CHEN L, YANG A, et al. Manufacturing/remanufacturing production planning problem with carbon emissions [J]. Computer Engineering and Applications, 2017, 53 (9): 231-235, 252.

[249] LIU L D, QI D Y, WU Y L. A task scheduling algorithm based on classification mining in fog computing environment [J]. Wireless Communications & Mobile Computing, 2018 (5): 1-11.

[250] LIU M, YI S P, WEN P H. Quantum-inspired hybrid algorithm for integrated process planning and scheduling [J]. Proceedings of the Institution of Mechanical Engineers PartB-Journal of Engineering Manufacture, 2018, 232 (6): 1105-1122.

[251] LIU Q, LIU S, KONG L. Decomposition and decoupling analysis of energy-related carbon emissions from China manufacturing [J]. Mathematical Problems in Engineering, 2015 (1): 1-9.

[252] LIU Y, LIU H L, NIAN G. Alloy content on mechanical properties research based on industrial big data analysis in microalloyed steel [C] //IC-IT2020: IOT and Smart City, 2020.

[253] LOPEZ G, MARIN G, CALDERON M. Human aspects of ubiquitous computing: a study addressing willingness to use it and privacy issues [J]. Journal of Ambient Intelligence and Humanized Computing, 2017, 8 (4): 497-511.

[254] LU P, WU M, TAN H, et al. A genetic algorithm embedded with a concise chromosome representation for distributed and flexible job-shop scheduling problems [J]. Journal of Intelligent Manufacturing, 2018, 29 (1): 19-34.

[255] MA Z, YANG L T, ZHANG Q. Support multi-mode tensor machine for multiple classification on industrial big data [J]. IEEE Transactions on Industrial Informatics, 2021, 17 (5): 3382-3390.

[256] MANTOVANI A, TAROLA O, VERGARI C. End-of-pipe or cleaner production? How to go green in presence of income inequality and pro-environmental behavior [J]. Journal of Cleaner Production, 2017, 160: 71-82.

[257] MAO J Y, HU X L, PAN Q K, et al. An iterated greedy algorithm for the distributed permutation flowshop scheduling problem with preventive maintenance to minimize total flowtime [C] //Proc of 2020 39th Chinese Control Conference (CCC). Shenyang: IEEE, 2020, 13: 1507-1512.

[258] MARKO D, DOMAGOJ J, KARLO K. Adaptive scheduling on unrelated machines with genetic programming [J]. Applied Soft Computing, 2016, 48: 419-430.

[259] MAY G, STAHL B, TAISCH M, et al. Multi-objective genetic algorithm for energy-efficient job shop scheduling [J]. International Journal of Production Research, 2015, 53 (23-24): 7071-7089.

[260] MCALLISTER R D, RAWLINGS J B, MARAVELIAS C T. Rescheduling penalties for economic model predictive control and closed-loop scheduling [J]. Industrial & Engineering Chemistry Research, 2019, 59, 2214-2228.

[261] MENG L L, ZHANG C Y, SHAO X Y, et al. MILP models for energy-aware flexible job shop scheduling problem [J]. Journal of Cleaner Production, 2018, 188: 710-723.

[262] MISHRA S, SINGH S P. Carbon management framework for sustainable manufacturing using life cycle assessment, IOT and carbon sequestration [J]. Benchmarking An International Journal, 2021, 28 (5): 1396-1409.

[263] MNCH L, SHEN L J. Parallel machine scheduling with the total weighted delivery time performance measure in distributed manufacturing [J]. Computers Operations Research, 2021, 127: 1-17.

[264] MOSLEHI G, MIRZAEE M, VASEI M, et al. Two-machine flow shop scheduling to minimize the sum of maximum earliness and tardiness [J]. International Journal of Production Economics, 2009, 122 (2): 763-773.

[265] MOURTZIS D, DOUKAS M, VLACHOU A, et al. Machine availability monitoring for adaptive holistic scheduling: a conceptual framework for mass customisation [J]. Procedia Cirp, 2014, 25: 406-413.

[266] MUANGPRATHUB J, KAJORNKASIRAT S, WANICHSOBAT A,

et al. A knowledge integrated case-based classifier [J]. International Journal of Software Engineering and Knowledge Engineering, 2019, 29 (6): 849-871.

[267] NACHIAPPAN, SUBRAMANIAN, MUHAMMAD, et al. Reprint of "Integration of logistics and cloud computing service providers: cost and green benefits in the Chinese context" [J]. Transportation Research Part E Logistics & Transportation Review, 2015, 74: 81-93.

[268] NADERI B, AZAB A. Modeling and heuristics for scheduling of distributed job shops [J]. Expert Systems with Applications, 2014, 41 (17): 7754-7763.

[269] NASSER R, SABAR M A, GRAHAM K. A dynamic multiarmed bandit - gene expression programming hyper - heuristic for combinatorial optimization problems [J]. IEEE Transactionson Cybernetics, 2015, 45 (2): 217-227.

[270] NING T, HUANG Y M. Low carbon emission management for flexible job shop scheduling: a study case in China [J]. Journal of Ambient Intelligence and Humanized Computing, 2021, 14: 789-805,

[271] NING T, JIN H, SONG X D, et al. An improved quantum genetic algorithm based on MAGTD for dynamic FJSP [J]. Journal of Ambient Intelligence and Humanized Computing, 2018, 9 (4): 931-940.

[272] OMAIR M, SARKAN B, LE CARDENAS-BARRON. Minimum quantity lubrication and carbon footprint: a step towards sustainability [J]. Sustainability, 2017, 9 (5): 15-24.

[273] OSMAN H, BAKI M F. A cuckoo search algorithm to solve transfer line balancing problems with different cutting conditions [J]. IEEE Transactionson Engineering Management, 2018 (3): 1-14.

[274] P O' DONOVAN. An industrial big data pipeline for data-driven

analytics maintenance applications in large-scale smart manufacturing facilities [J]. Journal of Big Data, 2015, 2 (1): 1-26.

[275] PAN Z X, LEI D M, WANG L. A knowledge-based two-population optimization algorithm for distributed energy-efficient parallel machines scheduling [J], 2022, 52 (6): 5051-5063.

[276] PENG L, YANG M, XIAO R. An integer programming model for flow shop scheduling under TOU and tiered electricity price [J]. IOP Conference Series: Earth and Environmental Science, 2021, 692 (2): 022105.

[277] PEREIRA C S, DIAS D M, PACHECO MAC, et al. Quantum-inspired genetic programming algorithm for the crude oil scheduling of a real-world refinery [J]. IEEE Systems Journal, 2020, 14 (3): 3926-3937.

[278] PONS X, MASO J. A comprehensive open package format for preservation and distribution of geospatial data and metadata [J]. Computers & Geosciences, 2016, 97: 89-97

[279] QIU Y T, SAWHNEY R, JI W X. Data mining-based disturbances prediction for job shop scheduling [J]. Advances in Mechanical Engineering, 2019, 11 (3): 1-14

[280] REN J F, YE C M, LI Y. A new solution to distributed permutation flow shop scheduling problem based on NASHQ-learning: advances in production engineering management [J]. Management, 2021, 13 (2): 136-146.

[281] REN TENG. Review on R & D task integrated management of intelligent manufacturing equipment [J]. Neural Computing and Applications, 2022, 34 (8): 5813-5837.

[282] RENAUD, CHICOISNE, DANIEL, et al. A new algorithm for the open-pit mine production scheduling problem [J]. Operations Research, 2012, 60: 517-528.

[283] REYG Z, BEKRAR A, TRENTESAUX D, et al. Solving the flexible job-shop just-in-time scheduling problem with quadratic earliness and tardiness costs [J]. The International Journal of Advanced Manufacturing Technology, 2015, 81 (1): 9-12.

[284] RUSSELL B, PASCAL V H. A two stage hybrid algorithm for pick up and delivery vehicle routing problems with time windows [J]. Computers and Operations Research. 2006, 33: 875-893.

[285] SAAD HMH, CHAKRABORTTY R K, ELSAYED S, et al. Quantum-inspired genetic algorithm for resource-constrained project-scheduling [J]. IEEE Access, 2021 (9): 38488-38502.

[286] SAHMAN M A. A discrete spotted hyena optimizer for solving distributed job shop scheduling problems [J]. Applied Soft Computing, 2021, 106: 107349.

[287] SANG Y M, Tan J P, LIU W. A new many-objective green dynamic scheduling disruption management approach for machining workshop based on green manufacturing [J]. Journal of Cleaner Production, 2021, 297: 1-15.

[288] SANTOS A G D, ARAUJO R P, ARROYO J E C. A combination of evolutionary algorithm, mathematical programming, and a new local search procedure for the just-in-time job-shop scheduling problem [C] //Learning and Intelligent Optimization, 4th International Conference, LION4, Venice, Italy, 2010 (1): 18-22.

[289] SHAO W S, SHAO Z S, PI D C. Modeling and multi neighborhood iterated greedy algorithm for distributed hybrid flow shop scheduling problem [J]. Knowledge Based Systems, 2020, 194: 105527.

[290] SONG D. Modified beetle annealing search (BAS) optimization

strategy for maxing wind farm power through an adaptive wake digraph clustering approach [J]. Energies, 2021, 14 (21): 7326.

[291] SOUA R, MINET P, LIVOLANT E. Wave: a distributed scheduling algorithm for converge cast in IEEE802. 15. 4e TSCH networks [J]. Transactions on Emerging Telecommunications Technologies, 2016, 27 (4): 557-575.

[292] SU N, MEI Y, ZHANG M J. Genetic programming for production scheduling: A survey with a unified framework [J]. Complex Intell Syst, 2017, 3: 41-66.

[293] TAN K C, CHEW Y H, LEE L H. A hybrid multiobjective evolutionary algorithm for solving vehicle routing problem with time windows [J]. Computational Optimization & Applications, 2006, 34 (1): 115-151.

[294] TANIZAKI T, TAMURA T, SAKAI H, et al. A heuristic scheduling algorithm for steel making process with crane handling (Advanced planning and scheduling for supply chain management) [J]. Journal of the Operations Research Society of Japan, 2017, 3 (3): 188-201.

[295] TSAI W H, LAN S H, HUANG C T. Activity-based standard costing product-mix decision in the future digital era: green recycling steel-scrap material for steel industry [J]. Sustainability, 2019, 11 (3): 1-30.

[296] TSAI W H, LAN S H, LEE H L. Applying ERP and MES to implement the IFRS8 operating segments: a steel group's activity-based standard costing production decision model [J]. Sustainability, 2020, 12 (10), 1-33.

[297] VIDONI M C, VECCHIETTI A R. A systemic approach to define and characterize advanced planning systems [J]. Computers & Industrial Engineering, 2015, 90: 326-338.

[298] WAN J F, YIN B X, LI D, et al. An ontology-based resource reconfiguration method for manufacturing cyber-physical [J]. IEEE-Asme Transactionson Mechatronics, 2018, 23 (6): 2537-2546.

[299] WANG H, WANG S H. Application of ontology modularization to human-web interface design for knowledge sharing [J]. Expert Systems with Applications, 2016, 46: 122-128.

[300] WANG H, JIANG Z G, WANG Y, et al. A two-stage optimization method for energy-saving flexible job-shop scheduling based on energy dynamic characterization [J]. Journal of Cleaner Production, 2018, 188: 575-588.

[301] WANG J J, WANGL. A cooperative memetic algorithm with learning-based agent for energy-aware distributed hybrid flow-shop scheduling [J]. IEEE Transactions on Evolutionary Computation, 2021, 26 (3): 461-475.

[302] WANG Q, WEI R, ZHANG Q. Assessment and optimization of carbon emissions in manufacturing processes of car gearbox [J]. Journal of Zhejiang University of Technology, 2018, 46 (1): 1-6.

[303] WEN Y, CHEN M, LU G, et al. Prototyping an open environment for sharing geographical analysis models on cloud computing platform [J]. International Journal of Digital Earth, 2013, 6 (4): 356-382.

[304] WU M, LIN C. Effects of different chromosome representations in developing genetic algorithms to solve DFJS scheduling problems [J]. Computers & Operations Research, 2017, 80: 101-112.

[305] XIE J, MEI Y, ANDREAS T, et al. Agenetic programming-based hyper-heuristic approach for storage location assignment problem [J]. IEEE Congress on Evolutionary Computation, 2014: 1-9.

[306] XU B, LIN B. Reducing carbon dioxide emissions in China's manufacturing industry: a dynamic vector autoregression approach [J]. Journal of Cleaner Production, 2016, 131: 594-606.

[307] XU F, CUI F S, XIANG N. Roadmap of green transformation for a steel-manufacturing intensive city in China driven by air pollution control [J]. Journal of Cleaner Production, 2021, 283: 1-10.

[308] XU X, HUA Q. Industrial big data analysis in smart factory: current status and research strategies [J]. IEEE Access, 2017, 5: 17543-17551.

[309] YAN H S, WANG Y F. Matching decision method for knowledgeable manufacturing system and its production environment [J]. Journal of Intelligent Manufacturing, 2019, 30 (2): 771-782.

[310] YILDIRIM M B, MOUZON G. Single-machine sustainable production planning to minimize total energy consumption and total completion time using a multiple objective genetic algorithm [J]. IEEE Transactions on Engineering Management, 2012, 59 (4): 585-597.

[311] YIN C, XI J, SUN R, et al. Location privacy protection based on differential privacy strategy for big data in industrial internet-of things [J]. IEEE Transactions on Industrial Informatics, 2017, 14: 3628-3636.

[312] YIN L, LI X, LIANG G, et al. A novel mathematical model and multi-objective method for the low-carbon flexible job shop scheduling problem, considering productivity, energy efficiency and noise reduction [J]. Sustainable Computing: Informatics and Systems, 2016, 13: 15-30.

[313] YING K C, LIN S W. Minimizing makespan for the distributed hybrid flowshop scheduling problem with multiprocessor tasks [J]. Expert Systems with Application, 2018, 92: 132-141.

[314] XIAO Y, CHEN G, ZHANG H, ZHU X. Optimization of low-carbon and highly efficient turning production equipment selection based on beetle antennae search algorithm (BAS) [J]. Processes, 2023, 11: 9-11.

[315] YOUSFI A, HEWELT M, BAUER C, et al. Toward UBPMN-based patterns for modeling ubiquitous business processes [J]. IEEE Transactions on Industrial Informatics, 2018, 14 (8): 3358-3367.

[316] YUE S S, CHEN M, WEN Y N, et al. Service-oriented model-encapsulation strategy for sharing and integrating heterogeneous geo-analysis models in an open web environment [J]. Isprs Journal of Photogrammetry and Remote Sensing, 2016, 114: 258-273.

[317] YUE S, WEN Y, CHEN M, et al. A data description model for reusing, sharing and integrating geo-analysis models [J]. Environmental Earth Sciences, 2015, 74 (10): 7081-7099.

[318] ZAHMANI M H, ATMANI B. Multiple dispatching rules allocation in real time using data mining, genetic algorithms, and simulation [J]. Journal of Scheduling, 2021, 24 (2): 175-196

[319] ZALETELJ V, VRABIC R, HOZDIC E, et al. A foundation alontology for the modelling of manufacturing systems [J]. Advanced Engineering Informatics, 2018, 38: 129-141

[320] ZAMEER H, WANG Y, VASBIEVA D G, et al. Exploring a pathway to carbon neutrality via reinforcing environmental performance through green process innovation, environmental orientation and green competitive advantage [J]. Journal of Environmental Management, 2021, 296 (7): 113383.

[321] ZENG R, VINCENT C J, TIAN X, et al. New potential carbon emission reduction enterprises in China: deep geological storage of $CO_2$ emitted through industrial usage of coal in China [J]. Green house Gases Science &

Technology, 2013, 3 (2): 106-115.

[322] ZENG Y, CHEN Y, GUO H, et al. Dynamic scheduling strategy of intelligent RGV based on multi-layer predictive optimization [J]. Academic Journal of Applied Mathematical Sciences, 2019, 5: 7-13.

[323] ZHANG C, JI W. Big data analysis approach for real-time carbon efficiency evaluation of discrete manufacturing workshops [J]. IEEE Access, 2019, 7: 107730-107743.

[324] ZHANG D S, CHEN F Y, LI H H, et al. An energy-efficient scheduling algorithm for sporadic real-time tasks in multiprocessor systems. [C] //IEEE International Conference on High Performance Computing & Communication. IEEE, 2016.

[325] ZHANG F P, WU D, ZHANG T H, et al. Knowledge component-based intelligent method for fixture design [J]. International Journal of Advanced Manufacturing Technology, 2018, 94: 4139-4157.

[326] ZHANG H, SUN W, LI W, et al. A carbon flow tracing and carbon accounting method for exploring $CO_2$ emissions of the iron and steel industry: an integrated material energy-carbon hub [J]. Applied Energy, 2022, 309: 118485.

[327] ZHANG L P, TANG Q H, WU Z J, et al. Mathematical modeling and evolutionary generation of rulesets for energy-efficient flexible jobshops [J]. Energy, 2017, 138: 210-227.

[328] ZHANG X, MING X, YIN D. Application of industrial big data for smart manufacturing in product service system based on system engineering using fuzzy dematel [J]. Journal of Cleaner Production, 2020, 265: 121863.

[329] ZHANG Z X, JIANG Q, WANG R J, et al. Research on management system of automatic driver decision-making knowledge base for unmanned

vehicle [J]. International Journal of Pattern Recognition and Artificial Intelligence, 2019, 33 (4): 1-19.

[330] ZHANG Z W, TANG R Z, PENG T, et al. A method for minimizing the energy consumption of machining system: integration of process planning and scheduling [J]. Journal of Cleaner Production, 2016, 137: 1647-1662.

[331] ZHAO F Q, HU X T, WANG L, et al. A memetic discrete differential evolution algorithm for the distributed permutation flow shop scheduling problem [J]. Complex Intelligent Systems, 2022, 8 (1): 141-161.

[332] ZHAO Y, CUI N F, TIAN W D. A two-stage approach for the critical chain project RE scheduling [J]. Annals of Operations Research, 2020, 285 (1-2): 67-95.

[333] ZHENG C, BRICOGNE M, Le D J, et al. Knowledge-based engineering for multidisciplinary systems: integrated design based on interface model [J]. Concurrent Engineering-Research and Applications, 2018, 26 (2): 157-170.

[334] ZHENG Y L, YUAN Y, ZHENG Q X, et al. A hybrid imperialist competitive algorithm for the distributed unrelated parallel machines scheduling problem [J]. Symmetry, 2022, 14 (2): 204.

[335] ZHOU B H, ZHU Z X. Adynamic scheduling mechanism of part feeding for mixed-model assembly lines based on the modified neural network and knowledge base [J]. Soft Computing, 2021, 25 (1): 291-319.

[336] ZHOU L, CHEN Z N, CHEN S P. An effective detailed operation scheduling in MES based on hybrid genetic algorithm [J]. Journal of Intelligent Manufacturing, 2018, 29 (1): 135-153.

[337] ZHU W, NI G, CAO Y, et al. Research on a rolling bearing health monitoringal gorithm oriented to industrial big data [J]. Measurement,

2021，185：110044.

[338] ZIAEE M. A heuristical gorithm for the distributed and flexible job-shop scheduling problem [J]. The Journal of Super Computing，2014，67 (1)：69-83.

[339] ZOUADI T，YALAOUI A，REGHIOUI M，et al. Hybrid manufacturing/remanufacturing lot-sizing problem with returns supplier's selection under, carbon emissions constraint [J]. IFAC-Papers On Line，2016，49 (12)：1773-1778.